本书系南京师范大学刑法与刑事政策研究中心同江苏省邳州市人民检察院横向课题"网络犯罪及其刑事追诉研究"（项目号：S11370A41903）结项成果

网络犯罪及其刑事追诉研究

叶　强　李雪健——主编

图书在版编目（CIP）数据

网络犯罪及其刑事追诉研究 / 叶强，李雪健主编. -- 北京：当代中国出版社，2022.10
ISBN 978-7-5154-1227-6

Ⅰ.①网… Ⅱ.①叶…②李… Ⅲ.①计算机犯罪—刑事诉讼—研究—中国 Ⅳ.① D925.213.4 ② D924.304

中国版本图书馆 CIP 数据核字（2022）第 173838 号

出 版 人	冀祥德
责任编辑	刘文科　刘　照
责任校对	康　莹
印刷监制	刘艳平
装帧设计	鲁　娟
出版发行	当代中国出版社
地　　址	北京市地安门西大街旌勇里 8 号
网　　址	http://www.ddzg.net
邮政编码	100009
编 辑 部	（010）66572744
市 场 部	（010）66572281　66572157
印　　刷	北京润田金辉印刷有限公司
开　　本	710 毫米 ×1000 毫米　1/16
印　　张	19.5 印张　2 插页　269 千字
版　　次	2022 年 10 月第 1 版
印　　次	2022 年 10 月第 1 次印刷
定　　价	78.00 元

版权所有，翻版必究；如有印装质量问题，请拨打（010）66572159 联系出版部调换。

编辑委员会

主　任

刘　远　南京师范大学教授、博士生导师，南京师范大学刑法与刑事政策研究中心主任

叶　强　江苏省邳州市人民检察院党组书记、检察长，四级高级检察官

委　员（以姓氏笔画为序）

李雪健　南京师范大学刑法学博士研究生，南京师范大学刑法与刑事政策研究中心副研究员

张　亚　江苏省邳州市人民检察院党组成员、副检察长，一级检察官

孟繁宇　法律硕士，北京盈科律师事务所律师

洪锡雷　法学博士，江苏斐多律师事务所律师

梁晓勇　江苏省徐州市人民检察院法律政策研究室主任，一级检察官

主　编

叶　强　江苏省邳州市人民检察院党组书记、检察长，四级高级检察官

李雪健　南京师范大学刑法学博士研究生，南京师范大学刑法与刑事政策研究中心副研究员

副主编

洪锡雷　法学博士，江苏斐多律师事务所律师

张　亚　江苏省邳州市人民检察院党组成员、副检察长，一级检察官

撰稿人（以姓氏笔画为序）

王　腾　法学博士，南京航空航天大学人文与社会科学学院讲师
毛瑞琪　法学硕士，南京艺术学院研究生教育管理办公室副主任、助理研究员
刘三洋　法学博士，江苏师范大学法学院讲师
李巨洋　南京师范大学刑法学博士研究生
李雪健　南京师范大学刑法学博士研究生，南京师范大学刑法与刑事政策研究中心副研究员
李瑞杰　北京大学刑法学博士研究生
孟繁宇　法律硕士，北京盈科律师事务所律师
洪锡雷　法学博士，江苏斐多律师事务所律师
韩　荣　江苏省徐州市人民检察院法律政策研究室副主任，一级检察官
廖兴存　南京师范大学刑法学博士研究生，江苏警官学院公安管理系副教授

本书章节分工

第一章　洪锡雷
第二章　洪锡雷　韩　荣
第三章　刘三洋　孟繁宇
第四章　李瑞杰
第五章　洪锡雷　毛瑞琪
第六章　廖兴存
第七章　王　腾
第八章　洪锡雷
第九章　李雪健　李巨洋
第十章　洪锡雷

序　言

"网络社会"是我们感知与描述现代社会的重要词语。当前,私人计算机、互联网、智能手机等相关技术与设备已经遍入"寻常百姓家",成为现代人们生活不可分离的一部分。信息网络技术以梦幻的方式不断融入、改变和定义着我们所处的时代。无论你是否切身参与,也无论你是否真实感知,现实空间与网络空间高度融合,"双层社会"悄然降临已然成为不争的事实。

然而,信息网络在为人们日常生活提供便利的同时,亦为犯罪行为的滋生提供了新的"土壤"。在"双层社会"下,现实世界各种利益关系的网络化使得网络成为承载利益的场域。正如西方法谚所言,"有利益的地方就有犯罪者(Ubi commodum, ibi auctor)"。在利益的诱惑与催化下,网络逐渐异化为犯罪团体追逐非法利益的犯罪工具。在人们的刻板印象中,网络犯罪似乎仅同掌握高精尖计算机技术且旨在"炫技"的黑客有关。然而,随着计算机信息技术的升级与操作门槛的降低,网络犯罪早已摆脱了专业化要求而逐渐平民化。近年来,网络失范行为的类型与数量明显增多,过去一些不被认为是犯罪的行为,其社会危害性在网络的加持下亦产生了指数增长。

与此同时,网络犯罪危害极大,为国家、社

会以及个人所来的损害不容小觑。根据意大利信息安全协会的研究报告，2021年全球网络犯罪造成的相关损失超过6万亿美元。①而网络安全风险投资公司Cybersecurity Ventures 2022年网络犯罪报告则预测，未来五年全球因网络犯罪造成的损失的总额将以每年15%的速度增长，到2025年将达到10.5万亿美元。这个数字不仅高于全球各国因自然灾害而遭受的损失总额，还远超海洛因、冰毒等主流毒品的全球贸易总和。②

面对日益猖獗的网络犯罪，刑法亟需作出积极回应，但信息网络的快速发展却为刑法理论带来解释论的难题。不同于传统犯罪的构成明确与认知清晰，现代网络犯罪在构成上愈发复杂，认知难度愈发增大。代码与现实的交互使得刑法评价的对象飘忽不定，指令的自动化使得计算机甚至拥有"被骗"的可能。信息网络的匿名性持续冲击着既有共同犯罪理论的逻辑体系，网络黑灰产的崛起不断质疑着既有刑法罪名体系的涵摄能力。凡此种种，不一而足。作为社会治理的重要手段，刑法应当如何适应信息网络发展变化进而实现其治理能力现代化已然成为当前刑法学界所需要讨论的重要命题。

职此之故，南京师范大学刑法与刑事政策研究中心携手江苏省邳州市人民检察院开展"网络犯罪及其刑事追诉研究"（项目号：S11370A41903）横向课题，组织在校师生与实务人才，共同针对网络犯罪展开全面、系统、细致的研究。与此同时，本课题既为研究中心师生指明研究方向、搭建研究平台，又为研究中心师生同司法机关的交流创造机会、提供渠道，以期最终实现研究中心"教研结合、教学相长"的研究目标与"推动学生全面发展"的教育目标。

在内容上，本书第一章讨论网络犯罪与网络刑法的基本范畴问题，分析了网络犯罪的社会背景、语义演变与类型划分，并指

---

① 参见人民网：《打击网络犯罪呼唤全球协作》，载百家号2022年7月16日，https://baijiahao.baidu.com/s? id=1738467664435123485&wfr=spider&for=pc.

② 参见塞讯验证：《十年内勒索软件损害预计增加130倍》，载百家号2022年10月21日，https://baijiahao.baidu.com/s? id=1747277577818308292&wfr=spider&for=pc.

出网络刑法概念产生的必要性与既有网络犯罪的规范体系。

第二章讨论网络犯罪的实行行为及其停止形态，研究了网络犯罪实行行为的特征、焦点及其认定标准，并围绕既遂与未遂两种停止形态展开了讨论。

第三章讨论罪数问题，涉及罪的个数、想象竞合、法条竞合、牵连犯与连续犯等范畴在网络犯罪领域的具体应用，旨在丰富网络犯罪罪数以及新型网络犯罪与传统犯罪网络化适用边界等的思考。

第四章讨论网络犯罪的共同犯罪问题，旨在明晰我国共同犯罪立法模式，并分析如何识别可罚的参与行为，主张淡化正犯和共犯的区分、摒弃共犯对正犯的从属、承认秘密参加网络犯罪、破解对向参与犯罪问题，简单探究不作为的参加行为。

第五章讨论危害国家法益的网络犯罪，指出对于内容型的网络煽动型犯罪，要准确区分事实性言论和评价性言论。而对于对象型的网络间谍型犯罪，要准确厘定犯罪行为的危险性。

第六章讨论危害公共安全的网络犯罪，首先对我国网络恐怖犯罪的刑事立法历程与特征展开讨论，而后针对网络恐怖袭击、利用互联网传播恐怖活动相关信息、利用互联网联络恐怖活动犯罪、利用互联网收集恐怖活动情报信息和技术以及交叉网络恐怖活动犯罪的司法适用展开了讨论。

第七章讨论破坏市场经济秩序的网络犯罪，旨在剖析互联网经济发展中的网络犯罪风险，以 P2P 网贷案件为切入点，分析了非法吸收公众存款罪的规范不足与解决方案，并以网络著作侵权以及网络刷单等案件为例，分别分析了互联网时代侵犯著作权罪与非法经营罪适用方面的挑战与回应。

第八章讨论侵犯人身权利、民主权利的网络犯罪，指出对于网络型诽谤罪而言，需侧重于网络诽谤与网络评论、检举、造谣等行为的区分，根据言论主体的社会特征和案件情况进行综合判断。而对于网络型侵犯公民个人信息罪而言，应当围绕信息类型、获取方式等确定违法判断标准。

第九章讨论侵犯财产的网络犯罪，旨在讨论虚拟财产保护的路径问题,并指出间接保护路径存在世界观同时代发展不符、规范理解存在谬误等问题,直接保护路径因符合哲学本体论的最新发展而理应得到支持。虚拟财产理应评价为"不记名债权凭证",并适用财产犯罪中有关规范性占有的认定规则。

第十章讨论妨害社会管理秩序的网络犯罪,指出此类网络犯罪侵犯的法益主要是社会管理秩序,如非法获取计算机信息系统数据罪和网络型的寻衅滋事罪等。此类网络犯罪的治理需要重视社会自发秩序的刑法出罪意义,避免将社会管理秩序等同于完整的社会秩序,防止处罚范围的不当过大。

总而言之,本书竭力对学界最新的学术观点进行梳理与考察,努力做到论证丝丝入扣,前后畅通,避免长篇大论的无用论证,紧紧围绕司法实践所出现的网络犯罪难题,通过详实的案例举引与理论分析,尽可能为实务人员提供决疑之术。

当然,本书亦有所不足,这主要体现在:一方面,本书撰稿人多为在校博士研究生,虽有实务专家把舵领航,但囿于实务经验匮乏,对部分网络犯罪司法实务痛点、难点的把握稍显稚嫩,问题意识与解决思路有待强化。另一方面,对于多数撰稿人而言,本编著系自身学术生涯的"处女作",写作经验尚浅。在研究进路、偏好方法等方面,尽管本书各章节在最大程度保持一致,但仍存在风格迥异的情况。我们相信这些不足会随着未来撰稿人的成长而改进消除。

最后,我们衷心感谢当代中国出版社副总编辑高山,以及法治编辑部主任刘文科,本书责任编辑刘照对本书出版给予的鼎力支持。

"雄关漫道真如铁,而今迈步从头越"。希望本书的出版能够为网络犯罪理论研究添砖加瓦,为网络犯罪司法实务难题的解决略尽绵薄之力。

是为序。

主编语
2022 年 10 月

目 录

第一章 网络犯罪与网络刑法   1
  第一节 网络犯罪的语境分析   2
    一、网络犯罪的社会背景   2
    二、网络犯罪的语义演变   6
    三、网络犯罪的类型划分   10
  第二节 网络犯罪的治理：网络刑法   13
    一、网络刑法的必要性   13
    二、网络刑法的规范体系   18

第二章 网络犯罪的实行行为与停止形态   25
  第一节 网络犯罪的实行行为   25
    一、网络犯罪实行行为的特征   25
    二、网络犯罪实行行为的焦点：网络帮助行为   26
    三、网络犯罪实行行为的认定   28
  第二节 网络犯罪的停止形态   32
    一、网络犯罪的既遂   32
    二、网络犯罪的未遂   34

第三章 网络犯罪的罪数形态   38
  第一节 罪数理论的问题点与争鸣   38
    一、竞合论与罪数论的关系问题   38
    二、犯罪个数的区分标准问题   42
    三、想象竞合与法条竞合的区别标准问题   44

四、牵连犯的认定与处断问题　　47
　　五、连续犯的行为概念　　50
第二节　信息网络犯罪现象对罪数理论的冲击　　53
　　一、从犯罪构成说到规范违反说：犯罪个数理论的流变　　53
　　二、从综合说到规范违反说：想象竞合限缩适用的探讨　　63
　　三、从折中说到规范违反说：牵连犯的认定与处断问题反思　　65
　　四、连续犯适用限制论的主张：基于现象的连续犯　　68
第三节　信息网络视域中罪数理论的司法适用　　71
　　一、犯罪个数问题的司法路径　　71
　　二、信息网络犯罪视域下想象竞合犯、牵连犯与连续犯的司法适用　　76

第四章　网络犯罪的共同犯罪　　81

第一节　我国共同犯罪的立法模式　　81
第二节　单一正犯视角下的网络共同犯罪问题　　83
　　一、可罚的参与行为的识别　　83
　　二、淡化正犯和共犯的区分　　85
　　三、摒弃共犯对正犯的从属　　88
　　四、承认秘密参加网络犯罪　　90
　　五、破解对向参与犯罪问题　　93
　　六、探究不作为的参加行为　　98

第五章　危害国家法益的网络犯罪　　103

第一节　煽动型危害国家法益网络犯罪　　104
　　一、网络型煽动分裂国家罪　　104
　　二、网络型煽动颠覆国家政权罪　　107
第二节　间谍型危害国家法益网络犯罪分述　　109
　　一、网络型间谍犯罪概要　　109
　　二、网络型间谍类犯罪的实务分析　　110

第六章　危害公共安全的网络犯罪　　　　　　　　　　　　115
第一节　网络恐怖活动犯罪概述　　　　　　　　　　　　116
一、我国对恐怖活动犯罪的刑事立法历程　　　　　　　116
二、网络恐怖活动犯罪的特征　　　　　　　　　　　　117
第二节　网络恐怖活动犯罪的司法适用　　　　　　　　　120
一、网络恐怖袭击　　　　　　　　　　　　　　　　　120
二、利用互联网传播恐怖活动相关信息　　　　　　　　124
三、利用互联网联络恐怖活动犯罪　　　　　　　　　　131
四、利用互联网收集恐怖活动情报信息和技术　　　　　133
五、网络恐怖活动犯罪的交叉　　　　　　　　　　　　136

第七章　破坏市场经济秩序的网络犯罪　　　　　　　　　　139
第一节　互联网经济发展与网络犯罪风险　　　　　　　　139
一、互联网平台经济和评价体系变革：跨界经营风险和虚假评价风险　　　　　　　　　　　　　　　　　　　140
二、互联网和经济的深度融合：危害后果弥散化和犯罪手段新颖化　　　　　　　　　　　　　　　　　　　　141
第二节　非法吸收公众存款罪的矫正与补正——以 P2P 网贷案件为切入的分析　　　　　　　　　　　　　　143
一、P2P 网贷平台的功能定位与异化　　　　　　　　　144
二、网络时代非法吸收公众存款罪既有讨论的回顾与反思　145
三、网络时代非法吸收公众存款罪的价值与边界　　　　151
第三节　侵犯著作权罪的挑战与回应——以网络著作侵权为例的分析　　　　　　　　　　　　　　　　　　155
一、网络时代侵犯著作权罪面临的挑战　　　　　　　　156
二、网络时代侵犯著作权罪回应的路径　　　　　　　　159
第四节　非法经营罪的扩张与限缩——以网络刷单为视角的分析　　　　　　　　　　　　　　　　　　　　165
一、网络经济的新秩序与非法经营罪的扩张适用　　　　165
二、非法经营罪扩张适用的逻辑反思　　　　　　　　　167

三、非法经营罪限缩适用的解释归正　　169

第八章　侵犯人身权利、民主权利的网络犯罪　　173
第一节　网络型诽谤罪　　174
一、网络诽谤实行行为的理解　　174
二、网络诽谤对象的区别对待　　183
三、网络诽谤点击量型"情节严重"的理解　　189
第二节　网络型侵犯公民个人信息罪　　192
一、公民个人信息的定义　　194
二、网络时代侵犯公民个人信息罪保护的法益　　202
三、"情节严重"的类型及理解　　206

第九章　侵害财产的网络犯罪　　211
第一节　虚拟财产的本体考察及其定性困境　　212
一、虚拟财产的本体考察　　212
二、虚拟财产的法律定性困境　　215
三、直接与间接保护路径分歧的原因分析　　219
四、小结　　220
第二节　虚拟财产间接保护路径之否定　　221
一、分立说同社会发展不符　　221
二、间接保护路径对《刑法》第285条理解存在谬误　　223
三、法律解释并非单纯的涵摄过程　　225
第三节　虚拟财产直接保护路径之肯定　　227
一、相对同一说符合哲学本体论的最新发展　　227
二、"财产"作为制度事实的证成　　230
三、虚拟财产作为物权客体的证伪　　232
四、虚拟财产作为不记名债权凭证的证成　　234
五、虚拟财产的"占有"及其判断规则　　240
第四节　结论　　245

第十章　妨害社会管理秩序的网络犯罪　　247

　第一节　纯正型网络妨害社会管理秩序罪　　247

　　一、非法获取计算机信息系统数据罪　　248

　　二、拒不履行信息网络安全管理义务罪　　257

　第二节　非纯正型网络妨害社会管理秩序罪　　263

　　一、网络型寻衅滋事罪　　263

　　二、网络型赌博犯罪　　271

　　三、网络型淫秽物品犯罪　　274

参考文献　　278

第一章 网络犯罪与网络刑法

"网络社会"是我们感知与描述现代社会的重要语汇。从20世纪80年代的寥若晨星,到现如今的司空见惯,计算机、互联网、人工智能等已经遍入"寻常百姓家",成为现代人们工作、生活须臾不可分离的部分,现实空间与虚拟空间借此实现了高度融合。信息网络技术以梦幻的方式不断融入、改变和定义着我们所处的时代。对我国而言,互联网的普及度实现了从1997年的62万网民到截至2020年3月9.04亿网民的几何级飞跃,网民数量位居全球第一。其中,手机网民规模达8.97亿,在线即时通讯用户达8.96亿,网络视频用户规模达8.50亿,网络购物用户规模达7.10亿,在线政务服务用户规模达6.94亿,仅2019年移动互联网接入流量消费就达1220亿GB。[①] 当下的中国,已经成为名副其实的人人互联、万物物联的信息网络大国。

然而,我们在享受现代社会全方位网络化带来的便利之时,也不能无视网络犯罪的日益猖獗和愈演愈烈。2017年的《诺顿网络安全报告》显示,当年全球因网络犯罪损失达1720亿美元,人

---

① 中国互联网络信息中心(CNNIC):《第45次中国互联网络发展状况统计报告》(2020年4月版),第1页。

均142美元。其中，美国损失194亿美元、英国60亿美元、日本21亿美元，而中国则是惊人的663亿美元，折合人民币约4660亿元，占全球总损失的38.5%。① 由此可知，我国不仅是全球信息网络第一大国，同时也是受网络犯罪损害最严重的国家。网络犯罪构成了我国现代社会治理极为突出的领域。刑事追诉作为网络犯罪治理的重要手段，对网络犯罪及其刑事追诉的研究在我国当下具有突出的理论意义与实践意义。为了能深入认知网络犯罪，本章我们将围绕时代背景、语义演变和类型划分对网络犯罪进行语境分析，并对网络刑法这一新的刑法形态进行综览。

第一节 网络犯罪的语境分析

一、网络犯罪的社会背景

网络犯罪几乎伴随着计算机网络而发生。世界上有记录的最早的网络犯罪发生在1958年的美国，但迟至1966年该案才案发;② 我国最早的网络犯罪一般认为发生在1986年。③ 这样算来，世界范围内网络犯罪的历史已有60余年；我国网络犯罪的历史也有30余年。在这一历史跨度内，网络犯罪的语义迭经转变，其背

---

① Norton, 2017 *Norton Cyber Security Insights Report - Global Results*, 2017, https://now.symassets.com/content/dam/norton/global/pdfs/norton_cybersecurity_insights/NCSIR-global-results-US.pdf? promocode=DEFAULTWEB&rf_id=seo_norton.

② 1966年10月，计算机专家唐·B.帕克在美国加州斯坦福研究所调查与电子计算机有关的事故和犯罪时发现，一位计算机工程师通过篡改程序的方法在银行里自己的存款余额上做了手脚。参见王云斌编著：《网络犯罪》，经济管理出版社2002年版，第2页等文献。

③ 该案是最早利用计算机伪造存折诈取存款案。1986年7月22日，港商李某前往深圳人民银行和平路支行取款。银行系统显示，其存款少了两万元人民币。两个月后，迎春路支行也发生了类似情况，某省驻深圳办事处赵某存入银行的三万元港币，经银行系统检索也不翼而飞。后经侦查认定，该行计算机操作员陈某利用银行联网系统漏洞和管理缺位，利用计算机伪造存折和隐形印鉴，交由同案王苏某持伪造的存折将上述两笔款取走。详细案情可参见王云斌编著：《网络犯罪》，经济管理出版社2002年版，第6页等文献。

后折射的正是网络形态的变迁。要对我国当下网络犯罪的特征和语义演变进行比较完整地把握，我们首先需要熟稔网络犯罪的时代背景。接下来，我们将从时间维度对计算机网络的历史演进进行简单地梳理。①

（一）从互联网1.0到互联网3.0

网络的发展历程可简单地概括为三个阶段，通称互联网1.0、互联网2.0和互联网3.0。这三个阶段是次第迭代的关系，我们当下所处的阶段是互联网3.0，但互联网1.0和互联网2.0的技术和功能仍在广泛使用。三个阶段具有各自不同的特点，我们逐次分析。

互联网1.0是初代网络。严格地说，该阶段尚不能称之为"网络"，其实质上是以大型主机为核心的终端计算机集中式运算为基础的单向传播的远程联机系统。"这样的系统除了一台计算机外，其余的终端设备都没有自主处理的功能，因而还不能算作计算机网络。"② 互联网1.0时代的特点是单维传播，所谓互联网只是信息发布者向受众传播信息的渠道。互联网作为一个新的传播媒介而出现，其与传统传播媒介如报刊、广播等的不同之处在于，借助一个中心式的计算机处理系统能够进行高速率、大容量的信息传播，且使信息传播从时空的限制中有条件地解放出来。因此，互联网1.0时代的核心是"联"字当头，互联网主要是一个信息平台，主要提供信息服务。

互联网2.0时代开启了真正的网络时代。互联网1.0是一个集中式运算、中心化、单维的信息传播系统，而2.0时代则是以"计算机—计算机"互联的系统，它以个人电脑为基本单元的分布式处理为主，呈现出多中心的特点。该阶段始于20世纪60年代，此时出现了若干计算机互联的系统，这标志着计算机网络的

---

① 严格而言，计算机网络可分为局域网（LAN）、广域网（WAN）和国际互联网（Internet）等类型，以下计算机网络的发展历史以互联网为主。

② 徐然、赵国玲等：《网络犯罪刑事政策的取舍与重构》，中国检察出版社2017年版，第4页。

兴起。① 但是，此时的计算机互联建立在同构网络的基础之上，互联而成的系统是一个相对封闭的局域性系统，还没有实现全球计算机互联的开放网络系统。因此，互联网 2.0 时代只是互联网发展历程中承前启后的过渡阶段，它开启了计算机彼此互联的先河，同时也面临着建立统一通信协议和开放体系结构的双重挑战。

互联网 3.0 时代正是基于统一通信协议的全球互联系统。1977 年至 1979 年，美国率先形成了目前广泛适用的 TCP/IP 网络通讯协议规范；1984 年，国家标准化组织（ISO）正式颁布了一个全称为"开放系统互联基本参考模型"（Open System Interconnection Basic Reference Model）。该模型的提出，开创了一个具有统一的网络体系结构、遵循国际标准化协议的计算机网络新时代，②这就是我们当下所处的全球互联、人人互联、万物物联互联网 3.0 时代。关于该阶段的特点，我们接下来专门分析。

（二）我国当下的网络时代

互联网 3.0 时代是我们当下所处的网络发展阶段。尤其是 2001 年开启的电信网、计算机网和有线电视网"三网融合"，更是进一步促进了我国互联网的发展和演变。本文主要从网络犯罪的角度，简单分析一下该阶段所具有的几个特点。

首先，互联网 3.0 是一个开放式标准化网络系统。在这一系统内，个人借助网络终端，不仅可以进行"人机互动"，还能实现"人人互动"。每个人都是互联网络中分布式计算的一环，每个人都是信息的发布者与接受者，每个人都是互联网的中心，实际上就形成了去中心化的互联系统。以智能手机为代表的移动终端的广泛普及，致使互联网的使用几乎不存在任何门槛，但由此也导致利用互联网实施网络犯罪数量的急遽增长，且不再是以计算机系统，而是以普通公民的个人法益为主要侵害对象。

其次，互联网 3.0 是一个全方位互动的网络系统，是"互"

---

① 参见徐然、赵国玲等：《网络犯罪刑事政策的取舍与重构》，中国检察出版社 2017 年版，第 4 页。

② 参见上注。

字当头的系统。网络平台不仅仅是信息媒介网络,网络空间也不再仅仅是虚拟世界,而是信息产生、交互、处理,并与现实世界高度融合的社会空间。人们的工作生活来回穿梭于网络空间与现实空间,且越来越多的现实活动被转移到高效、便捷的网络空间中进行。网络不再仅仅是一个信息发布平台和信息传输管道,而是虚拟世界与现实世界高度融合的中介或粘合剂,是社会公众工作、生活的场域,网络服务的重心从"信息"转变为"内容";相应地,网络用户对网络的使用也逐渐从"信息消费"过渡到"内容消费"。内容服务替代信息媒介,上升为网络的首要功能。内容型网络犯罪因此成了重要的网络犯罪类型。

最后,互联网 3.0 建立了一个彻底的脱域(disembeding)机制,它形成了以网络犯罪为代表的对现代社会治理的重大挑战。"脱域"是英国社会学家安东尼·吉登斯(Anthony Giddens)提出的一个概念,用于描述时空脱离的前提下社会关系的重构以及社会变迁的特征,即"社会关系从彼此互动的地域性关联中,从通过对不确定的时间的无限穿越而被重构的关联中'脱离出来'"。[①] 脱域,可以称之为网络社会之于现代社会的最大改变。社会沟通中的信息、传达与接收彻底从时空限制中解脱出来,匿名化、海量化、广泛化以及易获取性、抗遗忘性,均大大加剧了网络社会治理的难度。网络犯罪的主体以代码形式存在,犯罪侵害的对象和范围不确定且难以控制,犯罪行为更为便宜,犯罪类型分布结构也随之改变,这些均构成了当下网络犯罪的重要标签。

当下的互联网 3.0 只是网络迭代过程中的一个暂时性阶段,且仍主要处于初级阶段。随着大数据、云计算、物联网、区块链、人工智能、5G 等网络技术层出不穷,互联网形态也以日新月异的速度处于持续性的形塑过程之中。但正如有学者指出的:"技术常常比社会规则发展得更快,而这方面的滞后效应往往会给我们带

---

① [英]安东尼·吉登斯:《现代性的后果》,田禾译,译林出版社 2011 年版,第 18 页。

来相当大的危害。"① 新技术的推广与应用必将为人类社会带来更多、更大的福祉,但我们也要时刻留意与警惕围绕着网络的犯罪。如此,才能趋利避害,使互联网为我所用,真正造福人类。

二、网络犯罪的语义演变

本文讨论的"网络犯罪"一词,严格而言并不是刑法学上的概念,而是犯罪学上的概念,是对某一类型犯罪现象的总称。我们如何识别这一类型的犯罪,就涉及网络犯罪的语义内涵。网络犯罪的语义内涵与上文揭示的互联网发展阶段密切相关,不同的互联网技术和应用状况直接影响着网络犯罪的语义内涵或其侧重点。

(一) 计算机犯罪

一般认为,网络犯罪是从计算机犯罪(computer crime,或译为"电脑犯罪")的概念发展而来。② 但关于何为计算机犯罪,也形成了形形色色的定义。③ 本文认为,我们需要从客体与概念区分的角度出发,才能从错综复杂的计算机犯罪概念中解放出来。客体与概念并不相同,"如果是将某事物从所有其他事物区分开来,那么它们所标明的是客体;如果是将某事物从特定(而不是其他的)对立概念区分开来,那么它们所标示的就是概念。"④ 计算机犯罪,包括由其衍生的网络犯罪都只是一种对犯罪类型的语义概括,而非区别于任何其他事物的独立客体。这就要求我们从相对性的角度把握计算机概念的语义内涵。相对性意味着,计算机犯罪是相对于传统犯罪而言的,且计算机犯罪的外延与其他犯罪类型存在语义交叉。因此,我们可以直接从与传统犯罪区分的角度来把握计算机犯罪乃至网络犯罪的概念。

---

① [美]西奥多·A. 斯皮内洛:《世纪道德——信息技术的伦理方面》,刘钢译,中央编译出版社1999年版,第Ⅵ页。
② 参见杨正鸣:《网络犯罪研究》,上海交通大学出版社2004年版,第1页。
③ 关于计算机犯罪概念的专门讨论,可参见蒋平:《计算机犯罪问题研究》,商务印书馆2000年版,第95—104页。
④ [德]鲁曼:《社会中的法》,李君韬译,五南图书出版公司2015年版,第46页。

计算机主要由以主机为核心的硬件和以运作系统为核心的软件两部分组成。计算机硬件具有物质性、价值性的特征，与普通财物在刑法意义上不存在本质的区别，都可以作为财产犯罪的适格对象。而且，在互联网发展的各阶段中，计算机硬件经历了从大型计算机到智能手机的形态变化，但硬件始终是进入互联网的物质载体。因此，针对硬件的计算机犯罪与传统犯罪不同之处在于，其对象仅仅是计算机以及其他终端设备。计算机软件部分是以系统为基本的运作和指令操作平台，包括应用程序和数据等内容。软件部分是计算机独有的内容，是计算机相较于其他事物的根本区别。由于计算机软件并不具有物质的实体性，针对计算机软件的犯罪，如非法侵入计算机信息系统、破坏计算机信息系统等行为已经溢出了传统犯罪的边界，是真正的计算机犯罪。

计算机犯罪的语义除了需要兼顾硬件和软件外，还需要考虑计算机的功能。在互联网 3.0 阶段之前和之初，计算机作为互联网的接入终端，主要为人们日常沟通、工作和生活提供信息传播媒介。随着计算机和互联网技术的推广，相应地，产生了一种以计算机为工具、利用互联网信息传播和处理功能的新型犯罪行为，如互联网诈骗、利用互联网窃取商业秘密等。与以计算机软件为对象的犯罪不同，计算机在该类犯罪行为中是作为工具而发挥作用的，且计算机的工具属性不排除存在功能等价物。比如，计算机诈骗，甚至电信诈骗与利用其他工具进行的传统诈骗一样，都是一种诈骗行为，计算机相比其他的诈骗工具而言，或许只在便宜性和效率方面占有优势。但这并不足以构成该种类型的计算机犯罪与传统犯罪的本质区别。

通过上述分析可知，计算机犯罪概念的指涉范围包括：（1）以计算机硬件作为犯罪对象的犯罪；（2）以计算机软件作为犯罪对象的犯罪；（3）将计算机作为犯罪工具的犯罪。其中，单纯以计算机的物化硬件作为犯罪对象的犯罪与传统的财产犯罪并无本质不同，如将其也纳入计算机犯罪的外延，"其范围过于宽泛，没有真正反映出计算机犯罪的本质特征，容易引起混乱。"① 因此，计算机犯罪概念的范围应当从计算机特有的属性出发，即计算机的软件和功能；相应地，计算机犯罪应当分为以计算机软件作为对象的犯罪（对象型计算机犯罪）和以计算机作为工具的犯罪（工具型计算机犯罪）。1997 年《刑法》第 285 条规定的非法入侵计算机信息系统罪以及第 286 条规定的破坏计算机信息系统罪就属于对象型的计算机犯罪；第 287 条规定的利用计算机实施金融诈骗、盗窃、贪污等犯罪的定罪处罚规定涉及的则是工具型计算机犯罪。应当承认，1997 年《刑法》的上述规定与当时的计算机和互联网发展状况是一致的。

（二）网络犯罪

如果说以工具型和对象型为主的计算机犯罪表述尚能适应互联网 1.0 和 2.0 时代，在互联网技术步入 3.0 之时，计算机犯罪的内涵和外延在应对新型的与互联网密切相关的犯罪时就显得捉襟见肘。首先，在万物互联、云计算的网络 3.0 时代，信息处理终端已经不限于传统的计算机，甚至可以说传统的计算机已经不是数字化电子信息存储、处理和应用的主要设备，智能手机、智能家居、智能办公设备等成了新的主导型网络终端，"计算机"概念本身已经不能包含这些设备。这也导致了传统的计算机系统不再是网络犯罪攻击的重点，相比较而言，信息和数据本身安全的重要性更为凸显，成为刑法亟须保护的新型法益。

其次，也是最重要的方面，在网络 3.0 时代，互联网不再被视为单纯的"工具"，而是具有了"平台"属性。数字化的财产、各种私人或公共信息都寄存在网络之中，网络购物、远程办公等更是将虚拟的网络世界与现实世界深度融合，线上与线下须臾不可分离。对于犯罪活动而言，"网络是一种犯罪平台，是犯罪所赖以发生的前提性基础"②，比如盗窃虚拟财产、侵犯知识产权、传播淫秽色情或恐怖主义信息等。这种在网络环境中实施的犯罪活

---

① 郑毅：《网络犯罪及相关问题研究》，武汉大学出版社 2014 年版，第 13 页。
② 孙景仙、安永勇：《网络犯罪研究》，知识产权出版社 2006 年版，第 11 页。

动侧重点是网络的内容，已经超出了对象或工具的范畴，学界一般将其概括为"空间型网络犯罪"。正如有学者指出的："利用网络这一虚拟的社区为场所，在该场所内实施犯罪，这是与传统计算机犯罪定义中以计算机为工具或以计算机为对象的内容不同的，是网络犯罪不同于计算机犯罪的新特点。"① 2009 年的《刑法修正案（七）》增设了非法获取计算机信息系统数据、非法控制计算机信息系统罪和提供侵入、非法控制计算机信息系统的程序、工具罪，就偏重对内容型网络犯罪的规制。

因此，传统计算机犯罪的概念也需要随着网络迭代而升级，我们需要一个内涵更为丰富、指涉范围更加全面的网络犯罪概念。但这并不意味着传统的计算机犯罪概念已经彻底丧失了其应用价值。我们认为，工具型和对象型的计算机犯罪与内容型网络犯罪一样，均是网络犯罪的重要组成部分。为了统一表述，我们将工具型和对象型的计算机犯罪称之为工具型和对象型的网络犯罪。2001 年 11 月，26 个欧盟成员国及美国、加拿大、日本和南非等 30 个国家共同签署了《网络犯罪公约》（Cyber-crime Convention），其中明确了九种网络犯罪行为，包括非法进入（Illegal access）、非法截取（Illegal interception）、资料干扰（Data interference）、系统干扰（System interference）、设备滥用（Misuse of devices）、伪造电脑资料（Computer-related forgery）、电脑诈骗（Computer-related fraud）、儿童色情的犯罪（Offences related to child pornography）、侵犯著作权及相关权利的行为（Offences related to infringements of copyright and related rights）。② 这几种行为基本上均可纳入上述工具型、对象型和内容型的网络犯罪外延范围。

需要补充的是，《刑法修正案（九）》增设了拒不履行信息网络安全管理义务罪。该罪主要规制的对象是网络服务者，属于身份犯，其目的是督促网络服务者积极履行网络安全管理义务，提高网络空间的自我管理能力。就责任形式而言，该罪对损害结

---

① 季境、张志超主编：《新型网络犯罪问题研究》，中国检察出版社 2012 年版，第 3 页。

② 参见《网络犯罪公约》（Cyber-crime Convention）第 2—10 条。

果既可以是故意，也可以是过失；当属于故意时，有可能与网络用户的相应犯罪行为构成共同犯罪或构成片面的共犯，根据《刑法》第 286 条之一第 3 款的规定，应当依照处罚较重的规定定罪处罚。但就该罪名而言，却无法归类于上述对象型、工具型或内容型的任何一种。我们认为，《刑法》第 286 条之一规定的拒不履行信息网络安全管理义务罪与《刑法》第 408 条规定的环境监管失职罪、第 408 条之一规定的食品监管渎职罪等管理过失犯罪类似，规制的是管理行为，属于不作为犯罪；而对象型、工具型或内容型的网络犯罪主要属于作为犯。由于不作为犯罪的作为义务来源与信息网络技术密切相关，因此，本文将其纳入网络犯罪的范畴，在讨论具体罪名的时候一并探讨。

综上所述，"以网络为犯罪工具或犯罪对象，实施危害网络信息系统安全的犯罪行为"① 的语义描述已经不足以承载现阶段网络犯罪的内涵与外延，在此基础上，还需要增加以网络空间作为犯罪场域的犯罪类型。因此，本文所谓网络犯罪，指的是以网络作为犯罪工具、犯罪对象或犯罪场域，触犯刑法并具有严重社会危害性的行为，既包括作为犯，也包括不作为犯。②

三、网络犯罪的类型划分

（一）以网络的功能为标准的类型划分

上述关于网络犯罪语义演变的分析同时也包括了网络犯罪的类型划分，即将网络犯罪区分为工具型、对象型和内容型，这是关于网络犯罪最基本的分类，并纳入了规范性文件之中。最高人民法院、最高人民检察院和公安部于 2014 年 5 月 4 日联合发布的《关于办理网络犯罪案件适用刑事诉讼程序若干问题的意见》将网络犯罪分为：（1）危害计算机信息系统安全犯罪案件；（2）通过危害计算机信息系统安全实施的盗窃、诈骗、敲诈勒索等犯罪案件；（3）在网络上发布信息或者设立主要用于实施犯罪活动的

---

① 杨正鸣主编：《网络犯罪研究》，上海交通大学出版社 2004 年版，第 11 页。
② 类似表述可参见郑毅：《网络犯罪及相关问题研究》，武汉大学出版社 2014 年版，第 15 页。

网站、通讯群组，针对或者组织、教唆、帮助不特定多数人实施的犯罪案件；（4）主要犯罪行为在网络上实施的其他案件。除第四项兜底性条款外，前三项所对应的正是对象型、工具型和内容型（空间型）网络犯罪。

需要指出的，上述三种类型的网络犯罪彼此之间并不存在泾渭分明的界限，尤其是工具型网络犯罪与内容型网络犯罪之间往往存在交叉。这是因为，"内容型网络犯罪同样是以网络或计算机作为传播和侵犯法益的载体。"[①] 比如，网络赌博的行为，一般被归类到内容型网络犯罪之中；但从网络赌博所运用的网络技术角度来看，网络赌博亦是对网络的工具性使用，同样属于传统犯罪的网络异化，可归入工具型网络犯罪的范畴之中。因此，上述三种类型的区分标准是相对的。

（二）以构成要件为标准的类型划分

纯正网络犯罪与不纯正网络犯罪的区分借鉴的是刑法中纯正不作为犯与不纯正不作为犯的区分。所谓纯正网络犯罪，指的是计算机或网络直接作为构成要件要素的犯罪，主要包括上述对象型网络犯罪。现行《刑法》第285条、第286条、第287条之一、第289条之二均属于纯正网络犯罪。至于上述的工具型和内容型网络犯罪，网络在此种类型犯罪中主要作为犯罪工具或犯罪的空间而起作用，具有功能等价物性质，因此，网络本身并不是构成要件的要素。通过类比不纯正不作为犯，此类犯罪可称之为不纯正网络犯罪。

虽然有学者主张区分纯正型和不纯正型网络犯罪，[②] 但根据本书对网络犯罪的理解，此种区分的实益不大，仅存于识别所涉罪名是否以计算机或网络为构成要件要素。主要原因在于，不纯正网络犯罪与传统犯罪相比，仅仅是案件事实中包括了计算机或网络的要素，但并未被刑法识别为规范事实。如此一来，除工具型和内容型网络犯罪之外，以网络硬件为犯罪对象的犯罪亦符合

---

① 徐然、赵国玲等：《网络犯罪刑事政策的取舍与重构》，中国检察出版社2017年版，第13页。

② 参见上注。

不纯正网络犯罪的特征。但正如上文所分析的,以网络硬件为犯罪对象的犯罪涉及的是网络硬件的财产价值与网络不存在实质性关联。因此,不宜纳入网络犯罪的范畴之中。

(三) 以侵害法益为标准的类型划分

网络犯罪的另一个重要的划分标准就是犯罪行为所侵害的法益。在国家法益、社会法益和个人法益三分的格局下,网络犯罪也可相应的分为三类。在此基础上,结合我国刑法分则的编排,可以进一步地将网络犯罪区分为危害国家安全的网络犯罪、危害公共安全的网络犯罪、破坏市场经济秩序的网络犯罪、侵犯人身权利、民主权利的网络犯罪、侵犯财产权利的网络犯罪以及妨害社会管理秩序的网络犯罪。

如果说,以网络功能为标准的分类属于对网络犯罪的横向区分,则此种以法益为标准的分类则属于对网络犯罪的纵向区分。两种类型划分彼此交织,正如有学者指出的:"一纵一横,构成了目前人们对网络犯罪的类型化认识。"① 本书的基本写作框架也以此为依据,前四章分别讨论网络犯罪的总则性问题,后六章则依上述法益分类逐次讨论各种类型的网络犯罪。因此,网络功能和保护法益构成了本文识别、分析网络犯罪的两个重要维度。

(四) 以与传统犯罪质与量的差异为标准的类型划分

虽然网络功能和法益是划分网络犯罪类型的重要依据,但有学者认为,此种划分"仅仅停留在有助于使人们更好地认识和解释网络犯罪类型上,却不能为我们打击不同类型网络犯罪提供具有方向性、针对性的思路。"② 只有找出网络犯罪与传统犯罪的差异,才能对不同类型的网络犯罪提出针对性的规制思路。就此而言,有学者建议网络犯罪可分为:(1) 与传统犯罪本质无异的网络犯罪;(2) 较传统犯罪呈危害"量变"的网络犯罪;(3) 较传统犯罪呈危害"质变"的网络犯罪。对于第一类网络犯罪,网络只是单纯的工具,同一犯罪行为是否利用网络其社会危害性本身

---

① 刘宪权:《网络犯罪的刑法应对新理念》,载《政治与法律》2016 年第 9 期。
② 同上注。

既未发生量变也未发生质变，比如利用社交软件敲诈勒索或定向诈骗的行为；第二类的网络犯罪主要涉及的是信息散布型犯罪，指的是在网络上散布违法犯罪信息，或者非法散布不应公开的信息的犯罪行为。由于网络上散布传播面极其广泛，因此，所造成的社会危害也非线下的同类行为可比拟。第三类网络犯罪指的是线下的传统犯罪被搬至线上后，反而不构成犯罪的情形。其中，最为典型的是网络借贷中的 P2P 借贷以及股权众筹融资行为，二者发生于线上还是线下，刑法评价迥然不同。①

如果说以网络功能和侵害法益为标准的类型划分是在实然的司法层面对网络犯罪的分类，则以与传统犯罪质与量的差异为标准的类型划分侧重的则是应然的立法层面，或者说侧重不同类型的网络犯罪在刑事政策方面如何区别对待。因此，此种犯罪分类标准亦值得参考。我们也将在具体的论述中，尤其是在讨论网络犯罪的刑事政策时，借鉴该分类标准。

第二节　网络犯罪的治理：网络刑法

一、网络刑法的必要性

正如《联合国网络犯罪政府间专家组第五次会议书面评论意见》中提到的："网络犯罪的跨国性、匿名性、智能化，以及电子证据的不稳定、易灭失，给各国执法、调查及刑事司法带来巨大挑战。"网络犯罪之所以能成为一个新的、特定的犯罪类型，是因为其已经超越了传统犯罪治理的界限，成为一个需要专门应对的治理对象。在刑事层面治理网络犯罪的工具，就是网络刑法。就目前的立法模式而言，网络刑法就是以刑法典中涉及网络犯罪的刑法条文为基础，在刑法教义学的解释下所形成的规范体系。我们认为，需要形成专门应对网络犯罪的网络刑法，其原因主要

---

① 参见刘宪权：《网络犯罪的刑法应对新理念》，载《政治与法律》2016 年第 9 期。

在于网络犯罪的犯罪学特征和刑法学特征对传统犯罪为预设对象的治理体系带来了巨大挑战。

(一) 网络犯罪的犯罪学特征

网络犯罪的犯罪学特征指的是网络犯罪行为在事实层面所表现出来的特点。有学者认为，网络犯罪的犯罪学特征包括如下几个方面：(1) 危害的扩散性；(2) 空间的虚拟性；(3) 方法的智能性；(4) 行为的隐蔽性；(5) 本质的信息性；(6) 犯罪人与被害人的隔体性；(7) 无辜被害性；(8) 失控性；(9) 跨国性。[①] 也有学者认为，网络犯罪的犯罪学特点包括：(1) 智力犯罪、方兴未艾；(2) 罪行隐秘、侦查困难；(3) 跨境犯罪、管辖困难；(4) 传播迅速、影响广泛；(5) 损害巨大、后果严重。[②] 还有学者认为，网络犯罪的犯罪学特点包括：(1) 高犯罪黑数；(2) 跨国化；(3) 侦查取证难度大；(4) 危害的严重性和不可预计性；(5) 犯罪对象的广包容量和相对集中性；(6) 网络本身即为促进或组织犯罪的因素。[③]

以上学者从不同的角度总结的网络犯罪在犯罪学方面表现出来的各种特征，不无参考价值。我们认为，理解上述网络犯罪犯罪学特征的关键，或者说网络犯罪特征的决定性要素在于网络行为的特征。这是因为，网络犯罪主要是借助或在网络行为参与下的犯罪类型。在互联网不同的发展阶段，网络行为的特点并不相同，相应的网络犯罪的犯罪学特征也不尽相同。在互联网1.0阶段，网络——严格地说是计算机——只是沟通的对象；在互联网2.0阶段，网络主要作为沟通的工具；而在互联网3.0阶段，网络则越来越作为沟通的平台而发挥作用。在目前所处的互联网3.0时代，一方面是网络技术的日益发达，人人互联、万物物联，几

[①] 参见杨正鸣：《网络犯罪研究》，上海交通大学出版社2004年版，第21—28页。

[②] 参见季境、张志超主编：《新型网络犯罪问题研究》，中国检察出版社2012年版，第4—7页。

[③] 参见孙景仙、安永勇：《网络犯罪研究》，知识产权出版社2006年版，第56—60页。

乎整个现实社会均通过数字信息编码的方式纳入了网络沟通的内容指涉范围；另一方面则是互联网的便捷性，上至耄耋老人，下至三尺儿童，均可以匿名的方式几乎毫无障碍地进入网络世界。也就是说，网络行为的沟通方式打破了现实生活中传统行为必须受制于时间、空间或对象的界限，是一种彻底的"脱域"行为。正是网络行为当下的技术性特点，才塑造了网络犯罪的上述犯罪学特征。

（二）网络犯罪的刑法学特征

网络犯罪的刑法学特征主要指的是与传统犯罪相比，网络犯罪在犯罪构成方面表现出来的特征。网络犯罪行为归根结底是一种沟通行为，参考卢曼关于沟通要素的分析，一个沟通行为包括沟通主体、信息、告知和理解四个要素。接下来我们从上述四个要素，逐次分析网络犯罪的刑法学特征。

1. 沟通主体

沟通主体指的是参与网络沟通的意思系统，包括心理系统和社会决策系统，即自然人和单位。依照现行刑法的规定，纯正的网络犯罪，自然人和单位均可作为犯罪主体；至于不纯正的网络犯罪，能否由单位作为主体，与传统犯罪一样需要严格依照刑法规定，这里重点讨论自然人作为网络犯罪主体的情形。

关于自然人作为网络犯罪的主体，曾争议的问题是网络犯罪的主体是否为特殊主体，即是否限于计算机专业知识的人。[①] 如果说，在互联网1.0时代，该问题还有争议的空间；则自迈入互联网2.0时代之后，网络犯罪的主体应理解为一般主体，概无异议。在互联网3.0时代，网络犯罪主体方面所涉及的问题主要包括以下两个：

其一，主体的低龄化。由于网络技术的便捷性、匿名性和虚拟性，使得只要具备较低程度的文化知识、掌握基本的操作技术即可成为"网友"，甚至可能成为网络骇客或黑客。这一特性意

---

① 参见靳慧云：《试析当前计算机犯罪的特点及对策》，载《公安大学学报》1997年第3期；张秀萍：《计算机犯罪及其刑法调控》，载《法律适用》1995年第10期。

味着,就影响网络行为认识和意志的因素而言,年龄不再是关键变量。在我国,未成年人制作计算机病毒并加以传播案件已发生了多起。在这一背景下,现行刑法关于刑事责任年龄的划分是否需要做相应的变动,以更好地保护法益,就成为一个亟需回答的现实问题。

其二,主体的智能化。比如,关于以网络为技术支撑的无人驾驶汽车交通肇事时,应当追究何种主体的刑事责任?是无人驾驶的汽车还是无人驾驶汽车的设计者、制造者、销售者、使用者抑或所有者?再比如,对于智能机器人尤其是类似于AlphaGo般的高智能的机器人能否作为刑事责任的主体?这些也成了当下犯罪主体领域的热点问题。[①]

2. 信息

作为沟通要素的信息指的是沟通主体所要表达的内容,在犯罪构成之中涉及犯罪对象、犯罪客体等要素。在犯罪对象和犯罪客体方面,以非法侵入计算机信息系统罪为代表的纯正网络犯罪是以计算机系统为犯罪对象,与传统犯罪的区别一目了然,也无需赘言;对于不纯正的网络犯罪,由于网络行为的彻底的脱域性,不同的主体是在匿名的平台上非物理接触或非实体时空中的交流,因此,难以对人的生命、健康等造成损害。但也并非不会侵犯人身权利,如网络诽谤、侮辱反而比传统的同质行为的危害性更为严重。但总体而言,不纯正的网络犯罪,在犯罪数量上主要以财产犯罪为主,一般不会危及人的生命、健康权益。

3. 告知

告知就是向沟通对象表达信息的行为,在犯罪构成中主要涉及危害行为方面。其中,比较突出问题是网络行为的方式及复数行为的结构形态。

---

① 相关讨论文献如陈结淼、王康辉:《论无人驾驶汽车交通肇事的刑法规制》,载《安徽大学学报(哲学社会科学版)》2019年第3期;李亚龙:《无人驾驶汽车的刑事风险:构想与应对》,载《大连海事大学学报(社会科学版)》2020年第2期;蔡婷婷:《人工智能环境下刑法的完善及适用——以智能机器人和无人驾驶汽车为切入点》,载《犯罪研究》2018年第2期。

网络行为的识别点主要包括行为方式与复行为的结构形态两个方面。网络犯罪的行为方式与传统犯罪行为的差异主要体现为技能性、扩散性，以及对象的非明确性。这一点将直接影响网络犯罪的结果形态。此外，关于复行为的结构形态，在传统的共同犯罪中，数个主体的行为需要基于犯意联络的凝聚中介才可视为共同犯罪，呈现的是一种聚式结构；但是，在网络犯罪中，实行行为之间，实行行为与帮助行为往往形成了相互配合但又具有高度独立性的链式结构，甚至上下游之间不存在任何犯意联络，所谓的网络犯罪帮助行为往往具有中立的外观。但是，这种链式结构中的网络犯罪帮助行为"相较于传统的帮助行为，其对于完成犯罪起着越来越大的决定性作用，社会危害性凸显，有的如果全案衡量，甚至超过实行行为。"[①] 这种行为特点对以传统犯罪为模型的共犯理论带来了不小的挑战，同时也提供了突围的契机。鉴于此，《刑法修正案（九）》增设了帮助信息网络犯罪活动罪，将网络犯罪的帮助行为直接作为单独的犯罪行为进行规定。但是，关于该罪适用范围及与共同犯罪的竞合关系仍需要进一步研究。

4. 理解

所谓理解，指的是沟通相对人基于自身对接收的被告知信息的解读。在犯罪构成体系中，主要涉及危害结果方面。与传统犯罪相比，由于网络的全集式辐射效应，使得部分网络犯罪的结果呈现出涉众性、跨地域性等特征。以网络诈骗为例，诈骗对象往往是不特定的多数人，诈骗数额有时难以查证，或者说依照现有查明的诈骗数额尚不构成入罪标准。但是，此类网络诈骗行为的社会危害性比传统诈骗有过之而无不及，具有刑事处罚的必要性。网络犯罪的这种结果形态，预示着传统的犯罪模型有必要进行修正。在2016年最高人民法院、最高人民检察院、公安部发布的《关于办理电信网络诈骗等刑事案件适用法律若干问题的意见》（以下简称《办理电信诈骗意见》）中已明确规定，即使未查明

[①] 缐杰：《〈关于办理非法利用信息网络、帮助信息网络犯罪活动等刑事案件适用法律若干问题的解释〉重点难点问题解读》，载《检察日报》2019年10月27日，第3版。

犯罪数额,只要在互联网上发布诈骗信息,页面浏览量累计5000次以上的,即可以作为诈骗罪(未遂)定罪处罚。

　　网络犯罪的结果形态对传统刑法冲击的另一领域是管辖权的问题。现行的属地管辖原则"以犯罪地法院为主、被告人居住地法院为辅",其中犯罪地包括犯罪行为发生地和犯罪结果发生地。但无论是行为还是结果,网络犯罪犯罪地的确定均无法简单地套用传统犯罪确定犯罪地的方式。根据《办理电信诈骗意见》,"'犯罪行为发生地'包括用于电信网络诈骗犯罪的网站服务器所在地,网站建立者、管理者所在地,被侵害的计算机信息系统或其管理者所在地,犯罪嫌疑人、被害人使用的计算机信息系统所在地,诈骗电话、短信息、电子邮件等的拨打地、发送地、到达地、接受地,以及诈骗行为持续发生的实施地、预备地、开始地、途经地、结束地。'犯罪结果发生地'包括被害人被骗时所在地,以及诈骗所得财物的实际取得地、藏匿地、转移地、使用地、销售地等。"这样一种属地管辖的确定方式远远超出了传统犯罪的认知界阈。

　　通过上述分析可知,无论是犯罪学方面还是刑法学方面,网络犯罪均超出了传统上对犯罪行为及刑法规制方式的认知范围,对刑事法治带来了巨大挑战。如何更好地应对日益多发的网络犯罪,并在认可网络行为积极价值、尊重网络自由的前提下,进一步提高法益保护的能力,就亟须具有针对性的网络刑法。接下来,我们将讨论和介绍网络刑法的规范体系。

二、网络刑法的规范体系

(一)网络刑法规范体系的模式选择:解释论抑或立法论

1. 解释论

　　上文从犯罪学特征和刑法学特征充分论证了网络犯罪行为对传统刑法体系带来的挑战。接下来我们需要回答,传统的刑法规范体系是否具有足够的解释空间以成功地应对这些挑战。如果答案是肯定的,则所谓网络刑法只是传统刑法规范的解释产物,这是解释论的立场。反之,如果认为将网络犯罪行为涵摄到传统刑法的规范体系之内会违背罪刑法定原则，那么，就必须通过刑法修订或创设单行刑法（特别刑法）来应对网络犯罪行为，以适应网络时代打击犯罪、保障人权的需要，这是立法论的立场。

我们认为，单纯的解释论已经不足以应对网络犯罪行为，我们可以通过如下两个例子加以说明。首先，关于网络服务者的法律责任问题。网络服务提供者是指通过信息网络向公众提供信息或者为获取网络信息等目的提供服务的机构，具体可以分为网络接入服务提供者、网络平台服务提供者、网络内容及产品服务提供者。从市场行为的角度观之，网络服务者与利用该网络服务实施犯罪行为的人其实就是卖方与买方的关系，网络服务者本身只需要关注所提供的服务本身的合法性而不必要考虑买方利用该服务实施犯罪行为的违法性。因为，就所提供的网络服务本身，比如数据接入和传输等往往具有中立性。而且，网络服务提供者一般并不知晓谁是利用该网络实施犯罪的使用者，与该使用者之间缺乏基本的意思联络，无论是行为共同说还是部分犯罪共同说，均难以认定为共同犯罪。但是，对于网络服务提供者又具有进行刑事处罚的必要。一方面，某项网络服务本身就构成了一个独立服务单元，具有较强的内部性，外部的管制措施一般仍需要通过网络服务者本身才能落实。即使是可以进行纯粹的外部性监管，也需要耗费较大的时间和经济成本，不利于以最小的代价及时打击犯罪。另一方面，网络服务提供者与使用者之间，与其说网络服务提供者提供的商品是网络信息服务，不如说提供的是一种虚拟的网络空间。易言之，使用者不是利用网络进行犯罪，而是在提供者所提供的网络空间中进行犯罪。而网络服务提供者对该网络空间具有专门的、独一无二的监管能力。因此，网络服务者若不积极履行必要的监管义务，进而造成比较严重的法益侵害后果，就可以认为具有刑事可罚性。但在《刑法修正案（九）》增设拒不履行信息网络安全管理义务罪之前，传统的刑法规范体系乃至教义学理论难以将网络服务提供者不履行安全管理义务的行为纳入刑罚处罚范围。

其次，关于我国现行《刑法》第 217 条规定的侵犯著作权犯罪的规定。根据该条的规定，侵犯著作权罪属于目的犯，需要以营利目的为要件。但正如有学者指出的："随着网络时代的到来，行为人可以利用信息网络传播广泛和周知迅速的特点，实施多元化目的的著作权犯罪行为。"① 这些多元的目的包括打击报复、侵犯名誉乃至自我宣传等，行为人往往不计算是否营利的经济账，甚至甘愿贴本进行，这就造成无论是实际的主观动机还是客观的证据表现，均难以将其认定为以营利为目的。另外，《刑法》（1997年版）第217条第1项所禁止的侵犯著作权的行为仅限于复制和发行两种，未能涵盖数字化的信息网络传播，尤其是以P2P模式的数字化传播。所以，2011年1月10日最高人民法院、最高人民检察院、公安部《关于办理侵犯知识产权刑事案件适用法律若干问题的意见》才不得不对"发行"进行了所谓的扩大解释，将信息网络传播纳入发行的指涉范围。这正说明了，在罪刑法定原则下展开的单纯的教义学解释已经难以应对网络犯罪行为。

最后，对于一些其他的利用信息网络实施的犯罪行为，比如，私架"外挂"的行为、诱惑点击链接的行为、恶意注册、刷单炒信等行为的刑法定性问题，淫秽信息数据是否属于刑法中的淫秽物品，网络财产犯罪结果的非数额性与传统犯罪数额或数量标准的龃龉等，都超出了传统刑法规范体系可合理容纳的解释空间。这再次说明，单纯的解释论已经不足以作为建构网络刑法规范体系的有效径路。易言之，网络刑法规范体系有必要考虑立法论。

2. 立法论

关于网络犯罪在立法论层面上首先需要解决两个问题：其一，网络刑法有无必要采取单行刑法的形式？其二，网络刑法是采用单轨制还是双轨制？只有在解决上述两个问题的基础上，才能最终确定网络刑法采取何种立法模式。以下逐次分析。

就第一个问题，我们赞同张明楷教授的观点，认为网络犯罪不宜采用单行刑法的模式。首先，前文已述，网络犯罪可分为纯

---

① 黄亮：《网络时代我国著作权刑事立法缺陷及改良刍议》，载《净月学刊》2014年第3期。

正的网络犯罪与不纯正的网络犯罪，只有纯正的网络犯罪才是刑法明文规定信息网络作为构成要件要素的犯罪类型。而不纯正的网络犯罪，包括工具型和内容型，比如网络诈骗、网络诽谤、网上赌博等，均属于传统的诈骗罪、诽谤罪和赌博罪语义范围之内，无单独规定的必要。至于如上文提到的侵犯著作权罪，虽然在网络时代现行《刑法》的规定略显严苛，但也可以通过对该条文的修订，比如删除以营利为目的等方式来解决，没有必要创设单行刑法。其次，如果制定网络犯罪的单行刑法，对于纯正的网络犯罪还不成问题，对于非纯正的网络犯罪则直接面临着如何与刑法典中的罪状、罪名相协调的问题。我们就以网络诈骗为例进行说明：利用信息网络实施诈骗行为，达到数额较大要求的，适用现行《刑法》诈骗罪的规定，原因在于诈骗罪的罪状对诈骗工具没有任何要求，此种情形就不需要增设网络诈骗；但是，如果利用网络发布诈骗信息 5000 条以上，但并没有达到诈骗罪数额较大的要求，则在《办理电信诈骗意见》出台之前，难以认定为诈骗罪。可是，同样是利用网络或在网络空间中实施的诈骗行为，一个可以纳入传统刑法规范体系，一个则不能，如果就后者单独设立单行刑法，那么此单行刑法也不再是纯正的网络犯罪的单行刑法，而充其量是对现行刑法的查漏补缺。正如张明楷教授质疑的："在网络刑法规定了网络诈骗之后，如何区分某种行为是普通诈骗还是网络诈骗？网络诈骗与普通诈骗是什么关系？当一个人既实施普通诈骗也实施网络诈骗行为时，是应当数罪并罚还是累计诈骗数额？这些都是难以处理的问题。"[①] 此外，单行刑法的立法模式其实人为的试图将网络虚拟空间与现实物理空间作泾渭分明的划分，这其实与网络时代"虚实结合"的空间和时间样态并不相符。综上，单行刑法的立法模式并不可取。

就第二个问题，既然单行刑法的立法模式并不可取，那么能否采用附属刑法与刑法典并行的双轨制的立法模式呢？双轨制与

[①] 张明楷：《网络时代的刑事立法》，载《法律科学（西北政法大学学报）》2017 年第 3 期。

单轨制的区分就在于是否在《刑法》以外的法律中独立规定罪刑条款。正如储槐植等教授指出的，单轨制的立法模式虽然具有集中统一、便于查询和学习的特点，但这种统一是以频繁的刑法修正、弱化稳定性为代价的；而且，单轨制的刑法必然存在大量的空白罪状，在确定具体罪刑规范内容时会出现大量的"找法"困难。① 据此，在涉及网络行为的法律中，尤其是在行政法中规定相应罪刑规范的双轨制立法模式较为可取。

我们认为，双规制的立法建议虽然指出了网络刑法存在的一些现实问题，但在当下的刑事法规范体系下，也不宜采用。原因在于，单轨制和双轨制各有千秋，双轨制的立法模式虽规范内涵易于明确，但也存在过于分散化的问题，尤其是在汗牛充栋的涉及各个方面的众法律面前，一般公众难以从中找到哪些是罪刑规范。这样，刑法的行为规制效应就会大为削弱。单轨制和双轨制归根结底是一国法制模式的问题，在我国的刑法规范体系中，并不存在严格意义上的附属刑法，可见我国采取的是单轨制的立法模式。当然这一模式并非不可改变，不过前提是现有模式不能很好处理遇到的问题。双轨制指出的问题，其实亦可以在单轨制模式下找到类似的功能等同项，比如，通过制定相应的司法解释。而且，单纯地通过增设罪名的思路去解决网络犯罪问题，既不经济，也不现实。因此，我们倾向于在当下的情形下仍采取单轨制的立法模式。

（二）网络刑法的规范体系：兼顾解释论与立法论

根据上述分析可知，解释论与单轨制的立法论各有千秋。我们认为，网络刑法规范体系的确立需要同时兼顾解释论与立法论。解释论的要求就是在刑法的文义范围内，透过网络的工具和空间迷雾，准确把握网络犯罪行为所侵犯的法益。正如陈兴良教授指出的："在这种情况下，加强对网络犯罪的刑法教义学研究，为司法机关惩治网络犯罪提供理论根据极为必要。"② 易言之，解释论

---

① 参见储槐植、薛美琴：《对网络时代刑事立法的思考》，载《人民检察》2018年第9期。

② 陈兴良：《网络犯罪的刑法应对》，载《中国法律评论》2020年第1期。

的昌达依赖刑法教义学，尤其是涉网络犯罪刑法教义学的繁荣和精深。至于立法论方面，则需要考虑以下几项内容：

（1）正如有学者指出的，"在采取刑事立法路径应对网络犯罪时，没有必要也不应当制定所谓'网络刑法'；当下应当在刑法典内，分别采取增设条款或者在既有条款中增设行为方式与行为对象的立法模式规制新型犯罪"，[①] 我国目前网络犯罪刑事立法所采取的正是这种模式，即在刑法修正案中通过增加罪名来弥补法网的漏洞。

（2）但是，这种模式下所增加的罪名是有限的，且主要限于纯正的网络犯罪或者表达网络犯罪刑事政策的调整，比如帮助行为的正犯化、中立行为的犯罪化等。对于实务中更为常见的不纯正的网络犯罪，还需要基于现有条文的刑法解释来处理。而对于一些超越文义解释限度的网络犯罪行为，比如上文提到的新型网络诈骗等，就需要结合实践经验制定相关的司法解释，并在经验成熟之时有选择地使之进入正式的刑法条文中。

（3）此外，网络犯罪不仅仅是一种自然犯，还是一种行政犯，往往表现为以违反网络运营、服务、使用等行政法规为前提；而且，部分网络行为的理解与解释，也需要在参照某些专门网络规范的基础上进行，其中最主要就是全国人民代表大会常务委员会于2016年11月7日发布的《网络安全法》。

（4）除国内的规范性文件之外，"网络犯罪的全球化和去国家化的特质，使得在各国应对国际网络犯罪中始终存在着竞争和合作的张力。"[②] 这既需要协调各国行动的一致性，也需要具有一些统一性的标准，如此才能彻底不留死角地打击这类危害性极大的跨国性的网络犯罪。因此，相关的国际公约和条约，尤其是一些经我国批准的公约和条约，也需要纳入网络犯罪的规范体系之内。

---

① 张明楷：《网络时代的刑事立法》，载《法律科学（西北政法大学学报）》2017年第3期。

② 徐然、赵国玲等：《网络犯罪刑事政策的取舍与重构》，中国检察出版社2017年版，第39页。

综上，网络刑法的规范体系可分为四个层次，分别是：（1）刑法典，其中既包括关于纯正网络犯罪的刑法条文，也包括众多的一般条文，比如盗窃罪、诈骗罪、侮辱罪、诽谤罪等；（2）涉网络犯罪的司法解释，如《最高人民法院、最高人民检察院关于办理非法利用信息网络、帮助信息网络犯罪活动等刑事案件适用法律若干问题的解释》（以下简称《利用、帮助信息网络犯罪解释》）；（3）规范网络行为的行政法规，除上述《网络安全法》外，比较重要的还有《保守国家秘密法》《国家安全法》《电子签名法》《计算机信息系统国际联网保密管理规定》《涉及国家秘密的计算机信息系统分级保护管理办法》《互联网信息服务管理办法》《非经营性互联网信息服务备案管理办法》《计算机信息网络国际联网安全保护管理办法》《计算机信息系统安全保护条例》；（4）关于网络犯罪的国家公约和条约，其中我国已经加入、签署并批准的，亦具有规范性的效力。

需要补充的是，上述四个层次的网络刑法规范体系是在广义层面理解的，其中，刑法典居于最核心的地位，是认定某行为是否构成网络犯罪最终的和归结性的依据，也可以视为狭义的网络刑法。相关司法解释是对刑法典条文的必要阐释和补充，也是刑事司法的重要依据，其与刑法典一并构成中意的网络刑法；至于关于网络行为的行政法规及国际条约或公约，是解释网络行为、厘定合法边界、开展国际合作的重要支撑，对于网络犯罪的打击也具有不容忽视的作用，因此，将其纳入广义的网络刑法的规范体系范畴之中。我国未来网络刑法规范体系的建构和完善，既需要准确处理解释论与立法论的关系，也需要在广义的规范视域下进行，如此才能保证网络刑法的适用性及与其他规范体系的协调性。

第二章 网络犯罪的实行行为与停止形态

第一节 网络犯罪的实行行为

根据上文的分析,网络犯罪无论是犯罪学方面还是刑法学方面相较于一般犯罪均表现出了不同的特征,这些特征在网络犯罪追诉与司法认定过程中相应地投射到了网络犯罪的犯罪认定上。由于犯罪是侵害法益的行为,故从行为要件出发,对网络犯罪展开讨论具有重要意义。相较其他构成要件而言,网络犯罪的实行行为要件更具特殊性,故下文拟从网络犯罪的实行行为出发,对网络犯罪实行行为的特征、网络帮助行为进行说明,并结合具体案例,揭示网络犯罪实行行为的认定方法。

一、网络犯罪实行行为的特征

1. 网络犯罪实行行为的隐蔽性

前文已述,网络犯罪具有隐蔽性的特征,这是网络犯罪实行行为相较于其他犯罪最显著的特点。在教义学的论域中,网络犯罪的隐蔽性主要体现为实行行为的"键盘化"和行为对象的不特定化。与现实中的犯罪行为相比,借助网络或在网络空间中实施的犯罪行为从物理外观上看仅仅是手指关节在键盘上的敲击动作，与正常使用和操作网络的行为不存在任何差异，具有难以识别的特征。与此相对，由于网络本身高度的扩散性，某一网络行为发出的信息会通过网络告知到几乎任何网络终端和任何主体。因此，网络行为的沟通范围几乎不受限制，沟通对象难以具体判断，具有不确定性的特征。这进一步导致网络犯罪实行行为与结果之间的因果关系是一种随机性的概率关系，行为人对其具有概括的故意即可。

2. 实行行为的链式化

前文已述，与现实生活中或者单独进行或者合力进行的犯罪行为相比，网络犯罪行为往往处于一个链式结构。一方面，网络犯罪行为，无论是纯正的网络犯罪还是不纯正的网络犯罪，一般是基于对网络的使用，往往会涉及多方主体，比如会涉及网络服务提供者、网络信息收集者、网络社交平台、网络金融系统等。若离开上述主体，单纯敲击键盘的行为仅仅是进一步熟悉指法而已，对外界难以产生任何影响。另一方面，网络犯罪行为的实现所涉及的多方主体并不是以某一焦点为目标、基于共同意志的聚力模式而发挥作用。在现实的网络犯罪行为中，网络上下游之间的连接往往是单向选择的结果，而非双向选择、共同意向达成的结果。这为网络犯罪行为的识别和治理带来了不小的难度。

二、网络犯罪实行行为的焦点：网络帮助行为

上述因素意味着对网络犯罪行为的识别和认知具有一定的独立性，甚至超越了传统刑法理论的体系。关于网络犯罪实行行为的讨论也主要围绕着上述特点进行。其中，焦点是对网络帮助行为实行行为性的理解。这里我们简要介绍一下网络帮助行为的内涵与特征，关于帮助行为的正犯化问题我们将在后文专门讨论。

1. 网络帮助行为的内涵

我们所谓的网络帮助行为，广义上指的是为网络犯罪提供任何帮助的行为，比如，对破坏计算机信息系统罪提供电脑的行为也属于此类广义的范畴。与之相对的狭义的网络帮助行为指在网

络空间中为违法犯罪活动提供信息技术支持的帮助行为,其与普通的帮助行为相比,具有利用信息技术的特点。我们认为,网络帮助行为应当从狭义层面进行理解。原因有二:

其一,普通的帮助行为不具有上述网络犯罪实行行为的特征。所谓普通的帮助行为,指的主要是一种物理上的帮助,需要在一定的时空条件中进行,即使可以秘密地进行,这种隐蔽性也只体现在证据的收集层面,而非犯罪行为的技术性特征层面。

其二,与普通的帮助行为相对应的是直接对法益造成损害的正犯行为,普通帮助行为所帮助的也是正犯行为,其与正犯行为既需要基于意思联络,也可以明显区分主次。但是,链式结构中的网络帮助行为,上下游之间往往不具有意思联络,且由于每一链条都是网络犯罪实现不可替代的一环,因此,难以区分主次。与最终对法益造成侵害结果的行为相比,网络帮助行为其危害性甚至超越了传统上被认为的"正犯行为",且已经不再局限于从属性的地位。比如,网络帮助行为所帮助的对象具有不特定性,网络帮助行为所提供的资源也可以供大量的潜在犯罪人使用,这些危害后果均是普通的帮助行为甚至实行行为难以企及的。因此,将普通的帮助行为纳入网络帮助行为的讨论范畴,并不可取。

因此,普通的网络犯罪帮助行为不需要专门的讨论,我国现行的刑法规范体系与理论体系足以对普通的帮助行为进行合理规制。但是,刑法需要给予专门关照的是那种具有信息技术特征的狭义上的网络帮助行为。为此,《刑法修正案(九)》通过增设条文对网络帮助行为进行专门规制。

2. 网络帮助行为的刑法规制体系

现行刑法对网络帮助行为规制的条文主要包括第286条之一的拒不履行信息网络安全管理义务罪和第287条之二的帮助信息网络犯罪活动罪。前者是不作为犯,后者是作为犯;前者的责任形式主要是间接故意和过失;后者的责任形式主要是直接故意;前者的责任类型是平台责任,后者的责任类型是正犯责任。此外,一些司法解释,比如最高人民法院、最高人民检察院2010年1月8日颁布的《关于办理利用互联网、移动通讯终端、声讯台制作、复制、出版、贩卖、传播淫秽电子信息刑事案件具体应用法律若干问题的解释（二）》（以下简称《淫秽电子信息解释（二）》）也较多地涉及了网络帮助行为的处罚规定。

之所以需要对网络帮助行为专门予以规定，是因为与之相对的所谓实行行为与网络帮助行为间的关系已经不再是正犯与需要依赖正犯成立的共犯关系，而是更多地表现为彼此独立、不需要进行双向意思联络的上下游之间的关系。如果说，网络帮助行为与下游行为之间存在区别，这种区别也仅仅在于下游行为尤其是末端行为具有直接具体的法益侵害性，而帮助行为则表现为间接概括性的法益侵害性。但这并不意味着后者对法益的危险紧迫性与程度弱于前者。因此，对于网络犯罪的治理，若仍以过去危害后果及其程度作为是否犯罪化或者是否进行刑事追究的一个前提，"一方面会导致惩治的时间节点过于滞后，无法有效及时排除这类行为的妨害；另一方面也会为司法实务部门在认定犯罪上造成诸多困惑。"①

需要指出的是，无论是《刑法》第 286 条之一还是《刑法》第 287 条之二，均规定了若行为"同时构成其他犯罪的，依照处罚较重的规定定罪处罚"。这意味着，现行刑法对网络帮助行为的规制并没有放弃传统的理论体系。易言之，网络帮助行为的责任类型既可以是正犯责任，也可以是共犯责任。比如，前者意味着即使不存在与网络帮助行为相对应的实行行为或正犯，也可以对网络帮助行为进行直接处罚，这是对共犯从属性理论的超越；后者则意味着当网络帮助行为既可以作为正犯处理，也可以作为其他正犯的帮助犯处理，至于最终如何定罪处刑，其原则是从一重。

三、网络犯罪实行行为的认定

以上我们从理论上说明了网络帮助行为的实行行为性及其刑法规制。接下来我们结合具体的案例，进一步讨论如何认定网络犯罪的实行行为。

---

① 时延安：《网络规制与犯罪治理》，载《中国刑事法杂志》2017 年第 6 期。

1. 案例展示

【**案例 2-1**】2017 年 5 月以来，被告人付某与杨某（已判决）等人成立富润德（北京）信息技术有限公司（以下简称富润德公司）并购买支付系统，招募蒋某、余某（均已判决）等为销售人员，并招募曾某（已判决）为系统平台运营人员，负责配置通道，查询处理商户订单，下发商户信息，对接下游商户等。被告人付某等人在未取得支付业务许可证的情况下，利用在第三方支付公司非法开设的江苏鸿盛电气工程有限公司、江苏华尔泰建设有限公司、深圳市回生复科技有限公司等账号对接至富润德公司的系统，并在公司系统为他人开设账号，提供网络支付接口。被告人付某以及杨某、蒋某、余某等人在明知申请支付接口需要提供商户营业执照、法人身份证等"五证"信息和网络商城备案域名，且明知非法提供的网络支付接口可能被用于犯罪资金走账和洗钱的情况下，仍不加审核，在富润德公司的支付系统中非法开设账号，为他人提供网络支付接口，并收取相应手续费作为分润。法院最终认定，被告人付某明知他人利用信息网络实施犯罪，伙同他人为其犯罪提供支付结算服务，情节严重，行为构成帮助信息网络犯罪活动罪。①

【**案例 2-2**】2019 年 8 月，被告人李某某通过网络发现有人收购银行卡，在明知对方可能用于违法犯罪的情况，以 2000 元的价格，将以自己名义办理的卡号为 62×××14 的建设银行卡以及以自己名义注册的火币、OKEX 虚拟货币交易平台账户密码卖给对方。2019 年 9 月 7 日，该建设银行卡被用于转移、分流张某等人被骗资金，并被用于 OKEX 平台进行比特币交易，交易金额远超 20 万元。法院最终认定，被告人李某某明知他人利用信息网络实施犯罪，为其犯罪提供帮助，情节严重，其行为已构成帮助信息网络犯罪活动罪。②

【**案例 2-3**】2019 年 3 月，黄某（另案处理）以每天支付 300

---

① 参见浙江省绍兴市越城区人民法院刑事判决书（2019）浙 0602 刑初 46 号。
② 参见河南省南阳市淅川县人民法院刑事判决书（2020）豫 1326 刑初 223 号。

元为由，联系被告人杨某实名办理银行卡给其使用。同时黄某（另案处理）让被告人杨某以刷脸方式将支付宝绑定办理的银行卡，便于其在网上操作非法转账。经公安部电信诈骗案件侦办平台数据显示，被告人杨某银行卡转账共计人民币 55.76 万元，其获得报酬 900 元。被告人杨某明知他人利用信息网络实施犯罪，为他人提供银行卡转账，情节严重，构成帮助信息网络犯罪活动罪。①

2. 案例分析

上述案例 2-1 就属于典型的帮助信息网络犯罪活动的行为。被告人明知他人会利用信息网络实施犯罪，仍然为其提供网络支付接口，即使接受服务者最终不构成犯罪或者尚不能查明其构成犯罪，也可以对被告人的这种网络帮助行为进行定罪处罚。这里之所以将案例 2-1 列出来，除了作为典型案例外，更主要的是与案例 2-3 进行对比，以了解实务中如何认定帮助信息网络犯罪活动罪的行为。

案例 2-3 的行为模式基本为行为人明知他人可能实行违法犯罪，仍然将自己实名注册的银行卡等账号密码或卖给或借给他人使用，以此赚取报酬。案例 2-3 已经明确将该类行为是作为帮助信息网络犯罪活动罪定罪处罚。但是，我们认为，这其实不当地扩大了帮助信息网络犯罪活动罪的适用情形，甚至有可能将帮助信息网络犯罪活动罪作为处罚帮助行为的口袋罪。

首先，案例 2-3 中行为仅仅是物理上的出卖或出借银行卡的行为，而非提供信息技术帮助的行为，这是其与 2-1 案例的最大不同。根据上文的分析，物理上的帮助行为是一种现实中的普通帮助行为，其不具有如 2-1 典型的网络帮助行为的隐蔽性和危害性，不属于狭义的网络帮助行为。

其次，根据《刑法》第 287 条之二的规定，帮助信息网络犯罪活动罪的主观要件要求行为人"明知他人利用信息网络实施犯

---

① 参见广西壮族自治区平乐县人民法院刑事判决书（2019）桂 0330 刑初 187 号。

罪",而非"明知他人实施犯罪"。也就是说,行为人不仅需要明知他人实施犯罪,还需要明知他人利用信息网络实施犯罪。而在案例2-3中,行为人仅仅明知他人可能将银行卡用于违法犯罪,但未必明知他人是利用信息网络实施犯罪。

再次,《刑法》第287条之二明确规定,帮助信息网络犯罪活动罪的行为方式之一是提供"支付结算"等帮助。根据《支付结算办法》第3条的规定,支付结算是指单位、个人在社会经济活动中使用票据、信用卡和汇兑、托收承付、委托收款等结算方式进行货币给付及其资金清算的行为。比照此概念可知,案例2-3的行为,被告人并不是提供支付结算的帮助,即帮助的内容不是支付结算,而只是客观上帮助他人使之能够进行支付结算。

最后,"利用信息网络实施犯罪"不等于所有与信息网络有关的犯罪,前者要求对信息网络具有一种实质上的利用性,即能够体现对信息网络属性的实质利用。易言之,在对信息网络进行实质利用时,信息网络本身不存在与之相当的功能等同项,否则,就不宜认定为实质利用。比如,通过支付宝等网上金融账户接受普通诈骗对象交付款项的行为,虽然利用了信息网络,但该行为与要求诈骗对象直接存在银行账户或直接交付现金具有同样的性质,所以不能视为具有"实质利用性"。

通过上述分析可知,对帮助信息网络活动罪的理解,需要进行双重限制:既要对网络帮助行为进行限制,同时也要对"利用信息网络实施犯罪"进行限制。这样一种限制解释的目的是避免该罪名沦为所有帮助行为的口袋罪。如前所述,帮助行为之所以需要正犯化,是因为该行为是一种利用信息网络的行为,其行为方式、行为结构和危害性与现实中普通的帮助行为具有显著的差异,由此才不能等同视之,这是网络帮助行为正犯化的合理性依据。其次,现代社会中,网络已经全方位渗透到生活、工作和学习中,如果将与网络有关的所有犯罪行为都纳入"利用信息网络实施犯罪"的范畴之中,则无异于将几乎所有犯罪的帮助行为均纳入该罪的涵摄范围,该罪名就成为所有帮助行为的兜底性、口袋性罪名。

第二节 网络犯罪的停止形态

一、网络犯罪的既遂

网络犯罪的停止形态是针对网络犯罪的结果犯而言的。作为犯罪成立共通要素的结果指的是"行为给刑法所保护的法益所造成的现实侵害事实与现实危险状态。"[①] 由此,结果犯既包括危险犯也包括实害犯。但对于危险犯而言,无论是抽象危险犯还是具体危险犯,只有成立与否的问题,不存在既未遂的问题。比如,《刑法》第 285 条规定的非法侵入计算机信息系统罪,就是典型的抽象危险犯,只要有符合构成要件的行为,就可以认定为犯罪成立。因此,从既未遂的角度来看,犯罪结果仅指实害结果,即可观察或可检验的结果。

实害结果包括人身损害、财产损失或者名誉受损等情形。其中,人身损害需要达到一定的伤残等级才构成既遂,财产损失则需要达到一定的数额才构成既遂,名誉受损是一种精神上的损失,可以根据一些因素推定既遂。因此,实害结果往往通过各种量化的指标表示。比如,数量指标就是财产犯罪既遂的重要指标。(关于数额犯是否存在未遂的问题,容后详述)以数量指标作为既遂标准的数额犯是网络犯罪既遂的重要类型,包括数额犯和以数量指标表示的后果犯。这是因为,无论是对象型、工具型抑或内容型网络犯罪,一般不会直接侵犯个人的生命、健康等权益,而主要是侵犯个人财产法益和社会公共法益,后两种法益大多可以通过量化的指标予以说明。

网络犯罪中的数量指标需要进行限制解释,即该数量指标需要具有网络相关性,且属于一种独立于传统犯罪既遂数额的新的指标类型。比如,网络诈骗罪中的数量指标,既包括财产损失的数额,也包括网络工具性利用的相关指标。网络犯罪的数量指标,

---

① 张明楷:《刑法学》(第 5 版),法律出版社 2016 年版,第 342 页。

只包括后者。在刑法分则中，这种数量指标一般作为犯罪情节要素由司法解释来具体规定，但根据网络犯罪的类型，数额在认定犯罪既未遂时的功能也不尽相同。

首先，对于纯正的网络犯罪，即对象型的网络犯罪，数额，准确说是数量指标可以作为犯罪既遂的认定标准。比如，对于破坏计算机信息系统罪，根据2011年8月1日《最高人民法院、最高人民检察院关于办理危害计算机信息系统安全刑事案件应用法律若干问题的解释》（以下简称《计算机案件解释》）第4条第1款规定，破坏计算机信息系统罪的后果要素包括："（一）造成十台以上计算机信息系统的主要软件或者硬件不能正常运行的；（二）对二十台以上计算机信息系统中存储、处理或者传输的数据进行删除、修改、增加操作的；（三）违法所得五千元以上或者造成经济损失一万元以上的；（四）造成为一百台以上计算机信息系统提供域名解析、身份认证、计费等基础服务或者为一万名以上用户提供服务的计算机信息系统不能正常运行累计一小时以上的；（五）造成其他严重后果的。"

其次，对于内容型的网络犯罪，数量指标同样可以作为认定犯罪既遂的标准。其中，最典型的就是网络诽谤行为。根据《最高人民法院、最高人民检察院关于办理利用信息网络实施诽谤等刑事案件适用法律若干问题的解释》（以下简称《网络诽谤解释》）第2条的规定，同一诽谤信息实际被点击、浏览次数达到五千次以上，或者被转发次数达到五百次以上的就构成了情节严重。在这种情形下，以点击量、浏览次数为代表的网络影响指标就构成了认定情节严重，进而犯罪成立或既遂的标准。

最后，对于工具型的网络犯罪，数量指标一般不宜作为认定犯罪既遂的标准。如前所述，这是建立在对网络犯罪数量指标限制解释的基础之上。根据《办理电信诈骗意见》的规定，在诈骗数额难以查证的情形下，只要可以认定行为人发送诈骗信息五千条以上，或者拨打诈骗电话五百人次以上的；或者在互联网上发布诈骗信息，页面浏览量累计五千次以上的，就能以诈骗罪的未遂处罚。

综上可知，在对象型和内容型的网络犯罪中，数量指标是判断既遂的重要依据；而在工具型网络犯罪中，数量指标只是作为认定犯罪未遂的重要依据。这是不同类型网络犯罪在既未遂领域中的不同意义。为了与数额犯以示区别，我们将前两种以数量指标作为犯罪既遂标准的犯罪称之为数量犯。

二、网络犯罪的未遂

（一）网络犯罪未遂的论题

我们认为，关于网络犯罪既未遂的问题，网络因素对不同类型网络犯罪的影响并不相同。其一，对于工具型网络犯罪，由于犯罪行为是利用网络得以实施的，因此行为的不法性即行为自身的危害性较普通的犯罪行为更大，相应地，造成侵害结果的可能性也加大，这就形成了处罚未遂犯的必要性。其中，典型的就是上文提到的网络诈骗处罚未遂。也就是说，网络因素对工具型网络犯罪的影响主要是增强犯罪行为的行为不法，结果不法发生在网络因素之外。因此，对于工具型网络犯罪，网络因素有助于认定犯罪未遂，但不能直接作为认定犯罪既遂的指标。其二，对于内容型网络犯罪，犯罪行为是在网络空间中进行的，犯罪行为的法益侵害性也发生在网络空间，并可以对现实社会产生进一步的影响。比如，利用信息网络传播淫秽物品、利用信息网络开设赌场的行为等，其均是对社会法益的一种侵犯。网络空间虽然具有虚拟性，但网络空间的公共性却是现实的。因此，行为无论发生在网络空间还是现实空间，在公共性层面，二者并无不同。因此，网络因素可以直接作为认定犯罪成立或既遂的指标。其三，对于对象型网络犯罪，由于犯罪行为的法益侵害指向的是作为对象的网络，因此，网络因素可以作为认定犯罪既遂或成立的指标。

综上，网络犯罪的既未遂问题主要存在于内容型网络犯罪和对象型网络犯罪领域。至于这两种领域是否存在停止形态，关键是如何认识数量犯的未遂。但是，这并不意味着内容型和对象型网络犯罪不存在未遂。只要行为着手后停止，就可以成立犯罪的未遂或中止。这里数量犯未遂所讨论的问题是，当数量未达到刑法或司法解释规定的要求,而又不存在其他严重情节或后果时,能否认定为未遂。比如,当行为人破坏计算机信息系统,但只造成了9台计算机信息系统的主要软件或者硬件不能正常运行;当行为人发布网络诽谤信息,但被点击、浏览量没有达到5000次时,能否以未遂处罚?

(二) 数量未达标能否认定为未遂

关于数量犯是否存在未遂的问题,可以参考刑法教义学中关于数额犯的讨论。关于数额犯,现在的通说观点是认为既存在既遂形态,又存在未遂形态;数额大多属于"作为不法构成要件要素的罪量因素的具体类型"[1];而且,《最高人民法院、最高人民检察院关于办理盗窃刑事案件适用法律若干问题的解释》也明确规定以数额巨大的财物为盗窃目标的盗窃未遂行为也具有刑事可罚性。但是,数额犯之数额与这里讨论的数量犯之数量在犯罪构成体系中的地位并不等同:前者是认定犯罪行为该当不法构成要件必不可少的因素,而后者只是众多情节或后果中的一种而已。

关于情节是否属于构成要件要素,伍柳村先生持否定看法,认为情节"在立法上属于提示性的规定,用以提示司法人员办案时的重视"[2];而张明楷教授认为,只要是作为划分罪与非罪标志的情节,当然属于构成要件要素;而且,根据责任主义的要求,在故意犯罪中,要求行为人对标明情节严重的前提事实具有认识。[3] 现在的通说认为情节属于构成要件要素,情节犯存在未遂的形态。但这并不意味着在网络犯罪中数量未达标的情况下一律构成未遂。

我们认为,数量未达标的情形下是否构成未遂需要依据数量的刑法意义来判断。正如有学者在论述数额犯时指出的,"因为数额只是对事物量的标定,不能脱离被量化的事物而独立存在,否则,就只是纯粹的数字符号。数额犯中的数额不是与犯罪构成中

---

[1] 王强:《罪量因素:构成要素抑或处罚条件》,载《法学家》2012年第5期。
[2] 时延安、王晓初:《情节犯是否存在犯罪未遂》,载中国法院网,https://www.chinacourt.org/article/detail/2006/01/id/192965.shtml。
[3] 参见张明楷:《刑法学》(第5版),法律出版社2016年版,第125—126页。

的其他要件相分离的一个要件,而是犯罪构成中某些要件的量化标准,属于犯罪构成要件的定量因素。被量化的对象不同,数额所具有的内涵与意义也不尽相同,定罪的标准也因此不同。"① 据此,数量本身的量化对象是判断未遂的重要因素。

具体为:(1)由于未遂以及中止的成立以行为已经着手为前提,即行为对法益具有的即刻的、现实的危险性。因此,如果情节本身不能表征行为对法益的危险性,而仅仅是一种危害结果的证明,则该情节的有无或是否达到法律规定的程度,原则上不影响行为本身的危害性。比如,在破坏计算机信息系统罪中,只要行为人违反国家规定,对计算机信息系统功能进行删除、修改、增加、干扰,造成计算机信息系统不能正常运行的,就已经构成了犯罪的着手,至于具体造成多少台计算机信息系统的损失,则不直接影响行为本身的危害性。因此,在此类情形下,无论情节是否存在或达标,只要行为已经着手后而停止,即可成立未遂或中止。此类数量我们称之为后果性数量。(2)如果情节本身标明的就是行为本身的危险性,即只有达到一定程度的情节才具有对法益即刻、现实的危险性,这种情形下,情节不存在或未达标意味着行为尚未着手,不能认定为犯罪未遂。或者说,此种情形下,犯罪只存在是否成立的问题,而不存在既未遂的问题。比如,在提供侵入、非法控制计算机信息体用的程序、工具罪中,根据《计算机案件解释》第3条的规定,提供能够用于非法获取支付结算、证券交易、期货交易等网络金融服务身份认证信息的专门性程序、工具5人次以上的,就属于"情节严重"。这里的5人次就是对行为危害性的定量要求。易言之,只有达到5人次以上的,才具有刑事可罚性。反之,则认为尚不足以进行刑事处罚。因此,在此类情形下,该情节不存在或数量未达标,不能认定为着手,此类数量我们称之为行为性数量。

在上述区分了结果性数量与行为性数量之后,需要进一步明确的是二者区分的标准为何。我们认为,二者的区分不是形式上

---

① 刘之雄:《数额犯若干问题新探》,载《法商研究》2005年第6期。

数量词量化的对象，即行为本身还是行为所导致的后果，而是该量化对象本身所征表的是行为刑事可罚性的有无还是对行为刑事可罚性进一步的明确或限制。比如，《网络诽谤解释》第2条规定，对于同一诽谤信息实际被点击、浏览量达到5000次以上，或者被转发次数达到500次以上的，应当认定为"情节严重"。那么，这里的5000次和500次究竟属于行为性数量还是后果性数量，则直接影响未达标的网络诽谤行为能否以未遂进行处罚。从形式上看，点击5000次或转发500次都是行为结束后所产生的影响，但这并不足以认定该数量属于后果性数量。原因在于：诽谤罪所侵害的法益是被诽谤人的名誉，因此，后果因素应当直接针对名誉是否受损来判断。而名誉属于精神性法益，无物理性的客观指标，只能推定而知。5000次点击或500次转发并不是对法益侵害后果而是对诽谤行为影响力的说明，其征表的是行为的危险性而不是后果的严重性。因此，此处的5000次与500次应当认定为行为性数量，当具体的犯罪行为未达到此种数量要求时，说明该行为尚不具有刑事可罚性，即不宜以未遂定罪处刑。

综合本节所述，关于网络犯罪的停止形态：（1）无论是何种类型的网络犯罪，其停止形态依原罪名而定，即对于直接故意的网络犯罪，无论是结果犯、情节犯还是后果犯，都可以成立停止形态，包括预备、中止和未遂，不需要专门讨论；（2）网络犯罪停止形态的专属性问题是关于对象型和内容型网络犯罪中的数量犯。即在数量未达标的情形下，能否认定为未遂。我们认为，应当区别对待。对于行为性数量，当未达标时不宜认定为犯罪未遂，而应认定为犯罪未成立；对于后果性数量，当未达标时可以成立犯罪未遂。至于行为性数量与后果性数量的区分标准，应当以该量化对象本身所征表的是行为刑事可罚性的有无还是对行为刑事可罚性进一步的明确或限制来判断，前者属于行为性数量，后者属于后果性数量。这是本节关于网络犯罪停止形态的基本观点。

第三章　网络犯罪的罪数形态

第一节　罪数理论的问题点与争鸣

一、竞合论与罪数论的关系问题

罪数，也就是罪的个数，解决的是如何区分一罪与数罪以及如何进行处断的问题。虽然都是为了解决犯罪竞合情形下如何定罪量刑的问题，我国和日本采取的是罪数论，德国采取的是竞合论。前者着眼于罪的个数问题，后者着眼于如何处罚。我国学界目前的通说仍然是罪数论，即便是主张阶层论的刑法学者也承认这一点。司法领域的通说也是罪数论。不过，这里需要探讨一个问题——罪数论与竞合论的关系。大陆法系的德国有想象竞合、法条竞合与实质竞合的区别，日本立法有吸收犯、牵连犯、不可罚的事后行为等概念有待研讨，以便在本土化的操作中进行取舍。只有解决了竞合论与罪数论的关系问题，才能进一步探讨上述概念的去留问题。

总体而言，我国学界对于罪数论与竞合论的关系并不采取排斥的立场。有力的看法是，二者在机能上没有本质差别，在理论内涵与意义上也差异不大。况且，竞合论存在的意义不是冲击罪数论（实际上也做不到这一点），而是对罪数论难以处理的处罚问题进行弥补。但是，在竞合论的概念系统中，究竟哪些理论对罪数论具有这样的补漏功能，学界存在争论。对此，学界目前存在三种认识。第一种是全面接受论。这种观点认为，尽管我国目前不必对罪数论的通说地位加以动摇，但仍然可以选择接纳竞合论的概念系统，并发挥其各自机能。例如，胡洋研究员认为，罪数论与竞合论的概念术语与归类范围只有形式差异，真正决定竞合论本土化的问题是知识论层面的问题。基于种种考虑，应当在罪数论单纯一罪、包括一罪与科刑一罪的框架下，分别保留单纯一罪中持续犯、法条竞合犯的概念，包括一罪中吸收犯（竞合论中伴随犯与不可罚的事前行为）、不可罚的事后行为与连续犯，以及牵连犯下的想象竞合犯与牵连犯。这几乎是全面吸收的立场。① 第二种是大部接受论。这种观点认为，德国的竞合论与罪数论虽然存在概念形式、内涵意义层面的相同点，但也存在无法回避的理念差别，因此主张有条件地进行接纳和改造。例如张明楷教授认为，德国的竞合论与罪数论的根本差异在于行为概念的差异。具体而言有行为单数概念上的本质差异、法条竞合犯不以法条的重合而是以法益侵害的通常性为前提、想象竞合犯包括数行为触犯数法条的情形、实质竞合与我国关于数额犯和多次犯的规定不符等。在保留罪数论的通说地位的情况下，应当采取单纯一罪、包括一罪、科刑一罪与实质数罪的分类，并将法条竞合犯、想象竞合犯与不并罚的牵连犯等纳入体系。至于吸收犯等则未提及。② 第三种是批判接受论。这是一种较为激进的观点，它认为，我国刑事立法并未规定罪数形态，因此可以根据罪刑均衡、禁止双重危险理论的实体、程序原则进行罪数论构建。在第三种认识的支持者看来，当罪名本身法定刑较轻以及未将多次犯罪规定为加重情节时，如果不进行并罚就只能得出违背罪刑均衡原则的结论。因此，该理论主张，应当取消牵连犯、连续犯与吸收犯概念。同时，在一事不再理原则下，对仅有一个行为的法条

---

① 参见胡洋：《罪数论与竞合论的体系之争及我国刑法的路径选择》，载《河南大学学报（社会科学版）》2018年第1期。

② 参见张明楷：《罪数论与竞合论探究》，载《法商研究》2016年第1期。

竞合犯、想象竞合犯、继续犯等应避免进行二次追诉。① 简要地分析这三种观点，全面接受论的立场是，所谓罪数论与竞合论只是表述上的差异，二者没有质的不同。这样，对于罪数论的研究从另一个侧面就是对于竞合论的研究。大部接受论与批评接受论都承认二者存在质的差别，但也都认可部分地借鉴竞合论以补充罪数论的适用。差异在于大部接受论的"大部"肯定对于竞合论的形式上的接受，立法规定上的接受，也就是在不违反我国立法精神与刑法基本原理的情形下的接受。而批判接受论则是基于对竞合论的理论批判的基础上进行接受，这是一种理念的接受，已经超脱我国立法的形式规定。

我国目前的通说是大部接受论。这可以从三个层面进行论证。

第一，我国立法没有关于竞合论的明文规定，这是有目共睹的。关于我国采取的是罪数论还是竞合论，最为重要的是立法的态度，尤其是刑法总则的态度。相比德、日的刑事立法，我国刑法总则没有单独规定想象竞合犯等一批竞合犯的概念，刑法分则对于竞合论的态度也是较为暧昧的。这种立法的意义是值得考察的。当刑法分则没有明文表达出对竞合论特定概念的肯定，竞合论本身的意义就被糅合在刑法分则具体罪名得以创设的刑事政策中。因而对于竞合论的借鉴就不得不依靠我国分则立法的具体规定。例如，《刑法》第287条之二第3款规定，实施帮助信息网络犯罪活动行为，同时处罚其他犯罪，从一重处罚。司法领域的态度是按照想象竞合犯论处。② 学理上的态度则更为微妙，无论是法条竞合犯、想象竞合犯还是注意规定等均有人主张。③ 此外，从逻辑上说，如果行为人确实存在以帮助信息网络犯罪活动的形式助力于他人具体的犯罪活动的意图，并且其就这一点与他人达成了

---

① 参见陈洪兵：《实体与程序双层次罪数论体系的构建》，载《国家检察官学院学报》2016年第6期。

② 例如曹继端、刘善品诈骗案，参见河南省南阳市中级人民法院刑事判决书（2018）豫13刑终130号。

③ 参见陈洪兵：《帮助信息网络犯罪活动罪的限缩解释适用》，载《辽宁大学学报（哲学社会科学版）》2018年第1期。

意思联络，那么将其认定为牵连犯也未必不可。① 况且，我国刑法分则也没有完全遵从大陆法系对于竞合论的观念。例如，就牵连犯而言，对于那些为了实现一个犯罪目的实施数个彼此之间互为原因与结果关系的不法行为的情形，我国刑法分则既有从一重处罚的规定，也有从一重后再从重处罚的规定，还有数罪并罚的规定。

第二，我国司法实际上对竞合论也采取的是大部接受论。通过刑法学者的教授与交流，竞合论的特定概念以法律文化的形式出现于司法机关的文书之中。不过，这种文化是一种共识性、片段性的法律交流的产物，其一定意义上也是司法人员整体的价值选择的产物。透过对"中国裁判文书网"上概念出现状况的总体观察，在实务领域，牵连犯的概念使用最多，也争议的最多。想象竞合犯、法条竞合犯、连续犯、吸收犯与继续犯也有所适用，不过数量则少得多。至于集合犯和结合犯的概念则没有适用。只在极个别案件的适用中司法人员有所提及，但并未进行分析和讨论。这种现象或许是由于可以适用的案件数量较少，也或许是司法人员不倾向运用包括的一罪的概念得出从一重处罚的结论。毕竟相比单纯的一罪与科刑的一罪，包括的一罪的概念在适用上更为复杂，认定起来也更为困难。而且将连续实施数个犯罪活动的行为包括评价为按一罪进行处罚似乎又有放纵犯罪的危险，这也是值得反思的。

第三，我国学界对于竞合论的共识也仅及于大部接受论。关于我国学界对于竞合论的态度，不是取决于个别学者对于竞合论的见解或者看法，而是取决于多方所能达到的共识、能够达到的见解或者看法。我国刑法学界一直存在阶层论与要件论的对峙。上文梳理的主要是阶层论学者对于竞合论的观点和态度，似乎还不能被认为是普遍接受的共识，更何况要件论的学者对于竞合论的观点影响也是稳固的，这些都决定着我国对于竞合论的概念的

---

① 参见刘三洋，秦策：《网络犯罪共犯规制的独立化治理模式论》，载《重庆社会科学》2019年第7期。

接纳程度。在要件论的视域下，竞合论本身不具有独立的意义，其仅作为判断罪的个数的某些理论现象存在；对于这些现象的处断原则虽然可能是相同的，但其思维路径也可能存在差异。例如关于想象的数罪的性质认定，马克昌教授认为，这不是想象竞合的数罪性质，而是由于一个行为、一个犯意触犯数个罪名的情形。这种情形下，触犯数个罪名只是一种外观上的现象，其自始至终只能被评价为一个行为，因此在评价上不宜对数罪进行——宣告，只对处罚最重者加以宣告即可。① 而阶层论学者则主张，发挥想象竞合犯的明示机能，对犯罪人所引起的数个不法内容应当详细、明确地一一列出，以实现犯罪预防的目的。② 其反映的是两派在理念上的差异。再如对于牵连犯的处断，要件论的观点是从行为本身的牵连性来进行判断，至于其处罚可能为数罪，也可能是一罪或者一罪从重。③ 这又与阶层论的主张不同。这样看来，我国学界对于竞合论的整体共识仍然停留于形式的、浅层的大部接受论的层面。

二、犯罪个数的区分标准问题

如何明确一罪与数罪的界限，这是罪数领域的核心问题与基础问题。围绕罪的个数的标准，学界形成了行为标准说、法益（结果）标准说、犯意（意思）标准说、构成要件标准说以及犯罪构成标准说等观点。④ 从单纯的一罪的层面考察，目前我国学界的通说是犯罪构成说。

首先，犯罪构成说与处于通说地位的要件论观点一脉相承。所谓罪的个数就是中观意义上可以受到刑法评价的罪的数量。罪的个数的评价完全受制于关于犯罪成立的整体理论的态度。主张阶层论的观点认为，罪数意义上罪的成立可以被人为地、客观化

---

① 参见《马克昌文集》，武汉大学出版社2012年版，第41页。
② 参见张明楷：《刑法学（上）》（第5版），法律出版社2016年版，第483页。
③ 参见马克昌主编、莫洪宪执行主编：《刑法》（第4版），高等教育出版社2017年版，第162—163页。
④ 同上，第150—151页。

地把握，主观化的、责任化的要素则可以暂时不予理睬。这种理解方式以阶层的形式将对于罪的评价化繁为简，可以将受到刑法评价的事实自始切割为诸个精密的片段，不失为一条有益的思维进路。可是，对事实进行规范切割评价这一做法的问题是，自始将规范评价视为一种可以被割裂化的适用过程，从而影响了共识性见解的形成。上述观点中，除了犯罪构成说，其余的观点都可以被视为阶层论观点下、割裂式评价方式的理论产物。而这些观点即便共同认可阶层论的理论框架，也不可能共同成为学理的通说。相比而言，要件论一直从整体、综合的层面进行事实判断与规范评价，从而使其判断标准具有较强的稳定性与共识性。因此，在我国这一特殊的刑法语境下，无论阶层论的特定观点如何有力，要件论的通说地位都很难被撼动。犯罪构成说将个罪的评价标准自始与要件论的组合式的认定思路相互关联，在适用思维上一脉相承，也就成为罪数领域的学理通说。

其次，犯罪构成说与我国通行的主客观相一致思想并行不悖。一方面，从要件论的视野来看，犯罪构成既是犯罪成立的条件，又是犯罪人承担刑事责任的条件。客观要件与主观要件作为犯罪得以构成的要件没有价值上谁优谁劣的区别，也没有阶层上谁先谁后的必然要求。① 因此，主观要素与客观要素共同地推进犯罪评价的整个过程，具体个罪的评价则自始也就是一种要素组合式的理解进路。另一方面，相比其他标准，只有犯罪构成说是遵循这样一条进路进行评价的。在犯罪构成说的标准视域下，既有构成要件的形式规定，又有值得规范评价的违法实体，同时又有犯罪人主观犯意的反映，因而只有这一标准是真正贯彻了主、客观相统一的刑法思想。

最后，犯罪构成说与我国特殊犯罪形态的主导思想相互契合。要件论是从犯罪构成的角度来理解犯罪的，这种理解也贯穿对于故意犯罪的基本形态、共同犯罪等领域的理解。在要件论的视域

---

① 尽管学界有人主张仿照阶层论的模式，先进行客观要素评价，再进行主观要素评价，但毕竟没有形成阶层。

下，故意犯罪的未完成形态与共同犯罪都是以修正的形式进行设定的犯罪构成，它们只不过是犯罪构成的特殊形态。① 在我国通说看来，只有通过犯罪构成说，才能对犯罪人所涉及的犯罪未完成形态或者共同犯罪形态的相关个罪进行包含评价。在这种既总揽全局又允许修正的理论视域下，要件论与罪数论之间的理论关系获得了一种稳定而良性的互动。这样看来，在要件论的通说视野下，似乎也只能选择犯罪构成说才能与其完美地匹配。

三、想象竞合与法条竞合的区别标准问题

想象竞合与法条竞合的区别标准问题同样是罪数论领域的关键问题。在实务领域频频出现的一行为触犯数规范的情形下，如何明确二者的界定从而决定是"特别法优于普通法"还是"从一重处断"，这是无法回避的问题。我国关于想象竞合与法条竞合的区分标准大致分为形式说、实质说与综合说三种认识。形式说认为，所谓法条竞合是指一行为所触犯的数罪的构成要件要素之间是特别关系或者交叉关系的情形，而想象竞合是数种犯罪的构成要件要素之间不具有这两种关系的情形。② 实质说则分为三种不同的路径。第一种路径是法益类型说，当行为人的一个行为同时侵犯了数个法益时，其成立想象竞合；当行为人的行为只侵犯了一个法益时，成立法条竞合。③ 第二种路径是完全评价说，当行为人因一行为触犯了数种规范，其中任何一种规范都可以对其行为进行全面评价的，成立法条竞合，否则成立想象竞合。④ 第三种路径是行为性质说，将被竞合的数种构成要件视为立法者做出不同性质的规范评价的产物，当竞合是由于行为人的行为的社会危害性

---

① 参见马克昌主编、莫洪宪执行主编：《刑法》（第4版），高等教育出版社2017年版，第36页。
② 参见冉巨火：《论法条竞合与想象竞合的区分及其适用原则——兼论军职罪中封闭的特权条款》，载《法学杂志》2016年第4期。
③ 参见庄劲：《犯罪竞合：罪数分析的结构与体系》，法律出版社2006年版，第217页。
④ 参见付恒、张光云：《论兼具"法条竞合与想象竞合色彩"的个案之处断原则》，载《西南民族大学学报（人文社会科学版）》2015年第8期。

在刑事领域可以被评价为多种性质时，则成立想象竞合，当竞合是由于立法技术本身所造成的时，成立法条竞合。① 综合说则认为，应当采取一种兼具形式与实质的双层次的标准来理解法条竞合与想象竞合的差异。当行为人的一行为所触犯的数种规范不仅在形式上具有包容或者交叉关系，还在实质上其中某一法条能够对所有的行为不法内容进行全面、充分地评价，方可成立法条竞合，否则只能是想象竞合。② 除了上述观点之外，还有一种见解认为，所谓想象竞合与法条竞合的区别是没有意义的，只需要提倡一种"大竞合论"，对凡是存在竞合关系的情形一律从一重处罚即可。③

通说支持偏形式说的综合说观点。

第一，通说重视刑法规范之间的特别关系。通说观点肯定了法条竞合情形下，行为所触犯的数种刑法规范之间在内容上存在包容或者部分包容的关系。而在想象竞合情形下，行为所触犯的数种刑法规范之间不存在上述关系。④ 具体而言，这种关系分为两种形态，一是一个行为同时符合相异法律之间的普通刑法与特殊刑法，或者一个行为同时触犯同一法律的普通条款与特别条款，二是两个以上的刑法规范间具有全部法和部分法的关系时形成的法条竞合。⑤ 同时，通说认为，法条竞合又可以分为因犯罪主体不同而形成的法条竞合关系、因犯罪目的不同而形成的法条竞合关系、因犯罪对象不同而形成的法条竞合关系、因犯罪手段不同而

---

① 参见古加锦：《法条竞合与想象竞合犯的界限新探》，载《中国刑事法杂志》2012年第10期。

② 参见陈小平：《想象竞合与法条竞合之厘清——形式标准与实质标准"双阶层"判断路径的提倡》，载《郑州大学学报（哲学社会科学版）》2018年第3期；马乐：《如何理解刑法中的"本法另有规定"——兼论法条竞合与想象竞合的界限》，载《甘肃政法学院学报》2016年第4期。

③ 参见陈洪兵：《不必严格区分法条竞合与想象竞合——大竞合论之提倡》，载《清华法学》2012年第1期。

④ 参见马克昌主编、莫洪宪执行主编：《刑法》（第4版），高等教育出版社2017年版，第158页。

⑤ 同上，第283页。

形成的法条竞合关系与因危害后果而形成的法条竞合关系。①

第二，通说重视竞合问题产生的具体原因。依照通说，法条竞合之所以发生，乃是由于刑法立法上错综复杂的规定而引起。在这一情形下，决定竞合事由发生的是立法者在特定领域的刑事立法技术问题，如果不是在特定领域的相对精致与多元的立法内容，这种竞合一般是不会发生的。而想象竞合则是由于犯罪的事实特征而引起，即出于数个罪过或数个结果以致一行为触犯数罪。② 考虑到竞合发生的原因有所不同，竞合引起的法律后果也有所不同。纯粹因立法技术或者立法评价本身的分歧引发的法条竞合问题，应当严格遵照特别法的规定加以适用，按照特定规范所要遵循评价标准来衡量该行为的社会危害性。特别法未必在刑罚的创制上重于一般法，也未必在刑罚的裁量上严格于一般法，但必须从刑法规范自身的价值来进行考察。而因行为人行为本身的复杂性所引起的想象竞合，就是另外一种评价方式了。因行为人行为本身的特质触犯了刑法规范体系内部的数罪评价规范，从而对不同领域的规范秩序均造成了一定程度的妨害。换句话说，行为人故意或者过失地侵害了数种应受保护的客体，只不过考虑到其仅仅实施了一个观念上的行为，从而对其仅处断为一个犯罪。按照较重的犯罪进行处置，这是理所应当的。

第三，通说不排斥对罪过、结果等实质标准的考察。通说观点认为，法条竞合情形下，行为人系出于一个犯意，并且只产生了一个结果；而想象竞合通常是数个犯意或者数个结果。③ 这里的数个犯意或者数个结果，是指相比行为人决意实施的犯罪活动所触犯的那种规范所设定的犯意或者结果。这种超出原有刑法规范评价的犯意或者结果要么侵害了新的法益，要么改变了犯罪行为本身的目的，总之犯罪行为自身的性质随之改变了。这样看来，在犯罪构成说的理论路径下，法条竞合与想象竞合的区分标准也

---

① 参见马克昌主编、莫洪宪执行主编：《刑法》（第4版），高等教育出版社2017年版，第283页。

② 同上，第158页。

③ 同上，第158页。

发展为一个包涵形式与实质、主观与客观的综合性的标准。只不过，相比前两种形式化标准的明确，对于实质因素的考察被以一个可能性的、通常性的表述所采用。这也不能不反映通说在理解该问题上的理论倾向。

四、牵连犯的认定与处断问题

牵连犯是罪数领域的重要话题。目前我国学界对于牵连犯概念已经颇有质疑，司法领域却大量适用，因而牵连犯的认定和处断是无法回避的问题。

牵连犯的概念理解问题。目前学界对这一问题存在几种观点。第一种认为，牵连犯是以实施某一犯罪为目的，其犯罪的方法行为或者结果行为又触犯其他罪名的情形。[1] 第二种认为，牵连犯是行为人为了实现最终的犯罪目的，其方法行为又触犯了其他罪名的情形。[2] 第三种认为，牵连犯是犯罪的手段行为或者结果行为，与目的行为、原因行为或者结果行为存在牵连关系。[3] 第四种认为，牵连犯是犯罪的动机行为和方法行为或者原因行为和结果行为之间具有牵连关系。[4] 前两种观点从行为人犯罪目的的实现层面来理解牵连犯的适用情形，后两种观点是从牵连关系的存在方面来理解牵连犯的适用情形。从犯罪目的出发理解牵连犯的概念是一种侧重于关注行为人对于犯罪实现的主观构想的思维进路，而以牵连关系为归宿的概念是侧重于关注数个行为之间是否存在客观关联本身的思维进路。

牵连犯的牵连性问题。围绕牵连犯中牵连关系的认定和判断，存在三类观点。主观说认为，牵连关系的判断应当以行为人的主观意思为准，当行为人主观上意图使数个行为之间产生手段与目

---

[1] 参见陈兴良：《刑法适用总论》（上卷），法律出版社 1999 年版，第 696 页；吴振兴：《罪数形态论》，中国检察出版社 1996 年版，第 274 页。
[2] 参见赵俊新、黄洪波：《论牵连犯》，载《江汉论坛》2003 年第 1 期。
[3] 参见张明楷：《刑法学》，法律出版社 2003 年版，第 373 页。
[4] 参见李泽龙、朱丹：《牵连犯探微》，载《法律科学》1993 年第 4 期。

的、原因与结果的关系时，视为存在牵连关系，否则不存在。① 客观说认为，牵连关系的存在应当以客观事实为标准，这又可以分为四种理解进路。第一种进路认为，只有在行为人的数个行为之间，其方法行为与目的行为或者原因行为与结果行为在法律上被包含在一个犯罪构成事实之中的，方可成立牵连犯。第二种进路认为，如果犯罪的目的行为与方法行为或者结果行为之间具有不可分离的直接关系的，方可成立牵连犯。第三种进路认为，当数个行为在通常情况下存在原因行为与结果行为或者目的行为与方法行为之间的关联时，方可成立牵连犯。第四种进路认为，如果行为人所实施的数个行为中，其方法行为或者结果行为与其目的行为或者手段行为在法律上被包含在一个行为中，方可成立牵连犯。② 折中说认为，应当从主、客观两个方面来考察数个行为之间是否存在牵连关系的问题。只有当牵连关系不但在客观上具有通常性的性质，而且被犯罪人的主观意图所认可，方可成立牵连犯。③

牵连犯的处断原则问题。围绕这一问题，存在三种认识。第一种认识是，考虑到牵连犯属于实质的数罪，根据"有罪必定""有罪必罚"的原则，应当对所有罪名进行并罚。④ 还有一种考虑认为，在坚持牵连犯为实质数罪的基础上，通过一律进行并罚的处断原则的设计，可以统一我国目前在该领域的学理认识，并且为司法认定提供可以参照的明确标准。⑤ 第二种认识是，虽然牵连犯属于实质的数罪，但是，考虑到与典型的数罪相比，基于牵连关系的存在，其蔑视社会规范与社会法益的主观恶性相对较小，

---

① 参见王觐：《中华刑法论》（中卷），中华书局1930年版，第769页。
② 参见冯野光、闫莉《论牵连犯的内涵、特征及处罚原则》，载《法学杂志》2012年第3期。
③ 参见［日］平野龙一：《刑法总论》，有斐阁1987年版，第427页；转引自马克昌：《比较刑法原理：外国刑法学总论》，武汉大学出版社2002年版，第801页。
④ 参见向朝阳、莫晓宇：《牵连犯定罪量刑之价值定位与模式选择》，载《中国刑事法杂志》2000年第3期。
⑤ 参见谭钟毓：《论牵连犯的罪数形态与处断原则》，载《求索》2012年第4期。

其社会危害性也相对较小，从整体意义上按照一罪进行处罚，有利于贯彻刑法的谦抑性思想。① 第三种认识是，对上述两种处断方式择一适用。对于牵连犯的处断原则的选择取决于具体个罪的立法评价、追诉需求，一般意义上，对于轻罪而言，这种选择的余地更大一些。

我国通说是从犯罪目的的实现层面来理解牵连犯的。要件说视野下，牵连犯的定义是"为了一定的目的实施某种犯罪，其方法行为或结果行为又触犯其他罪名的犯罪类型"。② 在论及牵连犯的本质特征时，有学者提及了数行为目的的终极性。③ 这种特征体现为两点。一是目的考察的终极性，也就是说，在成立牵连犯的数个犯罪行为中，每个行为都是受到行为人目的构造的犯罪行为，并且受制于犯罪人整体犯罪目的的构想。二是主行为评价的目的性。牵连犯行为中既存在目的行为或者原因行为，又存在手段行为或者结果行为，其受到的刑法评价是完全不同的。一者受到完全评价，一者被相对忽视，是取决于犯罪人通过犯罪活动所欲实现的终极目的。在这一终极目的面前，有的结果是其积极追求的，有的结果是附带发生的，其意义当然是不可同日而语的。

我国通说对牵连关系的认定采取的是折中说。关于牵连关系的认定，要件说从主观与客观两个层面展开了构建。主观层面上，犯罪人必须对所实施的数个犯罪行为具有牵连意思；客观层面上，不仅数个犯罪行为在事实上具有牵连性，还必须在通常意义上也具有牵连性，才能够被认定为牵连犯。④ 进一步说，这里的客观层面的牵连关系还应当表现为一种数行为之间的主从关系，在行为机能上某一个或几个行为是附属于某一特定行为的，或者说某一个或者某几个行为是以另外一个行为的实施为依托。而主观层面

---

① 参见屈学武：《罪数、数罪及并罚根据研讨》，载《刑罚制度研究：下》，中国人民公安大学出版社2005年版，第69页。
② 参见马克昌主编、莫洪宪执行主编：《刑法》（第4版），高等教育出版社2017年版，第162页。
③ 参见高铭暄、叶良芳：《再论牵连犯》，载《现代法学》2015年第2期。
④ 参见马克昌主编、莫洪宪执行主编：《刑法》（第4版），高等教育出版社2017年版，第162页。

上，牵连犯的成立离不开犯罪目的的同一性。这种同一性表现为两种情形，一是犯罪人直接追求的犯罪后果与附带发生的犯罪后果之间的关系情形，二是数个在终极意义上存在主次之分的所欲追求的犯罪后果之间的关系情形。①

我国通说将一重处断作为牵连犯的一般化的处断原则。按照前文分析，我国对于竞合论采取的是大部接受论，也就是说支持在不违反刑法分则具体规定的情形下对竞合论概念进行借鉴的立场。对于牵连犯的处断原则充分体现了这一立场。我国通说对于牵连犯的处断有时是从一重处罚论，② 有时是从一重重处罚论，③ 但是这种差异并不影响其在该领域的共识所在。毕竟，罪数理论本身所关注的问题是究竟对行为人科处一罪还是数罪的问题，至于究竟给予何种处罚只是在其明确了所要科处的罪的个数之后附带解决的问题。总体意义上，从一重处罚论仍然是我国在牵连犯的处断问题上的通说态度。当然，我国刑法分则对于一些实际上表现为原因行为与结果行为或者手段行为与目的行为之间关系的犯罪的处置并不完全是从一重处罚这一种立场。但是，考虑到刑法分则立法的特殊性在于，其不是针对所有犯罪所要进行的立法评价，而只是包含了对特定犯罪的刑事政策的产物。因而，在罪刑法定主义的基本原则下，将刑法分则的相关立法视为一种例外规定，从而使对通说的提倡与对于具体罪名的适用二者并行不悖，这并不能说是矛盾的。

五、连续犯的行为概念

行为个数问题不仅是连续犯中的重要问题，也是整个罪数论中的关键问题。只不过，在以连续犯为背景的特殊情形下，行为个数的判断就更为凸显了。如果数个举动只能被评价为一个行为，那么要么属于继续犯或者徐行犯，要么被包括进入一个犯罪的构

---

① 参见高铭暄、叶良芳：《再论牵连犯》，载《现代法学》2015年第2期。
② 参见马克昌主编、莫洪宪执行主编：《刑法》（第4版），高等教育出版社2017年版，第162页。
③ 参见高铭暄、叶良芳：《再论牵连犯》，载《现代法学》2015年第2期。

成要件进行评价，自始不存在连续犯的问题。如果是数个不具有任何关联的独立行为，那么可以直接按照同种犯罪的数罪并罚进行处置，不适宜按照连续犯的模式进行认定。那么，什么情形属于连续犯上的"数个行为"？

学界对于这一点存在以下几种看法。第一种看法认为，成立连续犯的数个行为必须是数个均能够被独立评价为实行行为，并且这里数个实行行为不仅不能够被整体地评价为一个行为，还必须是数个性质相同的实行行为。① 第二种看法认为，连续犯的数个行为，应当包括数次行为都独立构成犯罪，都不独立构成犯罪以及既有独立构成犯罪，又有不能独立构成犯罪三种情形。② 第三种看法认为，可以将连续犯中的数个行为理解为法益数量上的范畴。不过，这是要区分一身专属法益与非一身专属法益的。在人身法益等一身专属性法益中，不存在连续犯的概念；但是在非一身专属法益的侵害中，连续犯可以表现为连续侵害多个同种法益的行为。③ 第四种看法认为，对连续犯应当采取同种数罪的理解标准，这种连续实施数个同种犯罪构成行为的情形，其客观上表现为连续实施多个同种法益侵害或者危险的行为。④ 第五种看法认为，连续犯是数次实施同种不法活动的行为的情形，这种情形可能次次触犯刑法，也可能有时尚未触犯刑法。⑤

通说支持数个犯罪构成行为说。要件论主张，成立连续犯，必须存在数个同种性质的独立成罪的行为。这不是对于构成要件的表述，而是对于犯罪构成的表述。数个行为都必须具备独立成立犯罪构成的条件，而不能仅是构成要件层面的、法益层面的或

---

① 参见侯宇清：《连续犯与想象竞合犯罪数形态新论》，载《求索》2011年第4期。

② 参见赵秉志著：《新刑法探索》，群众出版社1993年版，第371页。

③ 参见叶肖华：《连续犯在我国的批判解读》，载《中国刑事法杂志》2009年第10期。

④ 参见肖本山：《连续犯若干争议问题新探》，载《甘肃政法学院学报》2008年第97期。

⑤ 参见张明楷著：《刑法学（上）》（第5版），法律出版社2016年版，第478页。

者实行行为层面的部分要素。当然，通说并没有完全将这里的同种的犯罪构成行为理解为完全同一形态的犯罪构成行为，当行为人连续实施数个同种性质的犯罪行为时，无论其是教唆形态还是实行形态，既遂状态还是未遂状态以及基本形态还是情节加重犯或者结果加重犯状态，都不影响连续犯的成立。客观上如此，主观层面上行为人对于数个犯罪构成行为必须具有同一或者概括的犯罪故意。这种同一或者概括的犯罪故意将犯罪人所实施的数个犯罪构成行为在主观意图上联结为一体。并且，在这种同一或者概括的意图下，成立连续犯所需的时空上的紧密性要素就十分重要了。这是通说观点与其他观点不一致的地方。将对于连贯性的要求贯彻到连续犯的认定中，连续犯的数个行为的评价就由个数的行为转变为次数的行为，也就是说，并不是所有的犯罪人实施数种相同性质的犯罪活动的情形都能够成立连续犯，而只有那种在情境上是一次实施数个同种性质的犯罪活动的情形才能够成立连续犯。不过，关于这种连贯性应当如何认识，通说似乎采取了较为宽泛的标准，只要是空间上或者时间上没有发生被隔断的情形，就可以视为数个同种的犯罪行为具有连贯性。例如，B与A有嫌隙，B在一定期限内先伤害了A的儿子，后来伤害了A，再后来伤害了A的母亲。通说认为，这里的B成立故意伤害罪的连续犯。再如，C在国道上抢劫旅客，一个月内连续作案四次，通说也将C认定为抢劫罪的连续犯。相反的例子如D在一定时间内先是窃取了他人的财物，后是强奸了他人，通说认为这里不能成立连续犯。依照这种对照，似乎当行为人实施了不同于前一犯罪行为的另一犯罪活动的，其实施犯罪的情境就超出了连续犯的评价范围。

除此之外，围绕连续犯产生的渊源，学界曾有人提出连续犯的现象层面与连续犯的制度层面的两种渊源产业的层面。所谓连续犯的现象层面是指基于同一或者概括的犯意实施数个同种的犯罪活动的现象，而连续犯的制度层面是指立法上对上述现象加以具体规定的立法情形。① 这样看来，除了那些被刑法分则单独规定有"多次实施""对多人实施"的立法规定外，对那些没有被规定这种量刑情节的人员也应当存在成立连续犯的可能。我国通说观点对这一点也是认可的。

第二节　信息网络犯罪现象对罪数理论的冲击

一、从犯罪构成说到规范违反说：犯罪个数理论的流变

（一）信息网络犯罪在犯罪个数问题上的发展趋势

1. 传统犯罪实行行为中的样态差异逐步消解

信息网络场域下，物质主体的互动转变为信息主体的互动。作为社会规范的刑法规范，当然地以社会主体的互动行为作为其关注对象。日常意义上，这种互动是以现实的身份，在现实的场域，通过外观化可识别的物质化的方式进行表现的。而在信息网络场域下，主体的身份不是以有血有肉的生命个体的形式存在的，而是以一个个被拟制的网络代号的形式存在的，因而这种主体互动的行为，也就不再以生命体的形式为重心，而是以虚拟主体的形式为重心了。

信息网络场域下，物理行为的举止转变为信息行为的举止。传统意义上，无论是作为、不作为还是持有，都需要表现为一种外界可观的、以具体的身体动静为载体的物质形式。刑法规范之所以将各种受到规制的行为加以类型化，就是利用身体表现形式上的差异，构建起规范评价的行为模式。这样，行为的类型化是刑法规范评价的重心。然而，在信息网络场域，这种主张是不能成立的。信息网络行为的性质评价，不是以任何行为的外观形式为基础的，而是全部以信息交往、信息沟通、信息成果的呈现以及信息源的点击与登录等形式为表现。这样看，传统的物理行为

---

① 参见叶肖华：《连续犯在我国的批判解读》，载《中国刑事法杂志》2009 年第 10 期。

举止在信息网络领域的意义被削弱了。

信息网络场域下，物质环境的外观变化转变为信息空间的语境变化。任何行为的发生都是以外界环境或者状态的变化为目的的，侮辱、诽谤行为的目的是引发社会公众对于特定个体的社会评价的降低。于现实领域，在使不特定人员可能知悉的一定空间内实施有损他人人格的行为或者宣扬有损他人名誉的事由的情形就可以成立特定犯罪。而在虚拟的网络环境下，网络个体直接互动的对象不是物质社会中的现实个体，而是信息网络平台与信息网络空间环境，而这种互动的方式只能是依靠转化为不法信息的技术操作得以进行。经过信息网络的加工流程后，不法人员的行为后果就再不是物质外界环境的变化，而是网络信息本身的变化。因此，只有当虚假信息被不特定人员刻意散布和传播并且达成一定的数量，使其足以使潜在的信息网络主体得以知悉虚假信息时，才可能引发侮辱罪、诽谤罪的后果。

综上，信息网络场域下，实行行为的形式表述丧失现实基础，只能被逐步消解。在实行行为的行为主体、行为举止与行为后果等特质都被信息行为取代之后，实行行为自身的形式化意义自然是不复存在了。信息网络领域的犯罪行为自始就不能依照构成要件的具体规定来理解，它需要结合刑法规范的精神内核以及犯罪人与刑法规范的互动关系来具体把握。

2. 以人身与财物为载体的行为客体被边缘化

传统意义上，行为客体通常以行为对象为一定的载体，这种对象往往表现为人身、财产以及特定的生活环境。行为客体是犯罪行为所妨碍的社会关系，其反映犯罪人与国家秩序的对立关系，从而解释了为什么国家对那些仅仅侵害私人的活动具有了干预的权限的问题。在传统刑法领域，犯罪行为类型不仅具有行为客体，大多数也是具有行为对象的，正是借助行为对象这一载体，对犯罪活动的法律评价具有了现实化的意义。

信息网络场域下的行为客体，具有完全不同的载体。借助信息网络这一媒介，信息网络犯罪呈现无对象之犯罪的特征。除了纯粹的社会秩序犯罪之外，传统意义上的犯罪行为的行为客体的载体都发生了转变。以涉及财产的相关客体为例。信息网络领域的财产性客体大致分为两类，第一种是以信息网络服务媒介形式存在的金融性利益，最为典型的是储户存入金融机构中的金融款项。第二种是具有一定精神价值、财产价值的虚拟产品，例如，网络游戏软件、虚拟货币等。一直以来学界对第一种情形的财产属性是予以认可，对第二种情形的财产属性是存在争议的。不过，无论如何，这两种财产性利益都是无行为对象的财产性利益。就金融款项的性质而言，其并不属于有形财产的领域，而是属于一种金融取款请求权的性质。金融货币属于一般等价物，没有特定的种类、形式之分，一旦进入流通，金融货币的所有权随着使用权一同发生转移。从这个意义上说，从流通之时开始，金融货币的财产所有权就已经发生转移，取而代之的是，存款人对于金融机构的货币支付请求权。这种请求权不是一种实体的物的存在，而是一种可期待的权属的存在。这种权属性的存在代替传统意义上被物化的货币自身成了财产性客体的新的载体。

3. 故意犯罪的知和意趋于分离

传统意义上，犯罪故意是知与意的结合，犯罪人对其行为后果的预见可能性与实现该结果的行为决意二者是不可分离的。甚至于，犯罪人应当首先具备对具体不法事实的明知才谈得上具备决意。在滥用职权罪的认定中，正是考虑到将滥用职权行为的行为故意内容界定为包括重大损害后果可能引起刑罚处断过轻的问题，所以学界长期存在将滥用职权罪理解为过失犯罪，或者将重大损失要素理解为客观的超过要素的观点。

信息网络场域下，这一点同样发生了巨大的转变。一方面，信息网络技术的便利条件使犯罪活动的实施得以迅速团体化、集团化。"以网络、即时通讯平台、移动终端、智能手机串联、并联组成的庞大的网络诈骗犯罪团伙，结构复杂、层次分明，跨区相互物理隔断，不同层次人员参与环节不同，追求利益也不同，个人主观明知也不尽相同。"① 另一方面，这种团体化的趋势与现实领域的集团犯罪、组织犯罪又相同。上文提及，在主体虚拟化的信息网络场域下，信息身份取代了现实身份，犯罪团体能够以更加隐蔽、更加机动的方式组合起来，每一犯罪主体不需要对他人的犯罪活动具体过问，也不需要与他人就所欲达成的犯罪目的进行联络。现实领域，许多信息网络犯罪人员为他人提供非法技术支持时，均不过问他人的犯罪故意，而只是以单纯的技术交易的形式进行操作。在这样的情形下，犯罪人具有协助他人实施信息网络犯罪的意图，这是可以理解的；但脱离了对于具体事由的参与，犯罪人的意图只是极为抽象的。因而，在知与意的分离中，一种抽象化的犯罪意图在信息网络领域极为普遍，罪数理论应当对这一现象进行回应。

（二）犯罪构成说在应对信息网络犯罪上的不足

1. 过于综合的客观方面要件无法提供区分信息网络领域一罪与数罪的明确标准

客观方面要件包括危害行为、危害结果、因果关系与行为的时间、地点以及方法等。这是一种高度综合的、反映行为本身一切的客观因素的要件设定。这些要素共同构成了客观方面要件的总和，彼此之间没有地位、层次上的差别与关联。这种没有关联的综合的判断在行为个数与犯罪个数较为明确的传统案件中是可以清晰得出结论的，但是在各种关联极为复杂的信息网络犯罪领域却未必如此。

例如，在侯某、高某等盗窃案中，② 4 名被告人为了赚取利润，先后为 4 个实施信息网络盗窃活动的犯罪团伙提供诸如网站设立与维护、广告推广、信息发布以及支付结算等信息网络技术服务，4 个犯罪团伙在其支持下实施信息网络盗窃犯罪达到 449 次。如果依照客观方面要件的诸多要素的理解，则几乎每一种要素都可以得出不同的结论。倘若以危害行为要素为标准，那么应

---

① 梁敏捷、陈常：《网络诈骗犯罪中"明知"的认定》，载《人民检察》2018 年第 9 期。

② 广东省深圳市宝安区人民法院刑事判决书（2016）粤 0306 刑初 350 号。

当以 4 名被告人各自或者共同参与实施的为不法人员提供信息网络技术支持的行为个数认定其所成立的罪数。倘若以危害结果要素为标准，那么应当按照两名被告人各自引发的涉案结果来进行认定，也就是说，按照被骗取符合法定数额的被害人的数量来进行认定。倘若以犯罪的方法、时间与地点也就是犯罪情境要素来进行认定，那么应当将那些在彼此关联的情境中发生的数次犯罪行为包含评价，而对于那些在时空上孤立存在的犯罪活动单独评价，则又是一种新的评价结论。当一个要件或者标准可以同时容纳数个完全不同的适用结论时，至少将其作为认定信息网络犯罪活动中一罪与数罪界限的标准是不适宜的。

2. 过于独立的客体要素无法实现信息网络领域行为性质的明确化机能

所谓犯罪客体是指犯罪行为所侵犯的社会关系。这种社会关系象征着不同主体之间依照特定的法律制度得以形成的某种相互依存的稳定状态。信息网络犯罪活动虽然存在诸多类别，但总体意义上都涉及对信息网络规范秩序的侵扰。这种信息网络规范秩序有时是以人格性、人身性的关系为依托的，有时是以财产性、利益性的关系为依托的，有时是以社会信息网络活动本身的安宁性为依托的，各有不同。如果某一行为侵害了不同性质信息网络规范客体，那么将犯罪客体要素作为信息网络犯罪活动一罪与数罪的界限或许是可能的。而如果某一行为侵害了数种相同性质的信息网络规范客体，那么这一标准是否可取就值得反思了。

众所周知，《刑法修正案（九）》新增的帮助信息网络犯罪活动罪、非法利用信息网络罪以及拒不履行信息网络安全管理义务罪都是旨在以干预不法的信息网络行为本身，防范利用信息网络实施的其他传统犯罪，其法律客体具有多元性和复杂性。与之相对，为意图实施信息网络犯罪活动的他人提供信息网络技术支持或者条件的行为同样侵犯了这种复杂的客体。这两种行为本身在立法评价上具有质的差别，但是依照犯罪客体的认定标准，其无法得以区别，尤其是当行为人只是以受雇佣的形式为他人提供信息网络技术帮助，其借此协助他人实现具体的信息网络犯罪活动的目的并不明显时。再如，当行为人频繁地侵害同一犯罪客体或者是实施数种行为侵犯同一种犯罪客体时，运用犯罪客体标准也不可能实现信息网络犯罪中一罪与数罪的区别。例如被告人陆某于 2015 年至 2017 年间多次在微信朋友圈发布出售含有氯硝西泮成分的违禁物品"弥漫之夜"的信息，并于 2017 年 10 月 11 日通过微信向王某出售了该种违禁品，被人民法院以非法利用信息网络罪一罪论处。① 如果单从侵犯的犯罪客体本身来看，似乎这一结论还是正确的。但是，如果认识到，采取这一结论，那么只要行为人仅实施了利用信息网络发布出售管制物品、违禁物品等不法信息的犯罪活动，无论其实施多少次、实施多长时间，始终将按照一罪进行处罚，最高刑不超过 3 年，这也不可能是立法者所能认同的结论。况且，从犯罪构成论自身来看，这样的认定模式将犯罪认定的其他要素全部从属于犯罪客体要素，这是该理论自身的态度吗？当然不是，在要件论中，犯罪客体、犯罪客观方面、犯罪主体、犯罪主观方面相互独立，共同组合成一个犯罪成立整体。从这个意义上说，这一认定模式也是违反了犯罪构成论自身的理论逻辑的。

3. 主观方面要素的高度抽象内涵增加了区分犯罪个数问题的难度

要件论视野下，主观方面要件包括故意、过失与犯罪目的等要素。其中，犯罪故意是决意实现某种社会危害后果的内心状态，犯罪过失是忽视某种危害社会的后果的发生可能性的内心状态，二者都是对可以预见的现实后果不加以阻止的不法的内心状态，也都取决于对特定的社会危害后果的发生可能性的一种具体的预见事实。要件论主张，刑法上的罪过是知与意的结合，其中知处于较为基础的地位，意以知的存在为前提，因而知的范畴实际上处于较为优先的理论地位。通常意义上，知和意在那种因果关系较为明确的事实状态下是可以清晰地辨别和处置的，但是，这种因果关系的判断的现实意义取决于刑法规范的具体规定。也就是

---

① 江苏省常熟市人民法院刑事判决书（2018）苏 0581 刑初 321 号。

说，如果刑法规范对数种十分接近的事实给予不同的因果关系评价，那么借助犯罪故意或者犯罪过失的认定来判断，这一思路就将面临困境，因为事实的因果关系评价较法律的因果关系的评价而言是较为次要的。

信息网络犯罪领域，不乏这样两种犯罪现象。一是不法人员故意制作信息网络犯罪软件并出售于有意实施信息网络犯罪活动的人员以收取报酬。二是不法人员受到他人雇佣，利用伪基站等设备发送大量诱使他人实施违法犯罪活动等的不法信息。这两种犯罪现象的共同特征是：犯罪人对于其所实施的非法利用信息网络的行为属于具体、明确的认知，对于他人利用其代为发送不法信息的服务所要实施的犯罪活动具有概括的、抽象的认知，同时对于被教唆的人员可能实施的违法犯罪活动具有可能的、或然的认知。传统意义上，无论认知的程度如何（存在认识的可能性即可），只要行为人表现出支持犯罪后果发生的意图，其就可以成立犯罪故意。而在信息网络犯罪领域，对这三种后果的预见都不是不可能的，当行为人受雇佣发生不法信息，或者向他人出售不法软件时（尤其一些软件自身具有屏蔽360安全软件等监督、警报功能的效果时），其对这些后果都是存在一定的认识可能性的。那么，是否只要一个犯罪人同时向N名主体实施了诱惑其实施违法犯罪活动的信息，其就可以成立N+2个罪名呢？（一个评价自己，一个评价雇佣者，N个评价被诱惑的主体）或者说，是否只要行为人向他人出售可以用于实施其他犯罪活动的软件，其一律可以同时成立新型信息网络犯罪罪名与其他犯罪活动的教唆犯罪名呢？这两点适用结论都是不可想象的，司法领域也没有支持这两点结论。

(三) 选择规范违反说的若干考虑

1. 以规范中心代替行为中心，实现罪数评价的正本清源

所谓规范违反说，是按照犯罪人所违反的刑法规范的数量来确定其为一罪还是数罪。规范违反说不是以行为本身的主观要素特征与客观要素特征来进行认定，而是以规范违反的类型本身进行确定，从而使罪数评价的重心始终落在刑法规范的目的之中。

这样，在信息网络犯罪领域，借助规范类型自身的评价，就可以将行为、结果与犯意层面的纠葛逐步厘清。

罪数评价不是单一的行为评价、结果评价与犯意评价，更不是这些要件的总和，而是构成要件的类型化评价，所有的要素评价都必须被置于构成要件类型中进行评价。比如，行为人更换商家的二维码，行为人在行为样态上符合虚构事实、隐瞒真相的诈骗罪的行为要素，但是，行为人的行为意图不是通过欺骗消费者以便使其基于错误的意思表示而支付财产性利益。其本意是通过更换二维码使商家通过正常经营活动所应获取的财产性利益被非法地交付到自己的电子账户中。这样，从规范违反说的立场看，将行为人的行为理解为盗窃罪是合适的。

在侯某、高某等盗窃案中，人民法院认为，两名被告人在信息网络盗窃犯罪活动中起到了所谓客观的决定性作用（甚至认为没有两名被告人的行为即无信息网络盗窃活动），因而尽管其在行为样态上符合帮助信息网络犯罪活动罪，但根据《刑法》第287条之二第3款的规定，应当适用盗窃罪的规定。这样适用的原因是，两名被告人对4个信息网络盗窃团伙的技术协助产生了过于严重的危害后果，因而仅仅是3年的最高法定刑无法实现罚当其罪。不过，这一判决思路的问题在于，一是将两名被告人对4个犯罪团伙的技术协助行为"一刀切"地进行评价，这实际上是数个不同的行为场域。二是单纯地从行为所引发之后果来进行评价，而没有立足于规范违反说本身，从而对两名被告人的行为评价做出了误判。实际上，根据刑事判决书所固定的犯罪事实，两名被告人提供针对钓鱼网站的创设、技术维护与服务器提供、支付结算等中介性的技术支持，从而赚取技术维护费。这就意味着两名被告人并不具有成立盗窃罪所需的对被害人的财产的非法占有目的，同时也不具有从信息网络盗窃活动中直接非法获利的行为意图，这样看来，将他们认定为盗窃罪的共犯是值得商榷的。再举一例说明。实务领域，当不法人员设立用于向社会公众非法吸收资金的企业并在事后挥霍财产、转移资金时，司法人员往往对该企业的实际控制人按照集资诈骗罪论处，对于直接向社会公众募集资金的人员往往不认定为该罪。① 理由是，这些人员虽然直接实施了向社会公众吸收款项的行为，但其自身不可能对资金的流向进行控制，也不可能直接从该资金中非法获利。从这个意义上说，将侯某、高某的行为认定为帮助信息网络犯罪活动罪是合适的。

不过，即便如此，对两名被告人认定为轻罪也不意味着不能罚当其罪。依照规范违反说，当行为人的行为被认定为数次违反同一规范时，依然可以进行数罪并罚，除非这些行为必须被包括进一个行为中。两名被告人明知他人可能利用信息网络实施犯罪活动而为其提供信息网络技术支持，触犯《刑法》第 287 条之二第 1 款。同时由于其先后为 4 个犯罪团伙提供这一帮助，其活动至少可以被评价为 4 次违反这一条款。这一点不难理解。如果 A 协助 B 实施了盗窃行为，之后协助了 C 实施了盗窃行为，再是协助 D 实施该行为，那么只要 B、C、D 之间不存在意思联络，A 当然应当被评价为实施了 3 次盗窃行为，应当按照 3 个盗窃罪数罪并罚。这样，对侯某、高某按照数个帮助信息网络犯罪活动罪的具体情节进行认定和处罚，同样可以实现对其应有的惩治。

2. 侧重规范后果而不是现实后果，避免后果评价干扰罪数评价

借助规范违反说，对犯罪人所引发的危害后果的评价就从现实的后果评价转变为规范的后果评价，从规范意义上把握现实后果的机能和意义，可以使一罪与数罪的界限被明朗化。对于新型网络犯罪活动而言，当其行为达到情节严重的标准时，其罪名已经成立；而对为他人信息网络犯罪提供帮助的从犯而言，当其帮助行为引发了他人的犯罪活动时，其罪名已经成立。从这一层面看，不是根据行为后果本身来选择所需适用的规范，而是根据刑法规范的评价明确行为后果自身的意义，这样的操作是合理的。

在陆某非法利用信息网络案中，被告人陆某于 2015 年至 2017 年连续在信息网络空间发布出售违禁物品的不法信息，并最终引

---

① 辽宁省沈阳市中级人民法院刑事判决书（2015）沈中刑三初字第 12 号、广东省深圳市中级人民法院刑事判决书（2015）深中法刑二初字第 347 号等。

发了购买"弥漫之夜"的不法分子利用该违禁物品实施抢劫行为的后果发生。将陆某的行为界定为非法利用信息网络罪,这不存异议。问题是,如何界定其实施了一罪还是数罪。我国刑法规定,实施非法利用信息网络罪,需要达到"情节严重"标准。而司法人员的做法是,将行为人多次实施发布不法信息的活动界定为情节严重,这也无可厚非。但是,情节严重标准不应当仅仅限于多次实施,也不应当被理解为对一切后果的包容。当行为人接连实施非法利用信息网络的行为,如果数次行为均没有形成相应的不法情节,可以包括的按照帮助信息网络犯罪活动罪一罪论处。如果在行为人所实施的数次非法利用信息网络行为中,某一次或某几次存在对数人发布不法信息、大量发布不法信息或者发布不法信息引起严重后果(例如该案中的情形)等的情形,还是应当对行为人按照数个非法利用信息网络罪进行并罚。

3. 侧重规范意图而不是外观意图,防止罪数认定过于主观化

不同于传统的犯罪构成说,规范违反说侧重于对行为人犯罪决意本身的关注,而不是对犯罪认识与犯罪意志的综合评价,并且,这种关注是按照构成要件的类型本身进行关注的,而不是从自然意义的后果层面进行关注的。犯罪人能否认识到自己正在实施何种行为类型,这在罪数领域,尤其是信息网络犯罪的罪数领域是不重要的,取而代之的是,行为人决意要违反何种行为类型以及是否为了这一决意付诸行为。因此,与上文的结论类似,不是根据行为人应当认识到的规范违反后果来选择所需适用的规范,而是根据刑法规范的评价明确行为人的行为决意在规范评价上的意义,这样的操作是合理的。

根据规范违反说,当行为人决意以置身事外的身份为他人的信息网络犯罪活动提供技术帮助时,其违反了新型网络犯罪活动的特别规定;当行为人以团伙成员的视野审视其行为时,其违反的是我国关于共同犯罪的立法制度。当行为人的行为意图在规范上符合一个构成要件的类型整体时,他的行为或许存在一罪认定的可能性;当行为人的行为意图在规范上合乎数个构成要件的类型时,在无例外情形下,他的行为必须以数罪进行认定。从这个

意义上说,当行为人每天在信息网络内发布一定的不法信息,或者将同样的不法软件出售于不同的主体时,除非其行为意图本身是为了实现同一个犯罪目的,不然的话,其每天的行为都应当被视为实施了一次新的不法活动。当然,如果每天所实施的非法活动都不符合情节严重,那么可以对其非法行为所引起的构成要件违反后果进行累计评价。

二、从综合说到规范违反说:想象竞合限缩适用的探讨

上文提及,我国关于想象竞合与法条竞合的区别标准的通说是综合说,既重视刑法规范之间是否存在形式上的特别关系或者包容关系,又重视能否包容评价以及现实中竞合发生的原因,这实际上将法条竞合限制在一个极为有限的范围内。可是,在信息网络犯罪领域,过于宽泛地认定想象竞合,排斥法条竞合,将会使刑法规范的适用置于一个很不明确的处境,从而产生新的认定困境。

以新型网络犯罪的边界为例。《刑法》第 287 条之一第 1 款规定,实施诸如设立用于实施网络犯罪活动的网站、通讯群组的行为,以及为了实施不法活动发布信息的行为,一旦达到情节严重的标准,可以成立非法利用信息网络罪。第 287 条之二第 1 款规定,明知他人实施信息网络犯罪活动而为其提供信息网络技术支持或者信息网络技术服务,情节严重的行为,成立帮助信息网络犯罪活动罪。实务领域,最为常见的适用问题是,对于主动联系意图实施信息网络诈骗活动的犯罪人员并为其提供不法软件或者为其发布不法信息的行为应当如何认定。名义上看,这是在区分帮助信息网络犯罪活动罪与非法利用信息网络罪,实质上却涉及两个罪名之间究竟是法条竞合还是想象竞合的关系问题。如果根据综合说的见解,立法者之所以单独设立这两个罪名,就是为了对以不同方式促进以信息网络方式实施的传统犯罪活动的活动进行规制。其中非法利用信息网络罪是为了实施信息网络形式下的传统犯罪而准备工具、创造条件的行为,帮助信息网络犯罪活动罪是为了实施这一犯罪而借助于他人之手的行为。这样的话,这

两个罪名之间应当是想象竞合的关系，因为它们是各自从不同的视角对信息网络违法犯罪行为进行评价。可是，如果审视两个罪名各自的法定刑，又不能轻易得出这样的结论，二者所预设的刑事处罚完全一致，根本不存在"择一重罪处罚"的可能性。因此，还是应当从想象竞合的层面理解二者，如果一种行为同时符合这两种行为规范，应当按照"特别法优于一般法"的原则来进行认定。至于如何区别二者之间一般与特别的关系，应当遵照体系解释、同质解释的相关原理进行判断，从而厘清二者在不同层次上的各自的一般与特别关系。

再如新型信息网络犯罪与侵犯公民个人信息类犯罪。就非法获取公民个人信息罪而言，尽管我国立法上采用了个人信息的罪名表述，但是司法解释采取的是主要以出售、提供或者非法获取的个人信息数量来认定情节严重要素的路径。学理上也提出了对该类犯罪的法益按照一种超个人法益来把握的有力主张。于是，侵犯公民个人信息类犯罪的客体的人格性特征在逐步消退，秩序性特征受到更为广泛的承认。实务领域，当行为人为他人提供不法软件以实施诸如诈骗等犯罪活动时，该软件无非是利用"空手套白狼"的方式，在非法获取他人个人信息的基础上，协助不法人员实施相应的犯罪活动。这样看来，非法利用信息网络罪、帮助信息网络犯罪活动罪与侵犯公民个人信息类犯罪之间在构成要件上同样存在着构成要件上的交叉关系。而且，考虑到这两类犯罪活动在法定刑的创设上也是完全相同的，因此，似乎也不能想当然地按照所谓"从一重处断"的原则进行比较。既然如此，毋宁从法条竞合的角度来理解二者，根据行为者所违反的规范类型的判断基础，决定其规范的适用。

以上两个事例表明，在信息网络犯罪领域，过于重视想象竞合的理论观点应当受到限制。诚然，主张按照一种综合的观点来区别法条竞合与想象竞合，能够尽量使行为人所实施的犯罪活动从各个规范属性上获得一种全面的评价。但是，作为其弊端，在司法人员适用的过程中，就被带入了一种可以以较为实质的观点来适用、选择规范的感受。这种感受将可能消磨各种构成要件之间原本的、应当受到重视的类型化的界限，并引发司法适用上的不必要的分歧。尤其是《刑法修正案（九）》对新型信息网络犯罪以及原有的涉及社会秩序的相应犯罪中，立法者对一些同等类型的犯罪活动创设了相同的法定刑，这客观上对那种重视想象竞合的适用观点发出了规范理解的新的信号。在这样的立法背景下，如果不能纠偏那种过于实质的、重视刑罚裁量因素的刑法规范适用路径所具有的弊端，将对不同规范之间的界限关注应然地回归对于刑法规范内涵自身的关注，这种司法适用上的困境将不会结束。而且，也正如前文一些学者所言，所谓成立法条竞合还是想象竞合，一个重要的点在于，竞合的发生究竟是源于立法者的特别的立法目的还是行为人的行为事实。对这种行为事实的评价不能过多地关注其应受刑罚处罚性的强度，而是主要基于其行为本身的类型化特征。通常意义上，应当在明确了某一行为的自身属性以后再考察其量刑的轻重问题，而不是相反。这样看来，不应当过于重视那种综合性的观点，过于宽泛地适用想象竞合的原理；而是应当承认规范违反说，从行为本身的规范类型化属性去理解其行为意义，从而决定其属于法条竞合还是想象竞合。当行为人的行为触犯数种不同类型的刑法规范时，成立想象竞合；当触犯了数种相同类型的刑法规范时（数种刑法规范类型之间存在包容或者交叉关系），成立法条竞合。

这样看来，在信息网络犯罪现象的复杂性面前，有时不应当过于选择一种同样是非常复杂、精细的理论，而是应当尽量选择化繁为简，从一种尽可能清晰、简明的标准中理顺案件处置的各种头绪，从而为发现一种便捷、高效的司法操作路径奠定基础。

三、从折中说到规范违反说：牵连犯的认定与处断问题反思

我国通说对牵连犯的认定采取的是折衷说，它需要行为人实施的数个行为之间具有原因与结果或者手段与目的的牵连关系，并且这种牵连关系需要达到通常性的程度。从限制条件的层面看，似乎这种理解已经将牵连犯限制于一个较为狭隘的情境。可是，总体上看，这种条件仍然有失宽泛，不利于对牵连犯的理性限缩

和处置。

牵连犯是竞合论理论中的重要概念，竞合论的理论语境注定了它至少需要将部分实质上数罪的情形进行一罪论处。既然如此，为了防止处断上的不合理之处，尤其是出现罚不抵罪的情形，完全有必要将牵连犯的适用具体地进行限制和防范。毕竟，牵连犯背景下，犯罪人的犯罪行为与那些仅仅实施一罪的情形完全不同，其具有更为严重的社会危害性，实有必要对其科处有效的处罚。在信息网络犯罪领域，这一点表现得尤为明显。

实务领域，行为人利用信息网络技术形式助力于他人的传统犯罪活动的情形比比皆是。新型信息网络犯罪行为与信息网络传统犯罪行为之间存在外观形式与实质内涵的协作关系，从而使立法者对信息网络的刑事规制也呈现出层次打击的特点。非法利用信息网络罪与帮助信息网络犯罪活动罪本身不具有严重的社会危害性，也不可能直接引发涉及他人人身、财产的危害后果，因而立法者的态度是严而不厉；借助信息网络形式的传统犯罪活动，其本身属性与传统犯罪无二，但是社会危害性较之更为突出，因而立法者的态度是又严又厉。而在牵连犯的语境下，司法者需要将立法者可能要表达的对于具体行为者的态度转达于他，以明示信息网络安全秩序不可动摇的权威。数次触犯新型信息网络犯罪罪名的人员，同时触犯新型信息网络犯罪罪名与传统犯罪罪名的人员以及分别触犯新型信息网络罪名与传统犯罪罪名的人员在立法上所受的态度是不同的，司法者必须这样向每一个犯罪人进行转达。

不论是理论上还是现实上，行为人每实施信息网络犯罪活动都必然伴随着非法利用信息网络的行为或者是要求他人为其提供信息网络技术支持的行为。如果从折中说的立场看，似乎只有是实施了信息网络犯罪活动的行为，才总能和新型信息网络犯罪活动行为存在牵连关系，也就是总存在被竞合处理的可能性。具体而言，A 在朋友圈内反复多次发布或者多日发布出售淫秽物品或者管制物品的信息。直到有一日 B 向其购买了淫秽物品或者管制物品。对于 A，是否只要其出售违禁物品、管制物品的行为能够被评价为独立的犯罪活动，其所实施的非法利用信息网络的行为均能够因牵连关系的存在而不受评价呢？在这样的情形下，行为人非法利用信息网络的行为是常态行为，而出售、非法提供违禁物品、管制物品的行为是偶然实施的，对这些行为，是否可以一概地以一罪进行论处呢？

从折中说的立场看确实如此，因为其符合牵连犯认定的所有条件。我国实务领域也是这样的立场。但是，从前文的分析来看，从立法者的态度来看，这样的认定方式不能全面评价犯罪人的行为意义，不能对犯罪活动给予妥善地处置。一般意义上，当行为人实施某个较重处罚的犯罪活动，同时被迫附带实施了一个较轻处罚的行为，在通常的牵连性的影响下，是应当对其做出一罪处置的评价。但是，当行为人实施了数个较重处罚的行为，同时又实施了一个较轻处罚的行为，如果在不存在轻罪与重罪的牵连性的情形下（也就是说不存在轻罪行为的情形下），对数个重罪行为尚可以进行数罪并罚；而在存在轻罪的牵连关系的情形下，反倒对行为人只能按照一个重罪进行处罚了，这不能不使人怀疑对其处罚的均衡性了。同理，如果行为人实施了一个重罪，同时实施了一个与之本无事实关联的轻罪，对行为人原本应当进行数罪并罚；但是，在折中说的牵连犯的理论逻辑下，当行为人实施了一个重罪，同时又实施了数个轻罪，有的与重罪存在牵连关系，有的与之不存在牵连关系，反倒被以一罪进行认定了，对其处罚上同样有失均衡。再者，作为实质数罪的牵连犯之所以被按一罪论处，是因为被牵连发生的数个犯罪行为原本是被附带发生的，犯罪人在实施犯罪的过程中可选择的余地很小，从而相对那些直接实施数个行为的犯罪人具有更大的可宽宥性。然而在信息网络犯罪情形下，上述的数个非法利用信息网络行为都是行为人决意实施甚至习惯实施的，因而其不具有受到宽宥的实质理由。这样看来，以折中说理解牵连犯仍然不能适应对信息网络犯罪领域犯罪打击与防范的现实需求。

至于如何有效地回应这一需求，还是需要回到规范违反说。只有当行为人违反 A 规范的同时必然违反 B 规范，那么行为人所实施的同时违反 A 规范与 B 规范的行为才能够被一罪进行处置。这种牵连性不仅要形式地把握，还要具体地理解。犯罪人持枪抢劫的行为必然违反非法持有枪支的刑法规范类型，这两种行为之间原本存在着牵连关系。可是，当行为人 D 自 2011 年至 2013 年被抓获时一直持有某种枪支，其中于 2012 年 3 月实施了一次持枪抢劫行为。D 所实施的持枪抢劫行为与其非法持有枪支的行为存在牵连，这种牵连关系至多存在于其形成以持枪形式实施抢劫的犯罪意图至其实行既遂持枪抢劫行为之时这一阶段，自 2012 年 3 月之后的非法持有枪支行为这个状态是无法与其抢劫行为再进行牵连的，因此，仍然应当对 D 按照持枪抢劫与非法持有枪支罪数罪并罚。同理，对于连续多次或者多日实施非法利用信息网络行为，并实施出售违禁物品、管制物品行为的不法人员，也应当谨慎地按照牵连犯进行一罪认定，并且需要对那些明显不可能存在规范违反上的牵连关系的行为进行数罪并罚。

四、连续犯适用限制论的主张：基于现象的连续犯

通说意义上，连续犯是被作为同种数罪的形态加以使用的。无论是同种犯罪构成、概括的犯罪意图还是时空层面的连续性概念，都是将其按照实质的同种数罪的条件来认定的。由于我国通说没有支持同种数罪的存在，因而使竞合论的相关概念的适用被扩张。连续犯概念也是被扩张的概念类型。同其他概念一样，在信息网络犯罪领域，为了实现处罚的适当性与均衡性，对连续犯概念的适用也应当进行限制。

通说层面上，在行为构成说的理论语境下，连续犯被限制为那种基于概括的犯意实施数种同类犯罪构成行为的情形。至于连续性的要素，则被十分宽泛地予以把握。在新型信息网络犯罪领域，无论行为人实施了多少次犯罪活动，或者对多少被害人实施了该行为，都被作为一罪进行处置。这样处置的问题在于，在轻刑化的新型信息网络犯罪的适用情形下，这种适用模式无法对那些多次实施甚至形成惯犯的不法人员形成刑事威慑，不足以对不法人员的犯罪行为进行全面评价。上文的侯某、高某案中，人民

法院之所以将数名被告人的行为界定为盗窃罪而不是帮助信息网络犯罪活动罪，是因为考虑到最高法定刑为3年的刑罚适用不能实现罚当其罪的处罚效果。于是就完全按照侯某、高某对他人犯罪活动的单纯的作用而将其他被告界定为盗窃罪的共犯，完全忽视了意思联络要素的意义。从这一案件可以得到的启示是，对信息网络犯罪领域的连续犯采取过于宽松的理解是不合适的，这将引发有违刑事公正的适用效果。并且，一味从构成要件的形式来理解一罪与数罪的界限，而忽视具体犯罪情境中犯罪次数、犯罪个数的意义，这样的理解思路是完全不可取的。

从规范违反说的立场看，必须重视一罪的规范界限，不能将本应进行同种数罪并罚处断的情形动辄以连续犯的形式进行一罪论处。上文论及了作为制度的连续犯与作为现象的连续犯的区别。所谓作为制度的连续犯，是指将某种犯罪现象作为连续犯的适用并不违反刑法分则的具体规定或者刑法总则的相应制度。在这一情形下，在不违反规范的基本精神的情形下，可以允许连续犯的适用。而所谓作为现象的连续犯，是指虽然呈现出连续犯的行为特征，但尚不具有明确的规范根据的情形。在这一情形下，应当谨慎适用连续犯概念。哪些情形属于制度的连续犯呢？例如我国《刑法》第264条将多次盗窃或者盗窃数额较大作为盗窃罪的成立条件，又将盗窃数额巨大、盗窃数额特别巨大作为盗窃罪的情节加重犯。这是一种制度的连续犯情形。不过，考虑到除了数额与次数标准外，刑事立法又将特定的犯罪情节作为其法定刑升格的条件，因而，也不能认为所有的盗窃活动都可以被纳入制度的连续犯情形。

至于现象的连续犯情形就更应当谨慎地看待了。所谓连续是指时间与空间层面的高度延续性与密切性，这种密切性应当以一种限缩性的方式来理解。这种限缩可以体现在两个方面。一方面，不妨将这里的密切性理解为当场性。也就是说，行为人实施了数个触犯同种刑法规范的行为，并且可以被组合进同一个犯罪情境过程中时，方可成立连续犯。行为人在短时间内向数名不法人员发布出售违禁物品、管制物品的违法犯罪信息，或者行为人在短时间内连续在信息网络空间内发布数次违法犯罪信息,这样可以被理解为连续犯的存在。倘若行为人在发布了一批违法犯罪信息之后,在另一情境中又实施了同类行为,那就应当被认定为同种数罪并罚的情形。犯罪人A对被害人B实施故意伤害行为,结果因B逃跑速度过快,A未能追上,犯罪活动未遂。可是过了一会,B由于各种原因又回到了原处且碰上了A,A又对B实施了故意伤害行为并实行既遂。基于当场性要素的分析,这里A应当被认定为故意伤害罪(未遂)与故意伤害罪(既遂)数罪并罚。因为在前一次犯罪活动中,A的不法活动显然已经结束,后面的行为又不能作为其之前犯罪活动的延续。同理,A在信息网络空间内发布大量违法犯罪信息,又由于网络信号不畅,其所发布的信息大多没有进入信息网络空间。后A对网络信号进行调整并完善相关的硬件配备,又实施了发布大量违法犯罪信息的活动。对这里的A也应当按照非法利用信息网络罪(未遂)与非法利用信息网络罪(既遂)进行数罪并罚。当然,对数个行为进行规范评价并不意味着每个行为都具有可罚性,倘若数次发布违法犯罪信息的行为单独都不能够成立犯罪,也可以将其数次发布违法犯罪的活动整体视为成立"情节严重"要素的依据进行一罪处罚。另一方面,基于规范违反说,应当将连续犯的同种数罪限制为数个同种行为类型的犯罪行为。在存在犯罪客体的犯罪情形下,连续犯意味着行为人所实施的是数个侵犯同一类型的犯罪客体的行为;在不存在犯罪客体的秩序犯下,连续犯意味着行为人所实施的是数个同一行为类型的犯罪活动。倘若A既实施了发送诈骗活动信息的犯罪活动,后又实施了设立用于实施违法犯罪活动的网站、通讯群组的行为,或者实施了出售违禁物品、管制物品等的违法信息的行为,则不应当以连续犯论处,还是应当进行数罪并罚。理由是,虽然这些行为都被规定为非法利用信息网络的行为,但是这些行为分别归属于不同的情境,具有不同的行为意图和行为样态,将它们纳入连续犯中同一犯罪活动的范围,这是不合适的。从这个角度来说,基于规范违反说的界定,将连续犯的适用限定于一种情境化的现实范围内,而不仅仅是一种形式的范围内,这是信息网络犯罪的发展对于连续犯适用所提出的时代要求。

第三节　信息网络视域中罪数理论的司法适用

一、犯罪个数问题的司法路径

实务领域，犯罪个数问题可以被解构为两个同时存在的问题，即行为人构成了几个犯罪，以及这些犯罪的类型问题。前文提及，综合性的犯罪构成说过于笼统地认定了犯罪人的行为性质，从而使其数个犯罪之间的界限（异种数罪与同种数罪）之间的界限被有所淡化了。为了避免这种笼统的认定模式要么无法实现对犯罪人应有的处罚，要么对共犯人的行为界定偏离事实层面的合理性，就应当突出规范违反说的地位。规范违反说不是对犯罪构成说的全面批评，而是在综合犯罪构成说既有的认定资料的基础上，以一种新的关联建构的视野进行对犯罪人的不法评价。而为了实现这一点，就不得不重视对犯罪人行为目的的考察、适当限缩间接故意的司法适用以及结合情境判断与状态判断进行有益的适用。

（一）重视对犯罪人行为目的的考察

为了解决犯罪人所触犯的罪的个数问题，不能完全依赖于构成要件的形式进行判断，而必须在行为人实施的行为与看似关联不大的不法状态之间建立关联，这种关联当然不是事实性的、机械性的关联，而必须是行为人主观目的下的意志关联。行为人可能实施数个行为，这些行为中有的或许被刑法规范所规定，有的尚未被规定，这时应当借助对行为人目的的询问和推断来加以分析。例如，不法人员a利用其网络技术设立某一网站，并在这一网站中发布出售淫秽物品的广告（发布图片、网络联结或者推送特定的公众号）（行为1）然后将这一网站链接在其网络空间或者不特定的群组中发布（但是尚未收到回复）（行为2）如果孤立地看，似乎只有行为1受到了刑法规范的规定，行为2尚未受到刑法的规制。（一方面，由于《刑法》第287条之一仅仅将设立用于出售淫秽物品的网站的行为规定为犯罪，没有规定发布这类网站链接的行为,因此不适宜将其界定为非法利用信息网络罪;另一方面,如果将出售淫秽物品的网站的链接本身理解为淫秽物品,这似乎又偏离了刑法规范的字面含义,因此又不能将这一行为界定为传播淫秽物品罪)可是,如果将行为人所实施的数个行为结合起来加以判断,并分析其行为目的,那么就不难对其行为作出适当的界定。倘若 a 将这一网络链接发布于信息网络空间内,并且这一网络空间或者通讯群组本身是面向不特定人员的,那么即便其发布活动(行为 2)暂时未能获得他人的回应,将行为 1 与行为 2 结合起来,不妨碍对其意图传播淫秽物品的行为目的的推断;(倘若在该网站链接中出现于类似付费观看或者获取淫秽物品的表述,那么甚至可以推定其所具备的传播淫秽物品牟利罪的目的)倘若 a 仅将这一网络链接发布于特定的人员,并从中收取一定的所谓"好处费",那么只能推定其仅具有非法利用信息网络罪的行为意图。

再以游戏"外挂"行为为例进行分析。不法人员 b 以按劳收费的形式为游戏爱好者提供一种服务,将联网游戏中的网络代码、数据和程序进行修改和变更,使原本在网络游戏中需要通过支付较高的经济成本、需要投入较多的操作时间或者具备更高的操作技巧的游戏效果被他人轻易地获取。理论上对这一问题存在非法侵入计算机信息系统罪、侵犯商业秘密罪、非法经营罪以及诈骗罪等的争议,实务领域也存在较多争议。如果将这一问题再细分为犯罪对象的性质界定(网络游戏中的所谓效果能否被界定为"财产性利益")与对犯罪行为的界定,那么其争议将更为复杂。反之,只有暂时脱离对行为事实本身的纠缠,而是着眼于对行为人目的的考察,才能全面评价其意义。现实领域,如果 b 是单纯以一种技术协助的方式为其朋友或者特定人员提供这种服务,那么一方面其并无将这一不法服务进行商业利用的准备,另一方面也不具有将其技术活动作为一项稳定的经济收入,将其行为界定为侵犯商业秘密罪或者非法经营罪都是不妥当的。(更不要说对适用非法经营罪所要面临的"口袋罪"的质疑)如果不法人员 b 只是以此为"幌子"向游戏爱好者索要特定的"劳务费"却没有提供特定的服务，那么将其行为界定为诈骗罪是存在可能性的。否则，就只能将其活动依照其行为的自身属性来进行规制了。

(二) 适当限制间接故意的司法适用

在信息网络领域里，不法人员的技术行为或许与诸多符合构成要件行为的活动均存在一定的事实关联，如果不对间接故意的概念进行适当地限制，将可能引发因果链条无限延伸，从而产生一行为无休止地牵连数罪的情形。为了厘清规范界定之间的繁复纠葛，消除不必要的适用争议，较非信息网络犯罪领域，应当更为严格地适用间接故意的理论，从而以那种最为合乎犯罪人目的的规范适用来界定其活动。

我国《刑法》第 14 条规定，明知自己的行为会发生危害社会的结果，并且希望或者放任这一结果的发生者，成立犯罪故意。根据这一规定，间接故意不同于直接故意者，完全在于行为人对于可能意识到的法益侵害状态的消极、漠视的态度。从这一意义上说，只要对于某一行为人而言，特定犯罪后果的发生并不在常理上出乎其意料，那么犯罪人不予制止其不法活动的情形就能够以间接故意的概念评价。而考虑到信息网络犯罪领域中绝大多数的罪名都是故意犯罪，如何有益地限定刑法规范的滥用、化解规范涵摄的争议，这一点尤为重要。以上文中 b 的行为为例。行为人 b 的直接目的是，为游戏爱好者的朋友提供所谓"开挂"的技术服务，从而收取一定的报酬。但是，如果从常理角度推断，既然游戏软件不是 b 亲自开发，那么相关软件和代码运作所蕴含的可能的商业意义其通常是可以预见。(游戏开发者正是利用诸多游戏效果的设置而获取他人的流量或者经济投入并从中收益) 同时，如果从常理推断，b 同样可以预见到，其在未被授权的情形下破解他人的软件代码并从中牟利，这种盈利手段的合法性至少是出于一种"灰色边界"上，行为人对此应当存在一种"模糊的不安感"。那么，将 b 的行为界定为间接故意层面上的侵犯商业秘密罪或者非法经营罪似乎都是有可能的。此外，依然是从常理推断，如果能够认识到涉案的游戏软件是游戏开发者技术信息、经营信息的重要组成部分，是具有关键价值的个人网络信息，那么似乎将 b 的行为再界定为非法获取公民个人信息也是可取的。可是，这样推导下来，对于任何一种非法的网络技术行为，似乎都可以成立数个罪名，这就完全进入了刑法适用的无限关联的"迷宫"。因此，在司法适用的过程中，较为根本的是，从犯罪人所实施的数个信息网络行为中推断出其一系列活动的核心意图或者是直接意图，然后按照这样的意图来建立或理解其数个行为之间的界限与关联，从而判断其所触犯的罪名与所受规制的罪的个数。

（三）结合情境判断与行为判断予以认定

对信息网络犯罪的认定应当坚持情境判断与行为判断相结合的原则，这不妨被作为判断某一不法行为个罪边界的标准。所谓情境判断，是指重视某一不法行为发生的时间、地点、场合等行为环境要素，以明确该行为是否已经实施终了，或是已经在规范层面上与前一行为各自独立。而所谓行为判断，是指对某一行为进行构成要件形式的以及价值的判断，以确定该行为的性质及其与其他行为的关联。数个信息网络技术行为，有时可以被综合成为一个统一的行为进行评价，有时应当被独立地进行评价，这种评价的作出不总是取决于各个行为之间事实上的直接或者间接的联系，其主要取决于发生的情境以及性质界定的规范性。其中，在确定某一行为与其他行为的关系时，（尤其是同类不法行为的数量时）情境性的判断应当被置于一种较为优先的地位，在其评价受到规范性评价的合理性的制约时，方能将其有限地进行包括地评价。

《刑法》第 287 条之一将发布用于实施违法犯罪活动的信息且情节严重的行为规定为非法利用信息网络罪，《利用、帮助信息网络犯罪解释》第 10 条又将"情节严重"界定为数个独立的标准，可以分为数量标准、前科标准与其他标准。所谓数量标准是指在网站上发布信息 100 条以上、向 2000 个以上用户发布信息、向累计超过 3000 个成员的通讯群组发布信息、利用关注人账号累计达到 30000 个的社交网络发布信息，或者是违法所得达到 10000 以上的情形。所谓前科标准是指 2 年内因非法利用信息网络、帮助信息网络犯罪活动、危害计算机信息系统受过行政处罚，而后又非法利用信息网络的情形。而所谓的其他标准是指除数量标准、前科标准之外的其他应当符合"情节严重"规定的情形。关于将数个数量标准单独作为非法利用信息网络罪中"情节严重"的标准的认识，可以存在两种路径。第一种路径是，既然最高司法机关将这些标准各自独立地解释为"情节严重"的适用条件，那么，不论不法人员实施多少次发布违法犯罪信息的活动，只有当其达到上述规定的任一数量标准时，方能成立犯罪，否则即不成立犯罪。第二种路径是，最高司法机关并不会将非法利用信息网络罪中"情节严重"的适用完全依托于所谓数量标准的界定，其只不过是其一系列认定标准中的各个参照，当某一不法人员发布违法犯罪信息的行为符合"情节严重"标准的评价时，即可成立非法利用信息网络罪，而所谓的数量标准只是防范该罪适用过于泛滥的一种限制。换句话说，无论行为人发布违法犯罪信息的行为是否达到上述的数量标准，其行为均存在被评价非法利用信息网络罪的可能性，只要综合其行为的各种要素能够被作出这一评价即可。

上述第二种路径是可取的。对于信息网络犯罪的认定应当优先进行情境评价，然后结合行为要素进行限定。行为人 c 在信息网络空间内连续 3 次实施发布违法犯罪信息的活动，其中第一次发布了 30 条违法犯罪信息，第二次发布了 10 条，第三次发布了 20 条，事后第一次发布违法犯罪信息的行为被发现并被科以行政处罚，这样，即便行为人累计发布的不法信息未超过 100 条，也已经成立非法利用信息网络罪。同时，考虑到非法利用信息网络罪没有设定情节加重犯的规定，除非行为人在一种持续的时空环境中实施上述行为，否则，当行为人第三次实施发布违法犯罪信息的活动时，已经足以进行非法利用信息网络罪新罪的评价了。如果片面强调数量标准的意义，那么就会面临以下处罚上的困境：其一，处罚无上限。无论行为人实施了多少次非法利用信息网络罪的行为，只要没有达到上述任何一项标准，就可以连续不断地实施犯罪，无论数个行为之间间隔多久、发生了何种情境上的变化，这是不能被接受的。此外，即使行为人发布违法犯罪信息的数量达到上述标准，其最高也只能被科以 3 年有期徒刑，这在处罚上更不合理。其二，犯罪无未遂。数量标准极为机械，没有给司法人员留下自由裁量的空间，因而，在适用中将出现这样的情况，要么行为人达到标准被认定为犯罪，要么没有达到只能是无罪。这样，既不能发挥未遂制度对于信息网络犯罪活动的事先防范，又存在放纵犯罪的现实风险。其三，混杂无头绪。上述 4 个适用标准之间彼此孤立存在，司法解释没有明确它们的相互关系，从而带来了新的困境。不法人员 d 在信息网络空间内发布信息 60 条，然后在关注度为 2000 的社交网络中发布不法信息 10 条，然后又冒出国家机关工作人员身份在 1000 多人的通讯群组中发布不法信息 20 条，应该如何处置呢？数个数量标准之间可以折抵吗？这些标准之间有适用的位阶关系吗？因此，为了准确界定非法利用信息网络罪"情节严重"的标准，必须优先考察行为人实施犯罪的具体情境以感知其法益侵害状态，再参考司法解释中的数量标准。

二、信息网络犯罪视域下想象竞合犯、牵连犯与连续犯的司法适用

以下我们将借助规范违反说的理论路径，对想象竞合犯、牵连犯和连续犯在实务中的适用进行分析。在规范违反说层面，对于行为人行为评价上的目的评价被作为一种基准性的评价，如果不通过行为目的的考察，是无法对其界定给予客观、全面认识的。在行为界定所依赖的资料层面，本书重视情境分析与行为分析二者结合的做法，并使情境分析处于相对侧重的位置。在明确了每一个罪的区分标准后，方能对那些理应被竞合处理或者一罪认定的概念加以准确、合理适用。

(一) 想象竞合犯的司法适用

前文提及，我国学理层面对于想象竞合犯的适用呈现出了一种较为扩张的趋势。之所以出现这样的趋势，乃因为学理总是将法条竞合犯与想象竞合犯视为一对彼此矛盾的范畴。当对法条竞合犯的认定条件逐步严密时，对于想象竞合犯的认定就自然呈现

出宽松的趋势。但是，实际上并非如此，想象竞合犯与法条竞合犯并非矛盾概念，而是对立概念；真正与想象竞合犯相对的是数罪的认定与适用。想象竞合犯属于实质的一罪，它是基于一个犯罪意图的联结，而将一个同时符合两个彼此之间不存在交叉关系的犯罪构成按照一罪予以处置。而在信息网络犯罪领域，随着规范违反说的展开和适用，想象竞合犯的适用将受到限制。

想象竞合犯适用的基本逻辑是，先进行形式化的判断，考察不法人员的行为在类型上合乎哪些构成要件的规定；再进行价值判断，按照其中处罚最重的一个罪名进行评价和处罚。然而，在规范违反说下，由于带有一种目的考察的视野，对不法人员的行为评价自始不是一种完全形式化的评价，而是一种目的性的评价。行为人的行为性质不单单是其行为样态本身的体现，更为重要的是其行为目的的探讨和分析。这样，原本只具有非法获取他人个人信息、非法利用信息网络、帮助信息网络犯罪活动等样态的行为，却因为其行为目的而被认定为特定侮辱罪、诽谤罪或者盗窃罪、诈骗罪等的共犯或者预备犯。这样看来，许多原本属于想象竞合犯的情形，在规范违反说的目的性的考察下，就已经自始地排除了。当行为人直接追求的目的是实施 A 罪，其行为样态却暂时停留在 B 罪（轻于 A 罪），根据规范违反说，对行为人当然应当以 A 罪进行处罚，这不是基于处罚的轻重的考虑，而主要是基于行为本身所欲违反的刑法规范类型的考察。这样，虽然严格适用想象竞合犯的概念，但是却并没有妨害对行为人的性质作出较为合理的判断，因为行为人所实施的行为样态往往属于单法益的犯罪构成，而行为人所欲实现的常常是复法益的行为构成，而给予上述理论，对行为人直接按照后者进行处罚，同样可以实现罪刑相当的处罚效果。

（二）牵连犯的司法适用

理论意义上，当某一不法人员实施数个行为，并且这些行为之间存在通常意义上的目的/手段或者原因/结果关系时，牵连犯即可成立，从一重处罚即可。在信息网络犯罪领域，牵连犯的成立原本是相对普遍的，例如，行为人为了对他人实施信息网络盗窃或者诈骗活动，往往需要套取涉及他人财产性利益的个人信息，然后进行相关的技术操作。在这一情境下，行为人实施的数个行为之间（非法获取个人信息行为与信息网络盗窃、诈骗行为）即存在手段与目的的牵连关系。再如行为人为了利用信息网络对他人实施侮辱、诽谤行为，其必须通过发布违法犯罪信息或者用于实施违法犯罪信息的非法利用信息网络方式方能实现，在这一情形下，行为人的数个行为之间即成立非法利用信息网络罪与侮辱罪、诽谤罪之间的牵连关系。这样看来，作为行为基础的新型信息网络犯罪与侵犯公民个人信息犯罪往往成为他人实施信息网络目的犯罪的手段，并且也是其必须经过行为阶段，因而牵连犯的适用是比较频繁的。

然而，在规范违反说视域下，牵连犯的适用也要受到限缩。其理由在于，在目的化认定的基本标准下，行为人实施的上述基础的犯罪行为本身已经被吸收评价于其目的行为中了。这样，原本需要进行两次规范评价的行为定性就被全部容纳于目的性的行为构成的判断中了。尤其是，将间接故意概念的适用大为限缩之后，在对行为人行为性质的评价中，原本处于较为次要、表层的行为意图虽然表现于行为外观上，却被吸收于不法人员核心的、深层的目的行为的评价中。这样看来，能否考察出行为人所具有的特定的行为目的，能否认定行为人为了实现这一目的作出了直接的努力，能否判断出这一努力所具有的社会危害性，这些问题就成了较为重要的问题。例如，我国有关电信诈骗的司法解释已经规定，实施电信诈骗活动，即使诈骗数额无法查证，当行为人发送诈骗信息 5000 条以上、拨打诈骗电话 500 人次以上或者利用信息网络发布诈骗信息 5000 条以上的，同样可以以诈骗罪未遂予以处置。当不法人员 e 通过发布违法犯罪信息或者雇佣他人发布违法犯罪信息的方式联系潜在的被害人，以便使用诈术骗取钱财。若其行为目的得逞，则非法利用信息网络的行为被诈骗的目的行为吸收；当其虽未得逞，但是仍然达到司法解释规定的数额或者理应被视为具有法益侵害的危险时，非法利用信息网络行为同样被诈骗罪（未遂）吸收；当其行为未达到引发他人财产法益风险的程度时，按照非法利用信息网络罪处置即可。

除此之外，也要防范牵连犯适用可能引发处罚不公正后果，这可以分为两种情形。第一种情形是，行为人所欲实施的目的行为本身情节较轻，但是其所采取的手段行为是较为严重的。例如，行为人为了出售违禁物品、管制物品而实施了大量发布出售违禁物品、管制物品的信息的行为，最终其仅仅出售了较少数量的违禁物品、管制物品且价值不大。第二种情形是，行为人为了实施目的行为而实施了多次情节不等的手段行为，而目的行为则间隔于这些次数的手段行为之中。例如，行为人为了出售淫秽物品，在某年7月3日至7月10日间多次发布了出售淫秽物品的违法信息，7月6日行为人虽未发布出售淫秽物品的信息，但是有人员向其购买了一定数量的淫秽物品（达到相应标准）。试想一下，如果原本无人向被告人购买淫秽物品，那么对行为人所实施的数次发布出售淫秽物品的行为应当是视情形数罪并罚的。可是，在介入了他人的购买活动后，反而传播淫秽物品牟利行为与这些行为之间出现了牵连关系，只能从一重处罚，或者说所有的发布出售淫秽物品信息的行为都被一罪吸收了。这样显然不利于对非法利用信息网络行为的规制。因此，综合上述两种情形，为了实现罚当其罪的基本目标，应当限制牵连犯的适用，即只有那些发生于目的行为之前的并且与目的行为具有时空上的紧密关联的手段行为才能够被吸收，否则仍然应当进行数罪的处断。

（三）连续犯的司法适用

在规范违反说的理论视域下，对于连续犯的限缩更为有力。前文提及，连续犯被分为制度的连续犯与现象的连续犯。在关于非法利用信息网络罪、帮助信息网络犯罪活动罪的司法解释中已经规定了一些制度的连续犯的情形。不过，上文也提及，对于犯罪的个数问题，应当采取情境评价优先，行为评价置后的思路，结合具体的情境来审视关于新型信息网络犯罪的数量标准，也就是对这些犯罪所作出的制度的连续犯的规定。而至于现象的连续犯，其所受到的限制就更多了，其不但受制于紧密的时空环境这一约束，而且犯罪人所实施的数个犯罪行为之间必须具有行为目的上的关联性。当然，这种限制也不是完全没有例外的。例如，行为人 f 实施了数次发布违法犯罪信息的活动，并间隔了有几天的时间。通常意义上，当存在一定的时间间隔时，对每一次独立实施的不法行为应当视情形进行数罪的评价。然而，如果行为人之所以发布一些违法犯罪信息，这些信息的存在本身只是为了引入其他更为重要的、更为合乎行为人目的的违法犯罪的发布时，可以适当忽视这种时空上的间隔，将其按照连续犯的原则，一罪处置即可。

第四章 网络犯罪的共同犯罪

第一节 我国共同犯罪的立法模式

"共同犯罪"有广义和狭义之分。广义的共同犯罪包括二人以上参与任何犯罪的情形,而不论他们的罪过形式。狭义的共同犯罪仅指二人以上共同故意犯罪。目前,关于我国刑法共同犯罪规定的解读,人们之间存在较大争议。这是因为,按照大陆法系刑法学理,共同犯罪的立法模式存在单一制体系(单一正犯体系)与区分制体系之别。以往,我们常用作用分类法和分工分类法划分各国共同犯罪规定的立法体例,但这种划分流于形式。因为,德日刑法未尝不是一种作用分类法,亦即,正犯(含共同正犯)的作用最大、教唆犯次之、帮助犯最小,只不过德日刑法采取先验的作用分类法;更为关键的是,共同犯罪理论实质上是构成要件理论,只有围绕构成要件才能准确界定各国共同犯罪规定的立法体例。

所谓区分制体系,是指根据犯罪参与形式将各共同犯罪人区分成单独正犯、共同正犯、教唆犯和帮助犯,其中,单独正犯包括直接正犯与间接正犯,共同正犯、教唆犯和帮助犯则由刑法总则作出特别规定,此即刑罚扩张事由。而且,单独正犯和共同正犯的处罚相当,教唆犯的处罚轻一些，帮助犯则最轻。单一制体系的特色则是不论犯罪参与人的参与形态如何，他们同属于正犯范畴，立法上对狭义共犯（教唆犯和帮助犯）也不规定，所有共同犯罪人共用一个法定刑，只是法官在最后裁量时根据其各自的不法与责任调节刑罚[①]。

我国刑法鲜明体现单一制体系之特色。按照区分制理论，帮助犯比照正犯减轻处罚，分则法定刑幅度是专为正犯所设，这在德国、日本的刑事立法上得到说明。然而，根据我国刑法规定，即便是共同正犯，只要他的作用较小，仍能被评价为从犯，给予较轻的处罚；法律没有将帮助犯"固定"成从犯，实践中不乏将帮助犯认定为主犯的事例；教唆犯的处罚根据其作用大小而有变化。

以网络犯罪而论，区分制体系无法解释《刑法》第284条之一的第4款代替考试罪为什么比第1款组织考试作弊罪，在处罚上更轻。毕竟，按照区分制体系前者是直接正犯，后者是共谋共同正犯，同属于正犯的各个行为人，应当共用一个法定刑幅度。其实，正是因为在区分制中，正犯人之间无法进一步分出"大人物"与"小人物"，缺乏"组织犯"这一概念，才会出现正犯人之间量刑僵化的弊病。单一制体系则普遍承认共同正犯人之间的量刑差异，"所有的参与者，都对其固有的不法、固有的责任进行答责"[②]。严格区分组织犯与实行犯，承接的正是《刑法》第26条所彰显的单一制体系的精神：对参与形态不同的人可以处罚相同，对参与形态（客观行为方式）相同的人可以处罚不同，重要的是各自在共同犯罪中的作用大小，而不是参与形态。

大体而言，我国司法实践也采取单一制体系。例如，2016年12月最高人民法院、最高人民检察院、公安部印发的《办理电信诈骗意见》就"准确认定共同犯罪与主观故意"，有如下专门规定：多人共同实施电信网络诈骗，犯罪嫌疑人、被告人应对其参与期间该诈骗团伙实施的全部诈骗行为承担责任。在其所参与的

[①] 参见许玉秀：《当代刑法思潮》，中国民主法制出版社2005年版，第555页。

[②] ［日］高桥则夫：《共犯体系和共犯理论》，冯军、毛乃纯译，中国人民大学出版社2010年版，第25页。

犯罪环节中起主要作用的,可以认定为主犯;起次要作用的,可以认定为从犯。又如,2018 年 11 月最高人民检察院印发《检察机关办理电信网络诈骗案件指引》中就"共同犯罪及主从犯责任的认定",也有如下专门规定:对于部分被招募发送信息、拨打电话的犯罪嫌疑人,应当对其参与期间整个诈骗团伙的诈骗行为承担刑事责任,但可以考虑参与时间较短、诈骗数额较低、发送信息、拨打电话较少,认定为从犯,从宽处理。对于专门取款人,由于其可在短时间内将被骗款项异地转移,对诈骗既遂起到了至关重要的作用,也大大增加了侦查和追赃难度,因此应按其在共同犯罪中的具体作用进行认定,不宜一律认定为从犯。可见,(1) 对案件负全部责任的,不仅有正犯也有教唆犯和帮助犯,但是,按照区分制体系,只有共同正犯才对案件负全部责任;(2) 实施诈骗行为的共同正犯(共同实行犯),即便要对全部诈骗行为负责,既不是令其承担正犯责任,也不是令其一律承担较重的主犯责任,而是既可能承担主犯责任、也可能承担从犯责任;(3) 不分担诈骗实行行为的帮助犯(如专门取款人),不仅要对全部诈骗行为负责,还可能承担主犯责任,而不是一律令其承担比较轻的责任。

第二节 单一正犯视角下的网络共同犯罪问题

明晰我国共犯体系的归属后,本书将摘取网络共同犯罪中的一些重要问题,通过单一正犯视角进行初步分析。

一、可罚的参与行为的识别

如何区分可罚的参与行为与不可罚的日常行为,是所有犯罪参与体系需要解决的问题。在最近的网络共同犯罪研究中,"中立的帮助行为"得到较多学者关注。然而,该概念的内涵没有澄清,不同学者在不同意义上使用该概念。① "中立的帮助行为"是不构成犯罪的修辞表述还是既可能构成犯罪也可能不构成犯罪的行为的代称，② 尚无一致看法，甚至从某种意义上说，该概念是逻辑混乱的产物，因为，既然已经是帮助行为，其便不再具有中立性，反之亦然。并且，基本上忽视对"中立的教唆行为""中立的共同正犯行为"的研究。据此，直接以"可罚的参与行为的识别"作为研究命题更妥。

在网络信息时代，技术确实具有中立性，故"技术无罪"命题能成立。问题在于，"技术本身的中立性不能直接推导出提供技术行为的中立性"③。在以往的研究中，区分可罚的帮助行为与不可罚的日常行为，存在"主观说""客观说"两大阵营，其中"客观说"可以细分为"社会相当说""假设因果关系说""客观归责说""利益衡量说"等，最近亦有学者在反思上述标准的基础上提出"风险创设""时空关联""行业规范""期待可能"的界分标准。④ 这些观点各有其意义，但总体上看，以某一种标准划定界限的做法失之过宽。就实务操作而言，以提供技术（程序、软件）为例，可从以下层次思考：（1）若技术很容易在他处获得，则提供该技术较难构成可罚的参与行为；（2）若行为已经被前置法许可或支持，则该行为不属于可罚的参与行为；（3）技术提供者对技术直接使用者使用技术犯罪的认知程度越高，提供行为越可能属于可罚的参与行为；（4）除非技术对于侵害法益的贡献力度较大，技术与法益侵害的因果链条越长，提供技术越难属于可罚的参与行为。

---

① 参见黎宏：《论中立的诈骗帮助行为之定性》，载《法律科学》2012年第6期；王华伟：《网络服务提供者刑事责任的认定路径——兼评快播案的相关争议》，载《国家检察官学院学报》2017年第5期；陈洪兵：《中立帮助行为出罪根据只能是客观行为本身——有关共犯司法解释的再解释》，载《四川大学学报（哲学社会科学版）》2021年第4期。

② 这种情况下"中立的帮助行为"只是待研究的问题域，因为某行为已经被认定为"中立的帮助行为"与其是否构成犯罪没有任何关系。

③ 王华伟：《中立帮助行为的解构与重建》，载《法学家》2020年第3期。

④ 参见上注。

二、淡化正犯和共犯的区分

按照区分制原理，应明确区分正犯和共犯，并分别给予他们轻重不同的刑罚。相反，单一正犯体系不注重这种区别，认为参加形态和处罚轻重没有关系，决定处罚轻重的是各参加者的作用大小。如果坚持共犯从属性说，由于正犯尚未实施犯罪，共犯的社会危害尚未体现，就不应当处罚共犯。据此，共犯行为正犯化和区分制体系冲突；正犯处罚不比帮助犯重和区分制体系冲突。

网络共同犯罪的突出特点是犯罪团伙的组成人员各管一块，犯罪活动的分工十分明晰，各参加者之间虽然可能缺乏现实交往，但通过线上联系形成强大的利益链条。同时，许多直接实施网络犯罪的人，其教育文化水平不高，犯罪工具主要依赖线上购买或者他人主动提供。完成网络犯罪，大多数情况下需要购买盗号木马、入侵程序等。此外，对不少已经成为网络犯罪直接帮凶的帮助行为难以刑事规制。[1] 正是基于上述原因，晚近我国网络犯罪立法坚持单一制的立法模式。例如，刑法第 285 条第 3 款，将提供专门用于侵入、非法控制计算机信息系统的程序、工具者，和侵入、非法控制计算机信息系统，同等处罚。提供行为属于帮助行为，但该种行为对于网络信息安全的危害不亚于侵入行为和非法控制行为。同时，"两高"在法律适用过程中也贯彻单一正犯理论思路。例如，《淫秽电子信息解释（二）》的第 4 条到第 6 条。在此前，上述行为根据《"两高"关于办理利用互联网、移动通讯终端、声讯台制作、复制、出版、贩卖、传播淫秽电子信息刑事案件具体应用法律若干问题的解释》（以下简称《淫秽电子信息解释》），只能按照共同犯罪处理。但是，刑法第 25 条规定，只有各参加者都成立犯罪后才存在共同犯罪，由此，上述行为不都成立共同犯罪。

网络共同犯罪的特殊情况，也决定帮助者的作用（社会危害）常常等于乃至大于实行者的作用（社会危害）。帮助者并非

---

[1] 参见喻海松：《网络犯罪二十讲》，法律出版社 2018 年版，第 10 页以下。

只起次要作用或辅助作用。我国参与立法的工作人员称,"网络犯罪的帮助行为相较于传统的帮助行为,其对于完成犯罪起着越来越大的决定性作用,社会危害性凸显,有的如果全案衡量,甚至超过实行行为。"① 长期从事司法实践的人士也表示,"由于帮助对象的数量庞大,网络犯罪利益链条中的帮助行为实际上往往成为获利最大的环节,按照共犯处理,也难以体现其独特危害性。"② 这里的"按照共犯处理",是指"按照区分制中帮助犯应当比照正犯减轻处罚处理"。这意味着,传统的共犯理论不尽合理。

不过,有些赞同区分制的学者以共犯行为正犯化的立法动态为由,论证我国刑法没有采取单一正犯体系。如有人认为,"若采单一正犯参与体系,便无须有帮助信息网络犯罪活动情节严重的行为独立入罪的必要,因为完全可以发挥单一正犯制自身的制度设计与优势,实现帮助行为与被帮助的信息网络犯罪二者之间的量刑均衡。"③ 尽管在采取单一制的我国刑法中,分则规定的故意犯罪的主体,既包括直接实现者(即区分制中的正犯),也包括间接实现者(即区分制中的间接正犯、共谋共同正犯、帮助犯、教唆犯等),但这不妨碍对某些特殊类型的共犯行为作出特别规定④。在单一正犯视角下,所谓的"共犯行为正犯化",实际上是"预备行为实行化"。在单一正犯体系中,如果行为人只实施了帮助行为,而被帮助人没有实行时,帮助人依然只被评价为犯罪预备。但是,通过这样的立法更迭,司法机关就可以将那些本为犯罪预备性质的未遂帮助行为(即"被帮助的人没有犯被帮助的罪"的行为)评价为犯罪未遂。至于相同的法定刑配置,更是佐

---

① 雷建斌主编,全国人大常委会法制工作委员会刑法室编著:《〈中华人民共和国刑法修正案(九)〉释解与适用》,人民法院出版社2015年版,第164页。

② 胡云腾:《谈〈刑法修正案(九)〉的理论与实践创新》,载《中国审判》2015年第20期。

③ 刘仁文、杨学文:《帮助行为正犯化的网络语境——兼及对犯罪参与理论的省思》,载《法律科学》2017年第3期。

④ 参见刘明祥:《再释"被教唆的人没有犯被教唆的罪"——与周光权教授商榷》,载《法学》2014年第12期。

证我国刑法采取单一制，没有接受帮助不法低于正犯不法的理论预设。如赞同从属性说的论者所坦言的："立法上为了减少处罚漏洞，在共犯从属性说的理念下，只得另行规定自杀关联犯罪。"① 在日本与我国台湾地区，立法上规定自杀关联犯罪——这可谓区分制的一大特色。

在区分制中，共犯行为与预备行为一样，是一种"非独立的不法类型"。由于其天然具有附属性，所以必须附属于正犯行为才能被科处刑罚。② 这就是所谓的共犯从属性说。这意味着，如果正犯没有实行犯罪，不管怎样都不能处罚共犯。将帮助信息网络犯罪的行为单独成罪，说明正犯实行犯罪和帮助犯构成犯罪与否，没有什么关系。这意味着实行从属性说对于帮助行为成立犯罪的制约作用得到解脱，从而与实行从属性说抵触。"共犯成立决定于实行行为着手的共犯从属性观念，无论与我国刑法对犯罪预备普遍处罚的政策性选择，还是与我国共犯处罚条件的制度逻辑，均有不相容之处。"③ 或许有人辩解："在我国刑法中，存在为数不少的'共犯行为正犯化'即'拟制的正犯'的立法，使得部分原本可以作为教唆犯、帮助犯处罚的人成为直接正犯。"④ 从表面上看，这似可解释拟制正犯不受从属性说制约的原因，进而在形式上维持区分制的逻辑。问题是，分则不区分正犯与共犯，对共犯的处罚等于乃至重于正犯，就意味着严格区分正犯与共犯、正犯不法高于共犯不法之理论预设的破产。这种条款增设得越多，意味着总则的刑罚扩张事由被空置得越严重。区分制中，实行行为与共犯行为各有其内涵，采取拟制正犯概念，将明显属于共犯行为的帮助升格为正犯行为，是混淆这两种不同行为之间的界限。将帮助信息网络犯罪活动的行为解释为"实行了帮助信息网络犯

---

① 周光权：《"被教唆的人没有犯被教唆的罪"之理解——兼与刘明祥教授商榷》，载《法学研究》2013年第4期。
② 参见蔡墩铭：《现代刑法思潮与刑事立法》，汉林出版社1977年版，第300—301页。
③ 王志远：《共犯从属观念的现实意义批判》，载陈兴良主编：《刑事法判解》（第16卷），人民法院出版社2014年版，第10页。
④ 周光权：《刑法总论》（第3版），中国人民大学出版社2016年版，第326页。

罪活动",这或许不符事实,也无法为民众所接受。严格来说,如果采取区分制,就不应增设这种的条款,而是回归共犯归责模式。其实,论者也承认:"拟制正犯的立法,采取单一正犯概念,与现代各国刑法理论中区分正犯、共犯的二元犯罪参与体系相悖。①"

淡化正犯和共犯的区别不意味着对于所有参加网络犯罪的人都进行处罚乃至同等处罚。我国刑法区分主犯、从犯和胁从犯,是为了确定共同犯罪的打击重点——主犯尤其是犯罪集团的首要分子。而且,在主犯内部,还可以在量刑上区别对待。例如,在谢某、宋某的诈骗案中,河南省三门峡市湖滨区法院认为,谢某和宋某在实施犯罪中均积极参与、相互协作,不区分主、从犯,但根据作用大小区别量刑。② 处理网络共同犯罪时,也要贯彻宽严相济的刑事政策。对犯罪嫌疑人、被告人,要告知其从犯、胁从犯的从宽规定,分化瓦解共同犯罪人,并对其中认罪认罚的犯罪嫌疑人、被告人切实从宽处理。在参加者的情节确属显著轻微的情况下,不应将其认定为犯罪。

三、摒弃共犯对正犯的从属

传统共同犯罪中,一个人通常只能帮助或教唆一人或数人犯罪,但在信息社会,一个人可同时为多个人犯罪提供帮助或教唆他人犯罪。前者表现为"一对一""一对少",后者表现为"一对多""多对多"。这样造成的问题是,直接实施者可能不符合构成要件,但共犯自身的"罪量"已经超越"情节显著轻微危害不大"的地步。制造非法程序的生产商已经出售数以万计的非法程序,但每个使用非法程序实施违法犯罪活动的人,可能尚未达到入罪标准,进而不存在一个"实行行为(符合分则构成要件的行为)"。例如,某人研制木马程序提供给10000个人用于盗窃,约定收取违法所得的10%。如果每个盗窃者只盗窃100元,由于盗

---

① 周光权:《刑法总论》(第2版),中国人民大学出版社2011年版,第214页。
② 参见《使用"伪基站"群发诈骗短信,两被告人犯诈骗罪被判刑》,载《人民法院报》2014年4月23日,第3版。

窃者没有达到入罪标准，根据实行从属性说，研制者也无法定罪处罚。如果认为只有在实行者构成犯罪后，帮助者才能受到处罚，就产生处罚漏洞。况且，在司法实践中，要求公安机关一一查清被帮助者的违法犯罪情况，也十分困难。因为制造者往往不是将非法程序直接销售给实施者，而是通过层层销售的方式隐藏自己。查清每位制造者的具体销售情况以及购买者是否将其用于网络攻击活动，并不现实。

网络世界不同于现实世界，现实世界很少出现一个帮助者同时帮助多个彼此不认识与联络的实行者的情况，而网络世界则十分常见。"P2P"运用的点对点和去中心化技术，不但使得正犯行为难以确定，而且更可能出现单个实行人不构成犯罪，多个实行人累积而成"情节严重"的情况。由于实行者之间缺乏犯意交流，自然成立数个同时犯，难以在总体上成立共同犯罪，进而无法完成对帮助者的刑事归责。"一对多""多对多"的犯罪模式，造成实行从属性说的孤立无助。反过来说，按照单一制能顺畅解决此种问题。据此，帮助信息网络犯罪活动罪的罪状中的"他人"不限于某一个人，而是指除自己以外的所有人；"犯罪"不限于具体特定某个人的犯罪，而是统合一群人的违法行为累积而成的"情节严重"。① 帮助的对象，既包括未达到定量门槛的一般违法行为（已为刑法定性），又包括定性上不为刑法规制但是危害社会的行为，只是说，成立本罪需要被帮助的对象在统合意义上达到"情节严重"的地步。这与第285条第3款提供侵入、非法控制计算机信息系统程序、工具罪中作为被帮助对象的"违法犯罪行为"保持解释论上的一致性，不属于类推。同理，在第291条之一的理解上，不要求上游的投放行为与编造行为确定地迈过定量门槛，而只需要分别考察每一个行为人的不法程度是否

---

① 如果行为人难以明知被帮助人会去犯什么罪，而只是概括性地揣测到被帮助人会去干坏事的时候，就不能论以被帮助者所犯之罪的帮助犯，只能论以帮助信息网络犯罪活动罪。这种理解，有利于限缩相关犯罪的帮助犯的范围，有利于保护网络互联网行业的活力，并得到实务界的支持。参见浙江省金华市婺城区人民法院刑事判决书（2016）浙0702刑初字第654号。

已经达到刑事可罚的地步。[1]

摒弃共犯对正犯的从属,还有利于贯彻"打早打小"的治理网络犯罪的刑事政策。网络犯罪已经呈现分工细化的趋势,多数犯罪活动也采取共同实施的方式,各个作案环节构成的利益链条庞大。打击网络犯罪自然也要注重斩断其利益链条,有效惩治网络犯罪的帮助行为。而且,帮助对象往往较多,帮助者也成为获利最多的共同犯罪人。

其实,在传统犯罪中也需要摒弃共犯对正犯的从属。例如,在自习室中,一位正在备考的同学甲饥肠辘辘地奔向食堂,并且一如平常,没有将放在抽屉中的皮包拿走。这一幕,被同在自习室的乙机警地察觉到。乙唤出曾因盗窃受过刑事处罚的丙,要他为自己放风,事后平分财物。乙因而成功窃得甲的现金800元(该地盗窃"数额较大"的标准为1500元)。我国刑法有一个特色,就是以次数等个人行为要素作为入罪门槛,例如,"多次盗窃""敲诈勒索多次",尤其是广泛存在诸如"两高"《关于办理盗窃刑事案件适用法律若干问题的解释》第2条[2]类似的情况,如果在共犯合乎次数而正犯不合乎次数时,采取共犯从属性说,将会因为正犯尚未构成刑事不法,造成不能处罚共犯的局面。

四、承认秘密参加网络犯罪

网络共同犯罪中,很难查证共犯和正犯是否具有意思联络。有论者坦言,在区分制中"犯罪参与人之间应当具有双向或者多向的意思联络,片面共犯的可罚性成为问题"[3]。尽管片面共犯理论一直为区分制论者所接受,但是这一理论与他们的主张相冲突:

---

[1] 例如,甲、乙、丙等各不认识的人分别在某时间段编造虚假的险情,但是各自没有达到"严重扰乱社会秩序"的地步,但是,丁对他们三人编造的虚假险情予以传播,完全可能被认定为构成该罪。

[2] 第2条规定:盗窃公私财物,具有下列情形之一的,"数额较大"的标准可以按照前条规定标准的百分之五十确定:(1)曾因盗窃受过刑事处罚的;(2)一年内曾因盗窃受过行政处罚的……

[3] 梁根林:《传统犯罪网络化:归责障碍、刑法应对与教义限缩》,载《法学》2017年第2期。

如果肯定片面共犯是共同犯罪人，必然动摇区分制的理论根基；如果否定片面共犯是共同犯罪人，必然造成不合理的处罚漏洞。从属性说本限于共同故意犯罪（乃至共同故意作为犯罪）的场合，例如，德国刑法总则第二章第三节的标题是"正犯与共犯"，对共同犯罪概念缺乏明确规定，但是，德国学界公认，区分制原理只适用于故意犯罪的场合。① 考虑到从属性论者认为"共犯的不法实质上派生于主行为的不法"②，以致将共同犯罪归结为共同不法，两相交汇，这导致全面承认构成要件故意，进而将共同犯罪理解为共犯人故意地帮助或教唆一个故意犯罪的正犯人等。

如果认为我国刑法采取区分制，那么，在处罚共犯人时，必须存在明确的刑罚扩张事由。我国《刑法》第25条第1款规定何为共同犯罪，这意味着在区分制下，如果参与犯之间不成立共同犯罪，则不能处罚任何帮助者。在片面共犯中，犯罪参与人之间缺乏意思联络，难言他们有"共同的故意"。有学者可能采取"共同去故意犯罪"③ 或者"共同地故意地犯罪"④ 的解释路径，使得"共同的故意"不再属于共同犯罪的成立条件之一。但问题是，这些做法"顾头不顾尾"。如果将"共同"仅解释为"客观共同"⑤——不包括心理性联系的纯粹物理性联系，平行正犯也将符合这一理解，最终使得区分制的根基崩坏。如果将"共同"

---

① 参见［德］汉斯·海因里希·耶赛克、托马斯·魏根特：《德国刑法教科书》，徐久生译，中国法制出版社2001年版，第791—792页；［德］约翰内斯·韦塞尔斯：《德国刑法总论》，李昌珂译，法律出版社2009年版，第281页；［德］克劳斯·罗克辛：《德国刑法学·总论》（第2卷），王世洲等译，法律出版社2013年版，第10页。

② 陈毅坚：《预备罪及其共犯比较研究》，载《中国刑事法杂志》2011年第9期。

③ 张明楷：《共同犯罪是违法形态》，载《人民检察》2010年第13期。在刑法条文中加入实义动词，有违罪刑法定原则。而且，这一条文原本是裁判规范，用于法官裁判案件时如何认定共同犯罪，但论者将"陈述行为状态"的规定，变通解释为"侧重于表达共同犯罪人的行为趋向和目的"的规定，也难言妥当。

④ 李强：《片面共犯肯定论的语义解释根据》，载《法律科学》2016年第2期。

⑤ 张明楷认为，"共同犯罪"中的"共同"应当理解为"不要求共犯人之间存在作为共通的犯罪意思的故意。"参见张明楷：《共犯的本质——"共同"的含义》，载《政治与法律》2017年第4期。

解释为"客观共同"与"主观共同",那么,由于在区分制中先得"整体认定犯罪",使得诸行为人结成一个密不可分的共同归责体,会导致不构成整体而得以无罪的处罚漏洞。事实上,甲的行为是否构成犯罪,与乙是否认识到自己是在和甲一起共同犯罪,毫无关系。否则,无疑是说,乙的认知决定着甲的刑事责任的有无,违背责任主义。反过来,如果采取单一正犯的解释路径,就可以认为我国刑法规定的共同犯罪只是犯罪参与的形式之一,对于其他的参与形式,我国也是采取个别的归责思路,同时依据作用大小定罪处刑。① 之所以将"故意正犯+故意共犯"的形态单独规定,是因为这种犯罪参与较之于其他形式的犯罪参与,其社会危害更大:经过故意支配下的共犯人之间的相互利用,使得犯罪更容易发生,更容易实行,更容易逃避侦查与打击。②

基于这种解释,在被帮助人利用某网络服务提供者开发的服务器托管、云端储存等服务实施电信诈骗的时候,尽管被帮助人自以为自己的行为巧妙,没有被网络服务提供者发现,但实际上被网络服务提供者发现其准备电信诈骗的时候,对于网络服务提供者可以论以诈骗罪(片面共犯)与帮助信息网络犯罪活动罪的竞合,③ 考虑到电信诈骗往往数额巨大,多数情况下是以诈骗罪论处,④ 而不至于先走采取从属性说后又例外承认片面共犯的迂回路径。实践中,根据"两高"《关于办理网络赌博犯罪案件适用法律若干问题的意见》第 2 条、《淫秽电子信息解释》第 7 条、《淫秽电子信息解释(二)》第 7 条,只需要帮助者对被帮助者的行为存在单向的"明知",就可以认定帮助者构成相应犯罪,这是单一制的立场,彰显罪责自负的刑法精神。

而且,在区分制中,由于受制于"部分行为,全部责任",

---

① 参见刘明祥:《不能用行为共同说解释我国刑法中的共同犯罪》,载《法律科学》2017 年第 1 期。
② 参见王作富:《中国刑法研究》,中国人民大学出版社 1988 年版,第 239 页。
③ 在监管部门责令其采取改正措施而拒不改正后造成"四种情形"时,自然可能构成拒不履行信息网络安全管理义务罪,进而形成三罪竞合。
④ 这样的实务案例很多,例如,四川省内江市中级人民法院刑事判决书(2018)川 10 刑终 28 号。

无法承认片面共同正犯:"共同正犯之实质处罚根据,系在于各共同正犯者透过部分实行行为所具有之相互补充功能与心理促进功能而惹起法益侵害之结果,因此,若共同者之间欠缺实行行为(相互利用、补充)之意思,则不应有'一部行为全部责任原则'之适用,而不得成立共同正犯。"① 德国与我国台湾地区实务与学说,持否定见解。日本学者也表示,"判例、多数说主张,要成立共同正犯,参与者之间的意思沟通是必不可少的,进而否定片面的共同正犯。"② 在区分制中,共同正犯规定本质上也属于刑罚扩张事由,就采取区分制的德日刑法与我国台湾地区"刑法"而言,均有明文规定。例如,德国刑法第 25 条第 2 款即规定"数人共同实施犯罪的,均依正犯论处"。为了区别于平行正犯,这里"共同"的成立,不仅需要"客观共同",也需要"主观共同"。但这又导致片面共犯人只能被降格评价为片面帮助犯,难以实现合理量刑。例如,甲在网上看到不知是谁发的诽谤乙的消息(由于他与乙在生活中认识,知道是诽谤乙的消息),但是基于报复乙的心理,在"贴吧"与"微博"上予以传播。事后查明,在甲没有实施之前,诽谤消息点击率很低,而由于乙是多个"贴吧"的群主和"微博达人"("大 V"),在乙转发后,点击量飞速上升,还上了多个服务器的"热搜"。显然,乙没有"捏造事实",也没有与先行行为人形成合意成立区分制中的共同正犯,顶多论以承继的片面的帮助犯。

五、破解对向参与犯罪问题

在单一正犯体系中,行为包括自己意志支配的全部范围,不限于行为人自身的动静。这里的"支配"意味着至少具备犯罪过失,由于过失就意味着具备回避可能性,所以回避可能性是不法归责的最低门槛。显然,由于回避可能与否因人而异,因此必须

---

① 陈子平:《刑法总论》(2008 年增修版),中国人民大学出版社 2009 年版,第 370 页。
② [日] 桥爪隆:《有关不作为与共犯的几个问题》,载《苏州大学学报(法学版)》2018 年第 1 期。

将责任能力纳入行为概念。从而，仅当一个行为是根据行为人自我应答下负责地进行时，它才是刑法中的行为。只有主体能够控制的客观事实，才属于主体的行为，才可以归责于主体。既然没有责任就没有不法，缺乏预防必要也没必要认定责任，责任的认定要经受预防功能的考验，这样，不法与否不仅与通常的责任相关，还与刑罚的预防功能相牵连。

立足于这样的视角，我们可以对片面的对向参与行为①的可罚性进行重新的研究。最早的立法意思说由于不合形式逻辑，也有付诸恣意、自诩立法者的弊病，已经被丢进历史的垃圾桶。而实质说则多管齐下，"违法性和有责性阙如、共犯处罚根据论、平等原则等"手脚并用。例如，有人认为，片面对向一方之所以不构成共同犯罪的"实质根据在于，要么本身缺乏违法性（本身是被害人），要么缺乏有责性（窝藏罪中的被窝藏人），要么不具有实质的违法性（如购买淫秽物品）"②。但这难免自我抵牾。其核心要害在于，既然从属性说（限制从属性说）认定共同犯罪就是共同不法，那么为什么要将责任乃至预防考虑进来？论者曾指出，"实质说与形式的立法者意思说一样，以为可罚的必要共犯行为和不可罚的必要共犯行为是非此即彼、完全异质的两种情形，总是希望用一种有和无的标准来决定其可罚性之有无"，这是其立论难以稳妥的根源。他开出的药方，是以违法性程度分别判断对向行为是否达到刑事可罚性的地步。③ 并不偶然，另一位论者在反思既往各种学说后断定，"在根据共犯原理探讨对向参与行为实质可罚性的基础上，结合违法程度、法益均衡、比例原则等要求，限定对向参与行为的处罚范围，是较可取的立场"④。两位论者都以德国学者格罗普（Gropp）对"对向犯罪"二分为"离心型犯罪"与"向心型犯罪"作为理论根据。但正如论者所自陈的，格罗普

---

① "片面的对向参与行为"是指刑法分则只将对向行为一方的行为规定为犯罪。
② 陈洪兵：《共犯论的分则思考——以贪污贿赂罪及渎职罪为例》，载《法学家》2015年第2期。
③ 参见何庆仁：《论必要共犯的可罚性》，载《法学家》2017年第4期。
④ 王彦强：《对向参与行为的处罚范围》，载《中外法学》2017年第2期。

区分离心型犯罪和向心型犯罪的最重大意义是，"作为边缘人物的其他人的行为虽然有违法性，但结合比例原则，不应认为其行为具有可罚性，处罚作为危险源的行为人就足够"①。在《刑法修正案（九）》以后，行贿罪的基本法定刑重于受贿罪的基本法定刑。这不具备合理性。但问题是，如何论述其不合理性，从属性论者开始不顾及自己的体系前后照应、实践"个别不法说"。例如，有人说，"对向犯的概念只是意味着一个行为成立犯罪以相对方实施对应行为为前提，而并不意味着必须同时处罚对向犯的双方，更不表明双方的不法与责任相同"②。几位论者可能没有意识到，对向犯基本上都成立共犯关系，如果坚持"违法连带说"（正犯违法就意味共犯违法），从属性说将始终无法回答为什么只处罚一方。例如，教唆国家工作人员收受自己为谋取正当利益而给予他的财物的行为，为什么不处罚。其实，格罗普的理论已经否决从属性说中共犯不法必然低于正犯不法的理论预设，转而以语焉不详的比例原则替代不法轻重的认定。我们完全可以以比例原则认为，有时候，共犯不法可能高于正犯不法，进而处罚重于正犯。而且，格罗普的理论无法解释为什么在网络上点开他人诈骗的链接的受害人不是犯罪，而在旁边知道这一链接是诈骗链接进而可能使得他被诈骗，还是去教唆他点开链接的人是犯罪（诈骗罪的片面的帮助犯③）？修正惹起说与混合惹起说都认为，正犯不法是共犯不法的前提。承认教唆者的不法性也就承认点开链接者的不法性。

实际上，处罚不处罚一个人，无论处罚判多重，只能与行为人自己的意志所支配下的不法相关，与他人的不法无关。刑罚的根据只能建立在自己能负责的不法之上。"违法连带说"的解释

---

① 参见何庆仁：《论必要共犯的可罚性》，载《法学家》2017 年第 4 期。
② 张明楷：《行贿罪的量刑》，载《现代法学》2018 年第 3 期。
③ 或许有人认为，教唆他点开链接的人成立诈骗罪的间接（共同）正犯，这也没有什么不妥，符合区分制的定罪逻辑，但是论以正犯之刑，或许又过重，德国、日本的法官不可能采取这样的做法。这从一个侧面也反映出区分制坚持正犯不法高于共犯不法并严格划分正犯与共犯，可能从一开始就是一个错误。

路径行不通。例如，从属性说无法解释，为什么犯罪嫌疑人教唆他人为自己作伪证，不构成伪证罪的教唆犯。如果认为嫌疑人缺乏期待可能性，那么基于"共同不法说"就应当承认他构成伪证罪的教唆犯，在其他妨害司法罪如掩饰、隐瞒犯罪所得、犯罪所得收益罪等中，同理。或许有人以"被害人教义学"为由，认为购买淫秽物品的行为不构成犯罪。但是规制淫秽物品的贩卖行为，不是为了保护个别公民的精神健康，而是保护全体公民所希冀的良好社会风气，这也是《刑法》分则将"制作、贩卖、传播淫秽物品罪"规定在第6章"妨害社会管理秩序罪"中而不是第4章"侵犯公民人身权利、民主权利罪"的原因。对于妨害司法罪，犯罪行为人自然也没有成立共犯的余地。因为要紧的是，他被追诉是因为何罪，他事后的所作所为都是为了自己的行为不被追究或从轻追究。① 由于本书认为，不法的认定必须有助于达成犯罪预防的功能，基于一般预防的考虑，不可以将行为人的掩饰自己犯罪的行为认定为不法。而且，从"个别的归责思路"出发，结合"规范保护目的"与"法益紧密状态"两个方面考察，犯罪人的数个自然行为也能被"捏合于侵害法益的同一进程"②。同理，即使卖淫女苦苦哀求房主容留她卖淫，但是由于刑法（刑罚）的最后手段性与自我克制性，卖淫女的行为可以通过行政法得到合理解决（甚至她卖淫本身就是被生活所迫），就没有认定为教唆犯进而科处刑罚的必要。

理论上，共犯处罚根据，经历了"罪责共犯论"（Schuldteilnahmetheorie）到"不法共犯论"（Unrechtsteilnahmetheorie）再到"因果共犯论"的转变。罪责共犯论与不法共犯论，认为参与的不法在于使得正犯卷入罪责或者不法之中，这不符合罪责原则与行为原则。因果共犯论又存在三种学说：纯粹惹起说、修正惹起说与混合惹起说。纯粹惹起说（reine Verursachungstheorie）认为，参与的不法在于参与者惹起结果，归属于参与者的不是正犯实现

---

① 当然，他逃避侦诉审的行为体现出其改造难度较大，在量刑上适用酌定从轻或减轻情节时应从严把握。

② 庄劲：《机能的思考方法下的罪数论》，载《法学研究》2017年第3期。

的不法，而是自己行为的不法，由于这无法说明为什么需要一个主行为，而且，原则上肯定违法的相对性，无法与《德国刑法典》第 26 条、第 27 条、第 29 条的规定相符合。修正惹起说（akzessorietätsorientierte Verursachungstheorie），一方面认为共犯行为侵害法益；一方面又认为共犯不存在独立的不法，因此可能处罚被害人参与，难以妥当解释刑法典的规则。混合惹起说（gemischte Verursachungstheorie），综采上开两说，认为共犯的不法一部分来自正犯的不法，一部分来自固有的不法，这样，必要共犯、被害人参与等，均可以排除刑事可罚性；不法身份犯的犯罪参与又具备刑事可罚性。纯粹惹起说与混合惹起说是行为无价值的产物，如果采取结果无价值势必采取修正惹起说，但是该说的具体结论与共犯从属性说抵触。由于"修正惹起说"将正犯不法视为共犯不法的充要条件，而"混合惹起说"将正犯不法视为共犯不法必要而不充分的条件，后者的兴盛也就意味着"共同不法说"的退场。当然，"混合惹起说"由于还部分承认共犯对正犯不法的继受，与采取单一制的我国刑法格格不入。例如，自杀关联犯罪是典型的对向犯，在日本由于有分则规定，所以没有体系上的漏洞。在我国如果采取混合惹起说或者修正惹起说，[①] 必然在教唆自杀与帮助自杀上产生处罚漏洞。一旦将教唆与帮助解释到《刑法》第 232 条涵摄范围之内，就意味着抛弃违法连带说。现在，网络上自杀游戏盛行，不少"QQ 群""微信群"也鼓动人们自杀，不采取单一正犯体系的解释论，就只能眼睁睁地看着那些怀着或此或彼不法目的之人去教唆他人自杀。

在互联网时代，基于单一制上述标准，就能合理解释为什么用户下载色情视频自我观看（诸如非法软件）的行为，不构成传播淫秽物品罪（诸如侵犯著作权罪）；[②] 为什么知道近期病毒肆虐，仍然克制不住打游戏的冲动，打开单位的电脑而不采取任何保护措施，致使电脑被黑客远程控制的行为，不构成非法获取计

[①] 采取修正惹起说就会（在不法领域）全面肯定对向共犯的可罚性。

[②] 在现行网络技术 P2P 下，"下载的同时也是在上传"，即下载非法或淫秽数据信息时，实际上也就会不可避免地将这些自己所获得的数据片段分享给了其他用户。

算机信息系统数据、非法控制计算机信息系统罪（片面的帮助犯）？等等。

六、探究不作为的参加行为

区分制区分正犯与共犯的主张是半截子、不彻底的，一方面在不作为犯与过失犯的场合不区分正犯与共犯，[①] 一方面在故意作为犯的场合区分正犯与共犯。这会难以实现对作为犯进行（缺乏意思联络或基于意思联络）不作为的"加功行为"的准确定性。

在从属性说中，不论如何安放"参与不作为犯罪的犯罪"的位置，都会动摇自己的理论根基。这在不作为的事实前提是他人的犯罪时，格外明显。基于合意的两个人，本不负有作为义务的行为人故意（作为地）犯罪，本就负有作为义务的行为人故意（不作为地）犯罪时，二人是否构成共同犯罪，不作为人是共犯还是正犯？如果是不作为犯，还有人教唆他的时候，教唆人是什么参与类型？例如，网络平台服务商（甲公司，甲公司直接负责的主管人员为甲）明知他人（乙）利用信息网络实施电信诈骗，但是不履行法定的安全管理义务，即使在监管部门责令改正的情况下，依然在行为人（丙）的教唆下，采取我行我素的态度，继续给电信诈骗团伙提供技术支持和广告推送服务，结果导致全国多个地方的公民饱受电信诈骗之苦，频频出现自杀的惨剧，诈骗团伙也骗得上亿金额。

在区分制中，至少产生如下尴尬后果：（1）如果认为丙是诈骗罪的片面帮助犯，就应当比照乙减轻处罚。但是，甲也成立诈骗罪的片面帮助犯，按照从属性说的逻辑，丙的不法低于甲的不法，但是甲与丙相对于乙都成立诈骗罪的帮助犯，而区分制理论下不能进一步区别对待甲与丙。（2）如果按照从属性论者所持的"拟制正犯论"，那么即使在帮助行为被正犯化时，也可能出现帮助信息网络犯罪活动罪的帮助犯的情况——丙就属于这种情况，

[①] 例如，许泽天指出，在区分制的立法背景下，"不纯正不作为犯与其在论罪上所依附的作为犯不同，难以适用强调行为不法的紧缩正犯概念来掌握其正犯"。参见许泽天：《不纯正不作为犯的正犯判断标准》，载《东吴法律学报》第26卷第4期。

以致论以该罪并减轻处罚。(3) 既然法律赋予网络服务提供者以保证人的地位，要求其履行法律、行政法规规定的信息网络安全管理义务，那么就没有理由认为，在明知行为人利用自己的技术支持实施诈骗而不予阻止时，提供者不成立诈骗罪的不作为犯。①或许有人认为，网络服务提供者对电信诈骗犯提供技术支持的行为，本来就可以算作是诈骗罪的作为犯的正犯，② 这也无可厚非。如果两种观点都成立，将会给在区分制视角下，如何认定对作为犯的不作为的"加功行为"，带来更大麻烦。

对于网络服务提供者而言，拒不履行信息网络安全管理义务罪、帮助信息网络犯罪活动罪都是一个不纯正的不作为犯罪。③ 行为人既可以采取消极懈怠的态度去放任他人利用自己所提供的网络服务犯罪的行为（"明知非促进型"），也可以采取积极追求的态度投身于他人利用自己所提供的网络服务犯罪之中去（"明知且促进型"）。④ 同时，对于甲而言，究竟是诈骗罪的（不作为或者作为）正犯还是（片面的）帮助犯？附带着也会影响丙的定罪量刑。在德国与日本，之所以众说纷纭，探讨不清楚，其原因在于区分制采取两套正犯标准，即正犯与共犯的区分限于共同故意

---

① "快播案"中，快播公司正是因为具有贩卖淫秽物品牟利罪的保证人地位才构成犯罪的。参见陈兴良：《在技术与法律之间：评快播案一审判决》，载《人民法院报》2016年9月14日，第3版。

② 有人认为，快播公司属于贩卖淫秽物品牟利罪的作为犯的正犯。参见张明楷：《快播案定罪量刑的简要分析》，载《人民法院报》2016年9月14日，第3版。

③ 不能因为拒不履行信息网络安全管理义务罪的罪状中有"义务"二字，就断言此罪属于纯正不作为犯。"积极义务VS消极义务"与"作为义务VS不作为义务"并不等同。前者涉及刑法归属原理和区分制中正犯判断准则，而后者则只是刑法规范的不同表征形式。参见何庆仁：《义务犯研究》，中国人民大学出版社2010年版，第25页及其以下。

④ 有学者认为只有"明知且促进型"才具有刑事可罚性（参见刘艳红：《网络犯罪帮助行为正犯化之批判》，载《法商研究》2016年第3期）。但似乎文不对题，从标题上看她否认两种类型的可罚性，但是具体论证上只认为处罚"明知非促进型"时才不具备正当性。笔者认为，即使是"明知非促进型"，由于行为人负有保证人地位，而基于牟利或别的目的，对他人利用自己所提供的"技术支持""广告推广、支付结算等帮助"采取不管不顾的态度，客观上也促进他人的犯罪活动，完全有必要予以处罚。而且，按照论者所持的结果无价值论，不法有无与主观意志没有关系，那就更应当承认重要的不是主观有无促进的意思，而是客观上是否真正促进他人的犯罪。

作为犯，而过失犯与不作为犯不区分正犯与共犯。据学者介绍，1962 年的《德国刑法典草案》曾在第 13 条不作为犯的规定中制订"不作为人以正犯或共犯处罚"（wer es unterlässt…ist als Täter oder Teilnehmer strafbar）的文字，最后遭到否决，其理由是不想介入不作为犯是否有区别正犯与共犯的可能性的学理争议。① 在复杂的现实面前，立法者有意识地将难题交给司法者。

或许有人认为，上述不同犯罪之间存在想象竞合关系，参与形态之间也存在吸收关系。例如，以放任形式对他人传播淫秽物品行为提供帮助，会形成传播淫秽物品牟利罪的不作为的正犯、传播淫秽物品罪的不作为的帮助犯、② 拒不履行网络安全管理义务罪的正犯等的三重竞合，最终论以传播淫秽物品罪牟利罪③。但是论者的观点自我抵牾：在因共同犯罪引发身份犯罪的竞合的场合，其认为，"对于想象竞合犯应当实行从一重罪处断的原则，但在共犯与正犯相竞合的情况下，应以正犯论处"，论者自己却承认，"具有不同身份的人在构成其自身的正犯的同时，能否构成对方的共犯呢？我的回答是肯定的"④。问题是，在非国家工作人员与国家工作人员伙同后，"分别利用各自的职务便利，共同将本单位财物非法占为己有的"场合，如果认定非国家工作人员只成立职务侵占罪，这意味着公司、企业或者其他单位的人员，利用职务上的便利时，顶多被判处十五年有期徒刑，没有任何职务的行为反而可能论以贪污罪的共犯，进而判处无期徒刑乃至死刑。而且，德日刑法理论产生出以不作为参与作为犯罪，究竟论以正犯还是帮助犯的问题，就是为了实现量刑均衡。如果一律以想象竞合处理，可能忽视德日刑法理论界与实务界探讨这一问题的初衷。德

---

① 参见许泽天：《不纯正不作为犯的正犯判断标准》，载《东吴法律学报》第 26 卷第 4 期。

② 论者这里存在误区，如果快播公司成立传播淫秽物品牟利罪的不作为的正犯，自然也会成立传播淫秽物品罪的不作为的正犯——而不是不作为的帮助犯。

③ 参见陈兴良：《快播案一审判决的刑法教义学评判》，载《中外法学》2017 年第 1 期。

④ 陈兴良：《身份犯之共犯：以比较法为视角的考察》，载《法律科学》2013 年第 4 期。

国与日本，为了量刑均衡，时而将行为人认定为帮助犯，时而将行为人认定为正犯，司法活动呈现乱象，反映出僵化的从属性说与多样的犯罪事实之间的矛盾。正如学者指出的："德日刑法理论之所以在不阻止他人犯罪的人是成立正犯还是帮助犯这个问题上争论不休，很大程度上是因为其刑法是根据行为方式区分实行犯、教唆犯和帮助犯（分工分类法）。"①

我国采取不区分正犯与共犯的单一正犯体系，帮助犯在例外的情况下，也可能在共同犯罪中起主要作用，进而被评价为主犯。而且，在单一制中，传统理论认为"缺乏身体的动静"的不作为，只不过是一种通过他人行为或外部自然进程为侵犯"法益"的客观条件表现形式而已。② 因此，用不着陷入"不作为犯与共犯争论中的原则正犯说与原则帮助犯说""不必再借助他们的语言路径进行思考，直接根据不作为参与人的作用大小，认定主从犯即可"③。我国司法实务遵循了刑法所宣扬的单一正犯体系的精神。例如，在王某、江某等人实施的电信诈骗案中，武汉银道科技有限公司员工张某，在明知富鑫融资咨询有限公司交易平台套用国际交易市场盘面，调整、修复软件相关的数据，在后台人为地控制交易价格涨跌等，意在实施电信诈骗犯罪后，还为其提供维护、修复数据等技术服务，法院直接认为，张某等人起次要作用或辅助作用，系从犯，依法应从轻或减轻处罚。④ 这说明法院没有陷入张某的行为属于诈骗罪的作为犯的帮助犯抑或诈骗罪的作为犯的正犯甚至诈骗罪的不作为犯的正犯⑤的泥淖之中。

有学者说，如果实施非法利用信息网络罪后又将所准备的网

---

① 温登平：《以不作为参与他人的法益侵害行为的性质——兼及不作为的正犯与帮助犯的区分》，载《法学家》2016年第4期。
② 参见陈忠林：《刑法散得集》，法律出版社2003年版，第262—263页。
③ 陈洪兵：《共犯论的分则思考——以贪污贿赂罪及渎职罪为例》，载《法学家》2015年第2期。
④ 参见浙江省高级人民法院刑事裁定书（2016）浙刑终字第80号。
⑤ 当然，此时的张某是否成立诈骗罪的不作为的正犯，不无疑问。可以肯定，如果张某是某网络服务提供者的核心技术人员，他就可能成立不作为。这样，在司法实务中就必须面临上述三种形态的选择问题。

络犯罪付诸实施的,构成非法利用信息网络罪和诈骗罪,应当数罪并罚。① 这或有不当。如果论者的观点成立,那么帮助信息网络犯罪活动罪和所实际帮助的犯罪之间也应数罪并罚。第287条之一的第3款"同时构成其他犯罪的,依照处罚较重的规定定罪处罚"——尤其是结合第287条表述之后,意思很清楚,说的是非法利用信息网络犯罪的行为,同时构成金融诈骗罪、盗窃罪、贪污罪、挪用公款罪、窃取国家秘密罪或者其他犯罪的,采取从一重处罚。上述学者观点也已经与"两高一部"《办理电信诈骗意见》冲突,不能用之于实践。

---

① 参见梁根林:《传统犯罪网络化:归责障碍、刑法应对与教义限缩》,载《法学》2017年第2期。

第五章　危害国家法益的网络犯罪

前四章我们分别讨论了网络犯罪与网络刑法、网络犯罪的实行行为与停止形态、网络犯罪的罪数形态及共犯问题，属于网络犯罪的总则性内容。接下来，我们将参照刑法分则的章节体系，具体分析网络犯罪的相关内容。本章讨论危害国家法益的网络犯罪。国家法益的核心是国家安全，刑法分则第一章的类罪名就是危害国家安全罪。所谓国家安全，根据《国家安全法》第2条的规定，指的是国家政权、主权、统一和领土完整、人民福祉、经济社会可持续发展和国家其他重大利益相对处于没有危险和不受内外威胁的状态，以及保障持续安全状态的能力。在总体国家安全观的视域下，国家安全包括政治安全、国土安全、军事安全、经济安全、文化安全、社会安全、科技安全、信息安全、生态安全、资源安全、核安全等内容。《刑法》分则第1章所保护的国家法益，主要侧重于政治安全和军事安全。网络对于国家安全而言，同样是一把双刃剑。一方面，发达的信息网络技术为网络安全监测、预警和维护提供了高效率的工具；但另一方面，也在客观上为不法分子利用网络肆意危及和危害国家安全提供了便利。具体的，危害国家法益的网络犯罪，主要包括内容型也包括对象型，前者代表的是煽动型犯罪，后者代表的是间谍型犯罪。本章将结合具体的案例，就此两种类型的危害国家法益的网络犯罪分节论述。

第一节　煽动型危害国家法益网络犯罪

根据《刑法》的规定并结合司法实务，煽动型危害国家法益的网络犯罪主要涉及两个罪名，分别是《刑法》第 103 条第 2 款规定的煽动分裂国家罪，以及《刑法》第 105 条第 2 款规定的煽动颠覆国家政权罪。以下分而述之。

一、网络型煽动分裂国家罪

（一）网络型煽动分裂国家罪概述

根据《刑法》的规定，煽动分裂国家罪指的是煽动分裂国家、破坏国家统一的行为，其保护的法益是国家的统一性。网络型煽动分裂国家罪的主要表现就是利用网络技术或在网络空间中实施煽动分裂国家的行为。与网络型煽动分裂国家罪有关的问题是如何理解煽动这一实行行为。

关于煽动的理解，争点主要有两处：（1）煽动是否限于教唆行为？有学者认为，"所谓煽动，是指以各种方式引起他人实施分裂国家、破坏国家统一行为的意图。这实际上是分裂国家的教唆行为。"[1] 还有学者认为，"所谓的'煽动'，是指鼓吹、宣扬等多种多样的方式，其表现为有意捏造、歪曲事实，发表或散布具有蛊惑内容的文字或言论，或者是制作、传播音像制品。"[2]（2）煽动的对象是否需要限于不特定或多数人，或者说，如果对特定人进行煽动，能否认定为本罪？有学者认为，"煽动的对象是不特定人或多数人，"[3] 而有学者则认为，"煽动的对象可以是不特定的

---

[1] 高铭暄、马克昌主编：《刑法学》（第 9 版），北京大学出版社、高等教育出版社 2019 年版，第 320 页。
[2] 何秉松主编：《刑法教科书》，中国法制出版社 2000 年版，第 657 页。
[3] 张明楷：《刑法学》（第 4 版），法律出版社 2011 年版，第 595 页。

人或者多数人，也可以是特定的个别人。将煽动的对象限制在不特定的人或者多数人的范围内，在法律上没有根据，也不利于司法实践对本罪的认定。"① 以上两点争议，也是实务中网络型煽动分裂国家罪司法认定的重点。以下结合具体的案例进行分析。

（二）网络型煽动分裂国家罪的司法认定

1. 煽动的行为方式

在网络时代，互联网不仅是重要的生产工具，也是个人生活的重要组成部分。因此，要尊重民众对互联网的现实需求及使用权益。无论是百度云盘空间还是QQ空间，均是提供网络存储服务的应用程序。只要用户成功注册了账号，开通了此类服务，就获得了类似于现实空间般的一定容量的专属性网络空间，可以用于存储资料。网络空间与现实空间一样，既具有封闭性，同时也有一条开放的门户。通过这一门户，其他用户可以进入该网络空间，在"户主"的授权范围内查阅资料。对于百度网盘而言，这一门户就是积极创建的分享链接；对于QQ空间而言，这一门户就是消极地未对空间进行加密设置。在现实案例中②，法院认定的构成煽动分裂国家罪的行为既包括往百度网盘上传某些分裂国家、破坏国家统一的资料行为，还包括创建分享链接的行为。前一种是内容提供，后一种是路径提供。网络为内容和路径分离提供了便捷性的条件，分离的目的是增强行为的隐蔽性，与公开散布相关内容并无本质区别。在另一个案例中③ QQ空间只要未主动加密就意味着向QQ好友开放。因此，未设置浏览密码的行为与分享网盘链接的行为并无区别。

认定被告人的行为是否属于"煽动"，还取决于如何理解"煽动"的行为特征。我们认为，在激发他人犯意的情形下，煽动与教唆具有相似之处，但煽动与教唆并不相同。首先，煽动的对象一般要求是不特定或多数的民众（后文详述）；其次，煽动

---

① 高铭暄、马克昌主编：《刑法学》（第9版），北京大学出版社、高等教育出版社2019年版，第320页。
② 参见河南省南阳市中级人民法院刑事判决书（2014）南刑三初字第00011号。
③ 参见辽宁省大连市中级人民法院刑事判决书（2015）大刑二初字第38号。

不仅包括对没有犯意的人激发犯意,还包括使有犯意的人确认、助长或加固犯意;再次,煽动一般具有公开性,而教唆一般是非公开的;最后,煽动的内容往往具有极大的危害性,而教唆则可以包括一般的犯罪。正是因为上述区别,刑法分则将煽动行为直接作为实行行为予以规定。因此,"将煽动分裂国家罪限于分裂国家罪的教唆行为有所不妥,缩小了'煽动'所具有的内涵。"① 只要向社会公开发表、宣传具有分裂国家、破坏国家统一内容的音像制品、文字、图片等都属于"煽动"。

2. 煽动的行为对象

关于煽动的行为对象,对于网络型煽动分裂国家罪而言,主要指的是通过使用即时通讯工具与特定的人进行沟通,并向对方发送包含有分裂国家、破坏国家统一的行为,能否认定为本罪。

我们认为,煽动的行为对象应当限于不特定的人或多数人,而不包括特定的个别人。理由如下:(1)刑法之所以将煽动行为单独规定为犯罪,主要是由于煽动行为较普通的教唆行为危害性更大,而这种更大危害性主要表现为被煽动的人数较多或者具有不特定性。(2)除煽动分裂国家罪之外,刑法还规定了其他几个煽动型犯罪,如下文将要分析的煽动颠覆国家政权罪、煽动军人逃离部队罪。在《最高人民检察院、公安部关于公安机关管辖的刑事案件立案追诉标准的规定(一)》(以下简称《刑事案件立案追诉标准的规定(一)》)第 91 条规定:"煽动军人逃离部队,涉嫌下列情形之一的,应予立案追诉:(一)煽动三人以上逃离部队的;(二)煽动指挥人员、值班执勤人员或者其他负有重要职责人员逃离部队的……"据此,煽动的对象原则上是三人以上,只有对于负有重要职责的人员进行煽动才不具有数量要求。这里似乎承认了煽动可以针对特定的个别人。但是,从规范意旨出发,这里的个别人之所以被认定为煽动的对象,正是由于其特殊身份达到的具有超越于个人而对多数人的影响力。因此,煽动普通的个别军人,不构成煽动军人逃离部队罪。参照此规定,在

---

① 彭文华:《犯罪既遂原理》,中国政法大学出版社 2013 年版,第 406 页。

煽动分裂国家罪中,煽动对象不存在类似的"负有重要职责人员",因此,应当否定个别特定人可以构成煽动的对象。(3)将个别特定人排除在煽动对象之外,并不意味着不认为该行为构成犯罪。煽动既可以激发犯意,也可以确认、加固犯意。如果是针对特定的个别人,对于前者可以教唆的共犯处罚;对于后者可以帮助犯处罚,既有刑法体系足以有效应对,无须将煽动行为独立化。

二、网络型煽动颠覆国家政权罪

无论是上述煽动分裂国家罪还是此处讨论的煽动颠覆国家政权罪,涉及同一个重要问题是如何厘清煽动行为与言论自由的界限。这一点,对于网络型煽动颠覆国家政权罪尤为明显。我们将结合具体的案例讨论。

(一)案例展示

【**案例 5-1**】宋代朱弁的《曲洧旧闻》中记载有这样的一件事:予在太学时,见人言仁宗时,蜀中一举子献诗于成都府。某人忘其姓名,云:把断剑门烧栈阁,成都别是一乾坤。知府械其人付狱,表上其事。仁宗曰:"此乃老秀才,急于仕宦而为之,不足治也。可授以司户参军,不厘事务,处于远小郡。"其人到任,不一年,惭恧而死。①

(二)案例分析

对广大网民而言,网络的最大便利就是提供了众多表达的渠道,也提供了倾听多元话语的平台。从方式上而言,煽动行为也是一种表达行为,而言论自由是我国宪法明文规定基本权利。《公民权利与政治权利国际公约》第 19 条也规定,人人有自由发表意见的权利。但言论自由并不是绝对的,因为该项权利的行使带有特殊的义务和责任,应受到某些限制,包括尊重他人的权利和名誉,保障国家安全和公共秩序,尊重社会伦理和道德。煽动行为本质上属于超越言论自由界限的行为,这是因为"煽动犯罪的行

---

① 《宋仁宗有多"仁义"?看他对待谣言的处理方式》,载历史新知网 2018 年 1 月 4 日,https://www.lishixinzhi.com/miwen/668824.html。

为人所发表的言论并非单纯的个人意见表达，而是抱着特定危害社会的意图，积极鼓动他人实施煽动人所希望的犯罪活动，完全不同于表达、陈述个人政治见解或意识形态主张的正常的意见表达行为，完全超出了言论自由的边界。"① 但是，对于如何确定这一边界，还需要更加明晰的标准。

学理关于识别言论自由是否超越界限的标准主要有"伤害原则""明显而即刻的危险"及"明显而即刻且严重的危险"。我们认为，在刑法中，应当采取"明显而即刻且严重的危险"这一标准。理由如下：

其一，采取"明显而即刻且严重的危险"的原则是刑法谦抑性的要求。刑罚作为严重的社会治理手段，其对言论自由的干预应当以最小必要性为原则。伤害原则、明显而即刻的危险及明显而即刻且严重的危险可分别作为民事、行政和刑事领域判断言论自由边界的大致界限，这也是比例原则的要求。

其二，煽动颠覆国家政权的行为危害的是国家政权的稳定。但该煽动行为能否危害国家政权的稳定性，不仅在于单纯的煽动行为，还在于国家政权自身的稳定结构。国家繁荣富强、政权的合法高效、民众的安居乐业等，都是政权稳定的根本保证。无论是古代还是现代，对民众"非主流"意见的包容程度都是衡量一国政治文明的重要标杆。正如上述案例 5-1 中所述，对于如此"大逆不道"的言论，宋仁宗给予了充分的包容，这才是制度自信的表现。"让人讲话，天塌不下来"（毛泽东语）。如果对于一些异见动辄挥舞刑罚大棒予以处罚，最终反而会适得其反。

其三，网络空间亦是公共空间，对于在网络中发表不当言论，严重扰乱公共秩序的行为，即使不能认定为构成煽动颠覆国家政权罪，也可以寻衅滋事罪定罪处罚。但是，为了限制公权力以寻衅滋事罪为名对网络的"非主流"言论进行兜底式打击，对于网络性寻衅滋事罪的认定仍应当进行必要的限制。根据《网络诽谤

---

① 新华社记者：《必须厘清煽动罪行与言论自由的法治边界》，载《新华每日电讯》2020 年 7 月 5 日，第 2 版。

解释》第 5 条第 2 款的规定，网络言论构成寻衅滋事罪需要故意编造虚假信息或明知是编造的虚假信息而在信息网络上散布，并造成公共秩序严重混乱。所谓虚假信息，是指对事实的虚构，而非就事实提出的不同观点。因此，要严格区分事实与观点，无论是寻衅滋事还是煽动颠覆国家政权，指的均是事实性言论，而非评价性言论。

第二节　间谍型危害国家法益网络犯罪分述

一、网络型间谍犯罪概要

（一）网络型间谍类犯罪涉及的罪名

危害国家法益的另一种重要的网络犯罪就是网络型间谍犯罪。我国《刑法》第 110 条规定了间谍罪，但间谍行为并不限于第 110 条的行为。所谓间谍，即为敌方刺探消息的人，间谍的主要任务之一是采取非法或合法手段、通过秘密或公开途径窃取情报。我国《反间谍法》第 38 条规定，本法所称间谍行为，是指下列行为：（1）间谍组织及其代理人实施或者指使、资助他人实施，或者境内外机构、组织、个人与其相勾结实施的危害中华人民共和国国家安全的活动；（2）参加间谍组织或者接受间谍组织及其代理人的任务的；（3）间谍组织及其代理人以外的其他境外机构、组织、个人实施或者指使、资助他人实施，或者境内机构、组织、个人与其相勾结实施的窃取、刺探、收买或者非法提供国家秘密或者情报，或者策动、引诱、收买国家工作人员叛变的活动；（4）为敌人指示攻击目标的；（5）进行其他间谍活动的。

综上，无论是参加间谍组织、为敌人指示轰击目标，还是为境外窃取、刺探、收买、非法提供国家秘密、情报的行为均属于间谍行为。刑法为了严厉打击参加间谍组织和为敌人指示轰击目标的行为，特将其单独规定，以提高法定刑。因此，间谍型犯罪包括《刑法》中的间谍罪和为境外窃取、刺探、收买、非法提供国家秘密、情报罪这两个罪名。

(二) 网络型间谍犯罪的特点

网络型间谍犯罪主要指利用网络工具或在网络空间中为境外窃取或收集国家秘密、情报的行为，属于不纯正的网络犯罪。"'国家秘密'，是指关系国家的安全和利益，依照法定程序确定，在一定时间内只限于一定范围的人员知悉的事项。根据保守国家秘密法的规定，国家秘密分为绝密、机密和秘密三级。而这里所说的'情报'，是指除国家秘密以外的关系国家安全和利益、尚未公开或者依照有关规定不应公开的事项。应当注意的是，对于情报的范围，法律并没有作出具体规定，在司法实践中要根据具体案件作具体分析，从严掌握。一是不能把所有未公开的内部情况都列入'情报'范围，以免扩大打击面；二是要注意与正常的信息情报交流区别开。"①

网络和间谍的叠加，使得网络型间谍犯罪具有高度的隐蔽性。此外，间谍犯罪往往涉及国家秘密或情报，一般不宜公开，给人一种与普通民众比较疏远的假象。但事实真相是，"在许多情况下，网络使间谍的危险性变小，更有价值，它是'最流行的网络活动之一'。"② 尤其是随着我国综合国力的增强，国际影响力的提升，多种境外势力也对我国的国家秘密和情报垂涎欲滴。在这种情况下，"信息网络化为情报的刺探和传输提供了各种便利条件，隐蔽战线的渗透和反渗透的斗争每天都在上演。"③ 甚至不乏大学生也卷入其中。因此，网络型间谍类犯罪已经成为危害国家安全的不容忽视的犯罪类型。正是在这种背景下，我国 2014 年颁布了《反间谍法》。

二、网络型间谍类犯罪的实务分析

(一) 案例展示

无论是间谍罪还是为境外窃取、刺探、收买、非法提供国家

---

① 全国人大常委会法制工作委员会刑法室编著：《〈中华人民共和国刑法〉释义及实用指南》，中国民主法制出版社 2011 年版，第 193 页。

② [美] 乔治·科斯、拖普洛斯：《网络空间和网络安全》，赵生伟译，西安交通大学出版社 2017 年版，第 181 页。

③ 曹峰旗主编：《经典导读与案例精选 大学生思想政治理论课辅学读本》，上海交通大学出版社 2016 年版，第 48 页。

秘密、情报罪，大都涉及国家秘密，裁判文书一般不予公开，我们只能结合有限的几个著名案例进行进一步的分析。

【案例5-2】 2012年4月，广东省某航海学校专科生徐某考入了该省重点大学，但由于家境贫寒，就在网络聊天群里发了一条求助帖，内容为"寻求学费资助2000元"。不久，一网名为"Miss Q"的人回帖，并询问了徐某的个人信息，然后表示愿意帮助。徐某喜出望外，就将银行卡号告诉对方，第二天就收到了2000元汇款。在确认徐某收到汇款后，"Miss Q"告知徐某自己供职于"一家境外投资咨询公司的研究院"，需要为客户"搜集解放军部队装备采购方面的期刊资料"，希望徐某协助搜集，作为资助学费的回报。徐某爽快答应了，但未能在学校图书馆找到相关资料，而"Miss Q"也未强求。2012年5月，徐某主动联系"Miss Q"，对方向他提供了一份"田野调研员"的兼职，月薪2000元。徐某所在的广东某大城市有一个军港码头和一家历史悠久的造船厂，他的"调研"工作就是拍摄军港内军事设施，观察、记录修造船舰情况，并制作方位标识发给"Miss Q"。发送的方式为把加密文档上传至网络硬盘，那边"Miss Q"从境外登录下载。一年后，徐某被国家安全部门抓获。[①]

【案例5-3】 2011年5、6月份，被告人李某在汕头经济特区某电脑机绣工艺有限公司工作期间，通过网络QQ认识"阿飞"。经QQ聊天逐步熟悉后，"阿飞"告诉被告人李某其在台湾一家杂志社工作，请李帮其在北京国家图书馆订购刊物资料并转寄其提供的台湾某地址，随后把订书所需费用及相应报酬汇到李某提供的建设银行账号。2011年8月14日，被告人李某帮"阿飞"订购其所列刊物资料后，用快递寄出，但事后被退回。随后，"阿飞"又安排被告人李某将刊物资料转寄给广州的"郑某"、深圳的"杜某""周某"，由他们带到台湾。并且，被告人李某按照"阿飞"的要求，在网上注册了一个MSN账号，用于与"阿飞"

---

① 参见曹峰旗主编：《经典导读与案例精选：大学生思想政治理论课辅学读本》，上海交通大学出版社2016年版，第48页。

联络。2011年9月,"阿飞"以给被告人李某固定工资及发记者证相利诱,指示李某为其提供汕头海军码头及军舰相关情况,并传了二张军舰停靠码头的照片让李某确认位置。几天后,被告人李某来到汕头市海滨路,用其诺基亚6C手机拍摄海军码头、军舰等相片,并通过网络传给"阿飞"。2012年5月中旬,"阿飞"把刺探汕头机场情况的任务也交给被告人李某,每月再给李某500美元报酬。被告人李某按照"阿飞"的指示,以"范某平"的身份与"阿飞"的同事联络,并为其提供有关汕头机场的情况。2012年6月10日,被告人李某在汕头市龙湖区新溪镇东直街南租赁铺面开了"避风塘"奶茶店,利用去汕头蔬菜批发市场买菜途中到汕头机场外围对空军机场情况进行观察、记录,同时利用店铺位置比较接近机场的优势,对机场内飞机起降等活动进行观察、记录,后将获取的相关信息通过MSN邮箱提供给"阿飞"的同事,并领取相应的固定工资、奖金。2013年1月17日,汕头市国家安全局在被告人李某的"避风塘"奶茶店将其抓获。经广州军区空军保密委员会和海军南海舰队保密委员会鉴定,被告人李某向境外提供的情况、资料中,有13份机密级国家秘密和10份秘密级国家秘密。经法院审理,被告人李某犯为境外刺探、非法提供国家秘密罪,判处有期徒刑十年,剥夺政治权利三年。[①]

【案例5-4】2015年8月25日,境外人员通过电子邮箱向被告人张某(系贵州航空工业技师学院教官)的QQ邮箱发送电子邮件,邮件中提出高价索要2014年军事期刊及杂志。2015年9月11日,该境外人员又通过QQ号与张某的QQ号进行联系,询问张某能否提供网上没有的单位内部资料或杂志,并许诺可以提供报酬。张某表示可以提供成都军区空军的装备、地址等信息后,两人约定使用电子邮箱继续详细洽谈。随后,在境外人员承诺以3年一百万元的报酬利诱下,被告人张某谎称自己是成都军区某部队副连长,并逐步达成了向境外人员提供涉军信息的合作意向。此后,被告人张某采取拍照、通过网络好友QQ空间截取照片、

---

① 参见广东省汕头市中级人民法院刑事判决书(2013)汕中法刑一初字第31号。

向相关人员打探信息的方式，积极收集涉军资料进行整理。之后，在 2015 年 9 月 11 日至 9 月 30 日期间，张某多次通过邮箱向对方发送我国多个部队的编制、人员、车辆信息等内容及 26 张涉军图片，并声称将通过部队内部人员帮对方索要文件。期间，境外人员为进一步促使张某搜集、提供更深层次涉军资料，向张某提供的中国工商银行卡号分两次汇入报酬费人民币 1 万元。经成都军区保密部门鉴定，被告人张某向境外人员提供的信息及图片中，包括多个部队机密级的军事秘密及情报。经法院审理，被告人张某犯为境外非法提供国家秘密、情报罪，判处有期徒刑 5 年，剥夺政治权利 2 年，并处没收财产人民币 5 万元。①

（二）案件分析

从上述案例可知，即使是作为一名普通人，在匿名化的网络时代，也有可能被间谍人员或间谍组织利用。根据国外某情报机构的总结，关于间谍的发展对象有一个"MICE"法则，四个字母分别代表易受金钱诱惑、迷恋西方意识形态、个人具有极强的表现欲、道德品质低下。② 上述案件中的几个被告人基本属于易受金钱诱惑的类型。此外，我们也能从上述几个案例中看出网络型间谍类犯罪的行为模式及网络在其中所发挥的沟通工具、命令传递和情报、信息发送的作用。为此，2001 年 1 月 17 日《最高人民法院关于审理为境外窃取、刺探、收买、非法提供国家秘密、情报案件具体应用法律若干问题的解释》第 6 条对网络型间谍类犯罪进行了明确规定："通过互联网将国家秘密或者情报非法发送给境外的机构、组织、个人的，依照刑法第一百一十一条的规定定罪处罚；将国家秘密通过互联网予以发布，情节严重的，依照刑法第三百九十八条的规定定罪处罚。"

在具体的司法实务中，这里需要关注的一个问题是，如何理解上述司法解释中的"发送"。上述三个案例采用了三种不同的信息、情报传递方式。案例 5-4 中，行为人通过网络邮箱直接将

---

① 参见贵州省贵阳市中级人民法院刑事判决书（2016）黔 01 刑初 41 号。
② 参见吴斌：《间谍不仅在影视剧中》，载《北京日报》2014 年 12 月 17 日，第 18 版。

信息、情报发送过去；案例5-3中，行为人将信息、情报转寄给对方指定的国内的第三人，由第三人将信息、情报交到对方；案例5-2中，行为人将信息、情报上传至自己的网络硬盘，由对方在境外从该网络硬盘中直接下载。

结合上述案例，概言之，利用网络"发送"信息、情报的方式可分为如下几种：（1）利用网络邮箱或其他网络通讯工具将信息、情报发送到对方账号；（2）先将收集的信息、情报放到网络存储空间之中，然后由对方在该网络存储空间自行下载；（3）将收集的信息、情报在网络上予以发布，然后由对方在互联网上公开获取。

我们认为，第一种是典型的发送，应无异议；第二种本质上也是一种发送，因为，除非公共的网络空间，个人申请的网络存储空间，比如网络硬盘、QQ空间的管理权限由申请者个人掌握。如果未经申请者个人授权，除非通过黑客技术盗取账号密码，一般是获取不了存储在该网络空间中的资料。因此，行为人将资料上传网络存储空间，并向对方授权，无异也是一种"发送"行为。对于第三种行为，需要进一步地结合案情才能确定。如果行为人将获取、收集的信息、情报在网络上发布，所针对的对象是所有网友，即不特定的任何人，这种情况下，即使有间谍组织或人员从互联网上获取了行为人发布的信息、情报，也不属于"发送"，而应当认定为《刑法》第398条规定的故意或过失泄露国家秘密罪。但是，"如果有证据证明，行为人事先与境外的机构、组织、个人约定，行为人通过互联网发布国家秘密或者情报后，由境外的机构、组织、个人通过互联网获悉的，说明行为人具有为境外的机构、组织、个人非法提供国家秘密或者情报的主观故意和客观行为，就应当以为境外非法提供国家秘密、情报罪追究刑事责任。"①

---

① 人民法院出版社编：《解读最高人民法院司法解释（含指导性案例）》（刑事卷上），人民法院出版社2019年版，第246页。

第六章　危害公共安全的网络犯罪

公共安全是刑法所保护的重要的社会法益。通说认为，公共安全是指"不特定或者多数人的生命、身体的安全以及公共生活的平稳与安宁。"① 公共安全为社会和公民个人从事和进行正常的生活、工作、学习、娱乐和交往提供稳定的外部环境和秩序。我国刑法分则第 2 章规定的危害公共安全罪，对严重危害公共安全的行为以法律的形式规定为犯罪。具体包括五大类，即以危险方法危害公共安全的犯罪，破坏公用工具、公共设施危害公共安全的犯罪，实施恐怖、危险活动危害公共安全的犯罪，违反枪支、弹药管理规定危害公共安全的犯罪，违反安全管理规定危害公共安全的犯罪。根据相关法律和司法解释，危害公共安全的网络犯罪主要是实施恐怖、危险活动危害公共安全的犯罪行为，本章将结合案例和刑法理论对所涉罪名及其司法适用进行分析。

---

① 张明楷：《刑法学》（第 5 版），法律出版社 2016 年版，第 689 页。

第一节　网络恐怖活动犯罪概述

一、我国对恐怖活动犯罪的刑事立法历程

在国内立法方面，1997年《刑法》首次将恐怖活动犯罪纳入刑法调整和刑法处罚的范围。《刑法》（1997年版）第120条规定了组织、领导、参加恐怖组织罪。2001年《刑法修正案（三）》对组织、领导、参加恐怖组织罪进行了修正，首先区分了"组织、领导"恐怖活动组织行为与"积极参加"恐怖活动组织行为，配置了不同的法定刑，前者的法定刑从原来的"三年以上十年以下有期徒刑"提高到"十年以上有期徒刑或者无期徒刑"。其次，增设了"资助恐怖活动罪"，作为第120条之一，刑事处罚资助恐怖活动组织或者实施恐怖活动的个人的行为。再次，明确增设了有关危险物质的犯罪，例如将投毒罪修改为投放危险物质罪，将非法买卖、运输核材料罪拓展为非法制造、买卖、运输、储存危险物质罪，增设投放虚假危险物质罪和编造、故意传播虚假恐怖信息罪，等等。最后，将恐怖活动犯罪规定为洗钱罪的上游犯罪。2015年《刑法修正案（九）》对惩治恐怖活动犯罪的刑事立法进行了大幅度的修正：其一，完善了刑法第120条与第120条之一的规定。增加了财产刑，包括罚金和没收财产。对组织、领导、参加恐怖组织罪配置财产刑，主要考虑到恐怖活动犯罪属于有组织犯罪的范畴，需要大量的经济支持，斩断其活动资金，从源头上剥夺恐怖组织和恐怖分子再犯的经济能力。[①] 将第120条之一罪名"资助恐怖活动罪"修改为"帮助恐怖活动罪"，并扩展了罪状，将"资助恐怖活动培训""为恐怖活动组织、实施恐怖活动或者恐怖活动培训招募、运送人员"的行为纳入到刑法处罚的范围。其二，增设了5种涉恐犯罪，将恐怖活动犯罪的预备行为、帮助行为进行了单独规定，扩大和加重对恐怖活动犯罪的刑事处

---

① 参见梅象华：《恐怖主义犯罪及其对策研究》，载《河南财经政法大学学报》2015年第4期。

罚。新增设的 5 种犯罪分别为准备实施恐怖活动罪（第 120 条之二），宣扬恐怖主义、极端主义、煽动实施恐怖活动罪（第 120 条之三），利用极端主义破坏法律实施罪（第 120 条之四），强制穿戴宣扬恐怖主义、极端主义服饰、标志罪（第 120 条之五），非法持有宣扬恐怖主义、极端主义物品罪（第 120 条之六）。从我国反恐刑事立法的发展历程，明显呈现出对恐怖活动犯罪刑罚范围扩大、介入提前、法定刑加重的倾向，在恐怖活动犯罪对国家安全、公共安全和公民人身权利、民主权利侵害加剧的情况下，刑法强化了对秩序和安全价值的保护。

值得注意的是，我国长期以来缺乏一部专门的反恐法律，直至 2015 年《反恐怖主义法》的出台，并于 2018 年修正。作为刑法的前置法，《反恐怖主义法》确立了"国家战略、预防为主"的立法理念。该法第 4 条规定："国家将反恐怖主义纳入国家安全战略，综合施策，标本兼治，加强反恐怖主义的能力建设，运用政治、经济、法律、文化、教育、外交、军事等手段，开展反恐怖主义工作。国家反对一切形式的以歪曲宗教教义或者其他方法煽动仇恨、煽动歧视、鼓吹暴力等极端主义，消除恐怖主义的思想基础。"第 5 条规定："反恐怖主义工作坚持专门工作与群众路线相结合，防范为主、惩防结合和先发制敌、保持主动的原则。"同"国家战略、预防为主"立法理念与暴力恐怖主义违法行为的特征相适应。

二、网络恐怖活动犯罪的特征

网络恐怖活动犯罪是恐怖活动犯罪的一种新形态。网络与信息技术的迅猛发展不但使网络安全嵌入了公共安全的领域，而且成为助力恐怖主义滋长与蔓延的重要原因之一。[①] 网络恐怖活动犯罪成为危害公共安全新的行为方式。

对于网络恐怖活动犯罪，国际法律文件及国内法没有给予界

---

① 参见张显龙、王丹娜：《程国平：各国携手打击网络恐怖主义》，载《中国信息安全》2017 年第 9 期。

定。国际反恐司法界和理论界对网络恐怖活动犯罪的概念大致形成了三种观点。

第一种观点是将网络恐怖活动犯罪视为一种网络恐怖袭击行为（target-oriented cyberterrorism）。该观点认为网络恐怖活动犯罪是指恐怖分子对计算机系统、网络和信息设施发起网络袭击，引起实际的损害或制造恐怖气氛，以此实现其政治或社会目的。如最早使用"网络恐怖主义"一词的美国加州情报与安全研究员柏林·科林（Barry Collin）提出，网络恐怖主义是网络与恐怖主义相结合的产物，是一种由国家或非国家主使的针对信息、计算机程序和数据以及网络系统的带有明确政治目的的攻击行为。① 美国联邦调查局（FBI）特派员马克·波利（Mark M. Pollitt）将网络恐怖活动犯罪定义为："网络恐怖活动是国家集团或秘密组织对信息、电脑系统、电脑程序和数据实施有预谋的有政治目的的攻击，其结果导致对非战斗目标实施暴力行为。"② 再如美国乔治敦大学的多罗西·邓宁（Dorothy Denning）认为，网络恐怖犯罪是恐怖主义向信息网络领域的蔓延。它是以网络系统和信息数据为袭击目标，并对国家安全和政府稳定构成威胁，使得袭击目标造成巨大的损失，并制造舆论和社会恐慌。③

第二种观点是将网络恐怖活动犯罪视为网络工具型恐怖主义犯罪（tool-oriented cyberterrorism）。该观点认为所有利用互联网或计算机策划、组织和完成恐怖活动的行为，以及利用网络实施的其他恐怖活动，例如筹资、勘察、交流和宣传等，都属于网络恐怖活动犯罪。④ 如美国国防部（DOD）定义网络恐怖活动犯罪为："利用计算机和电信能力实施的犯罪行为，以造成暴力和对公共设施的毁灭或破坏来制造恐慌和社会不稳定，旨在影响政府或社会，实现其特定的政治、宗教或意识形态目标。"⑤ 再如美国战

---

① 参见郑永红：《网络恐怖的防范》，载《湖北社会科学》2004年第4期。
② See Mark M. Pollitt. *A Cyberterrorism: Fact or Fancy?*, Computer Fraud and Security, Vol. 3, No. 2: 8, pp. 8-10（1998）.
③ 皮勇：《防控网络恐怖活动立法研究》，法律出版社2017年版，第45页。
④ 参见王志祥、刘婷：《网络恐怖主义犯罪及其法律规制》，载《国家检察官学院学报》2016年第5期。
⑤ 皮勇：《防控网络恐怖活动立法研究》，法律出版社2017年版，第45页。

略与国际问题研究中心（Center for Strategic and International Studies，CSIS）认为，网络恐怖活动犯罪是应用计算机工具关闭一国基础设施（能源、交通、政府运营等）或者胁迫、恐吓政府或者普通民众。①

第三种观点认为网络恐怖活动犯罪既是网络恐怖袭击又是网络工具型恐怖主义犯罪。例如联合国的反恐执行工作组（CTITE）将网络恐怖活动犯罪界定为四类行为，即（1）利用互联网通过远程改变计算机系统上的信息或者干扰计算机系统之间的数据通信以实施恐怖袭击；（2）为了恐怖活动的目的将互联网作为其信息资源进行使用；（3）将使用互联网作为散布与恐怖活动目的有关信息的手段；（4）为了支持用于追求或支持恐怖活动目的的联络和组织网络而使用互联网。②

国内的学者对网络恐怖活动犯罪的定义基于国际网络恐怖主义的研究成果并提出一定的独特见解，大致也界分为前述三种形式。③

我们认为，第三种观点与当前国际社会的反恐立法及我国对恐怖主义的法律规定相吻合，例如《欧洲委员会防止恐怖主义公约》（以下简称《公约》）在其第1条就对恐怖主义犯罪作了解释，指在本公约附录中所列条约之一在其范围内所指和在其中所定义的任何犯罪。《公约》对缔约国做了要求，即当非法实施下列行为时，各缔约国应在国内采取预防恐怖主义政策。其中包括，第5条：公然煽动实施恐怖主义罪，指为煽动恐怖主义犯罪而散布信息，此种行为，不管是否直接倡议实施恐怖犯罪，都可能引起实施一种或数种此类犯罪的危险。第6条：为恐怖主义征募人员罪，指恳求他人实施或参与恐怖犯罪，或加入集团或组织为其实施一种或数种恐怖主义犯罪服务。第7条：为恐怖主义提供培

---

① 参见丛培影、黄日涵：《网络恐怖主义对国家安全的新挑战》，载《江南社会科学学报》2012年第2期。

② See United Nations Counter-Terrorism Implementation Task Force Working Group, Report on Countering the Use of the Internet for Terrorist Purposes, 2009, p. 5.

③ 参见皮勇：《防控网络恐怖活动立法研究》，法律出版社2017年版，第151—152页。

训罪，指在制造或使用爆炸物、轻武器或其他武器、有害或危险物质，或其他专业方法或技巧方面提供指导，目的是实施或帮助恐怖犯罪，并明知自己所提供的技巧被用于该目的的行为。第9条：协同犯罪，比如参与，组织他人策划，或者协助带有相同犯罪目的的组织团伙实施第5条到第7条规定的罪行，以及企图实施第6条和第7条所规定的罪行。惩治赞扬、宣传恐怖主义精神和恐怖犯罪的行为，可以以第5条规定的内容为法律依据。①

我国《反恐怖主义法》第3条第2款规定，"本法所称恐怖活动，是指恐怖主义性质的下列行为：（一）组织、策划、准备实施、实施造成或者意图造成人员伤亡、重大财产损失、公共设施损坏、社会秩序混乱等严重社会危害的活动的；（二）宣扬恐怖主义，煽动实施恐怖活动，或者非法持有宣扬恐怖主义的物品，强制他人在公共场所穿戴宣扬恐怖主义的服饰、标志的；（三）组织、领导、参加恐怖活动组织的；（四）为恐怖活动组织、恐怖活动人员、实施恐怖活动或者恐怖活动培训提供信息、资金、物资、劳务、技术、场所等支持、协助、便利的；（五）其他恐怖活动。"从我国《反恐怖主义法》和现行《刑法》的相关规定来看，网络恐怖活动犯罪采取"网络恐怖袭击"+"利用网络实施恐怖活动"为内容的概述较为合理，行为类型主要包括网络恐怖袭击、利用网络传播恐怖活动相关信息、利用互联网联络恐怖活动犯罪、利用网络收集恐怖活动的情报信息和技术。② 网络恐怖袭击属于目标型网络恐怖活动犯罪，后三种类型属于工具型网络恐怖活动犯罪。

第二节 网络恐怖活动犯罪的司法适用

一、网络恐怖袭击

网络恐怖袭击是为了实施恐怖活动，以网络作为袭击目标，

---

① 转引自高铭暄、李梅容：《论网络恐怖主义行为》，载《法学杂志》2015年第12期。

② 参见皮勇：《防控网络恐怖活动立法研究》，法律出版社2017年版，第54页。

利用互联网破坏计算机系统中的信息或者干扰计算机之间的数据正常通信。皮勇将网络恐怖袭击定义为"利用多种计算机、网络技术,通过互联网对计算机系统、数据进行破坏性攻击而实施的恐怖袭击。"① 目前,网络恐怖袭击的行为对象有两大类,第一类是针对关系国计民生的关键设施的网络袭击,如高铁、核电站核设施、金融中心、大型易燃易爆设施、水库大坝等关键设施的计算机控制系统。第二类网络恐怖袭击是以整个互联网为目标进行的网络袭击。② 那么,从行为方式、危害后果来看,网络恐怖袭击与普通网络犯罪类似,在司法认定上需要厘清两者的界限。我们将结合具体的案例讨论。

(一) 案例展示

【案例6-1】2013年4月23日,黑客组织"叙利亚电子军"盗取美联社官方推特账号,谎称"白宫发生两起爆炸,奥巴马受伤",美国股市应声大幅波动,损失约2000亿美元。③

【案例6-2】被告人杨某为通过网络发布办理假证广告牟利,2017年6月以来在网上先后购买了"快雀SEO动态寄生虫工具箱""Struts2漏洞检查工具2017版""快雀一句话管理工具"等软件。并通过使用"Struts2漏洞检查工具2017版"软件对网站漏洞进行扫描,对存在漏洞的网站实施上传后缀名为"JSP"的文件获取权限,使用"快雀一句话管理工具"上传生成多个"JSP"文件的方式,侵入互联网相关网站,发布"办理出生医学证明"的虚假广告。

2017年9月24日至同年10月10日被告人杨某使用上述方式先后4次非法侵入青川县电子政务大厅—行政权力依法规范公开运行平台(dzzwdt.cnqc.gov.cn),2017年10月18日使用上述方

---

① See U. Sieber and P. Brunst, eds., *Cyber Terrorism and Other Use of the Internet for Terrorist Purposes*, Council of Europe, 2007, pp.12-21.
② 参见皮勇:《网络恐怖活动犯罪及其整体法律对策》,载《环球法律评论》2013年第1期。
③ 参见王志祥,刘婷:《网络恐怖主义犯罪及其法律规制》,载《国家检察官学院学报》2016年第5期。

式非法侵入广元市昭化区电子政务大厅——行政权力依法规范公开运行平台（dzzwdt.zhaohua.gov.cn），2017年10月20日使用上述方式非法侵入广元市电子政务大厅——行政权力依法规范公开运行平台（dzzwdt.cngy.gov.cn）。被告人杨某通过在以上网站后台上传程序，将大厅平台网页篡改为"中国新闻网"，导致大厅平台出现虚假广告和乱码，部分平台服务器长时间关闭不能正常使用。检察机关以被告人杨某的行为构成非法侵入计算机信息系统罪提起公诉。①

（二）案例分析

从案件的定性上，案例6-1被定性为网络恐怖活动案件，黑客组织"叙利亚电子军"盗取美联社官方推特账号，发布虚假恐怖信息，造成股市重大损失，其行为被定性为网络恐怖袭击犯罪。案例6-2被定性为一种妨害社会管理秩序犯罪，被告人杨某违反国家规定，侵入国家事务领域的计算机系统，其行为构成非法侵入计算机信息系统罪，属于普通的计算机网络犯罪。

关于网络恐怖袭击犯罪与普通的网络犯罪的界分，刑法学界形成了多种观点：（1）犯罪目的区分说。该观点认为网络恐怖袭击和网络犯罪的界限似乎越来越模糊，因为两者在犯罪方法和造成后果上差别很小，区别仅在于网络恐怖袭击的目的有别于普通网络犯罪，前者一般以实现其特定的政治、宗教或意识形态为目标，后者往往单纯谋求经济利益等非恐怖目的。②（2）犯罪动机和目的区分说。"尽管网络犯罪和网络恐怖主义外观很相似，但两者的差异在于潜在的动机和目的不同。"③（3）犯罪动机和危害结果区分说。一般而言，相比于普通的网络犯罪，网络恐怖袭击的危害结果更具破坏性或毁灭性且导致相当的社会恐慌，犯罪目的

---

① 参见四川省广元市昭化区人民法院刑事判决书（2018）川0811刑初18号。
② 参见皮勇：《防控网络恐怖活动立法研究》，法律出版社2017年版，第54页。
③ 王志祥、刘婷：《网络恐怖主义犯罪及其法律规制》，载《国家检察官学院学报》2016年第5期。

出于政治或社会目的。① （4）七标准区分说。即犯罪主体、犯罪目的、犯罪动机、行为方式、犯罪对象、犯罪结果及事件形态等七个标准，作为区分标准。② 我们认为犯罪目的和动机区分说较为可取，但最大的区别应在于犯罪的客体不同。其一，依据何种标准作为界分点，关键还需要考虑恐怖活动的特点。虽然世界各国在何为恐怖主义上没有统一的标准，但一般认为恐怖活动最突出的特点之一是具有一定的政治、宗教或社会动机。现代社会中，宗教极端思想、邪教、极右势力均会引发恐怖活动。③ 其二，恐怖活动犯罪的犯罪目的不仅在于产生破坏性或毁灭性的后果，还在于通过这种犯罪后果制造社会恐慌，危害公共安全。上述案例6-1即具有这样的恐怖目的和动机。一般的网络犯罪的犯罪目的在于谋取经济利益、满足虚荣心、炫耀个人机能（如黑客袭击）等。案例6-2的犯罪目的就是为了获取经济利益。当然，网络恐怖袭击与普通网络犯罪的界限并非泾渭分明，当普通网络犯罪造成的犯罪后果足以引发广泛的社会恐慌，客观上与出于制造社会恐慌的网络恐怖袭击没有差别，此时也有可能被定性为网络恐怖袭击，而非一般的网络犯罪。其三，网络恐怖袭击客观上危害不特定或者多数人的生命、身体的安全以及公共生活的平稳与安宁，其侵害的主要客体是公共安全。普通网络犯罪侵害的客体是信息网络管理秩序及计算机网络系统的所有人的合法权益。④

（三）定罪量刑

从技术层面分析，网络恐怖袭击表现为侵犯计算机、网络系统安全的行为。我国刑法并未专门规定调整网络恐怖袭击的条文。

---

① Dorothy E. Denning, *A view of cyberterrorism five years later*, in K. Himma ed., Internet Security: hacking, counterhacking, Jones and Bartlett Publishers, 2007, p. 124.

② See Namosha Veerasamy, Marthie Grobler and Basie Von Solms, *Building an Ontology for Cyberterrorism*, Proceedings of the 11th European Conference on Information Warfare and Security, 2012, p. 288.

③ 参见皮勇：《防控网络恐怖活动立法研究》，法律出版社2017年版，第9—13页。

④ 参见高铭暄、马克昌主编：《刑法学》（第9版），北京大学出版社、高等教育出版社2019年版，第530—533页。

由于《刑法》第 285 条、第 286 条、第 287 条之二"帮助信息网络犯罪活动罪"的犯罪目的、动机不是构成要件要素,因此,无论是出于政治、宗教或意识形态的目的或动机,抑或是出于经济利益驱动,均不影响该罪的成立。

具体而言,《刑法》第 285 条"非法侵入计算机信息系统罪"规范的对象包括三类行为:(1)违反国家规定,侵入国家事务、国防建设、尖端科学技术领域的计算机信息系统的行为;(2)违反国家规定,侵入前款规定以外的计算机信息系统或者采用其他技术手段,获取计算机信息系统中存储、处理或者传输的数据,或者对该计算机信息系统实施非法控制情节严重的行为;(3)提供专门用于侵入、非法控制计算机信息系统的程序、工具,或者明知他人实施侵入、非法控制计算机信息系统的违法犯罪行为而为其提供程序、工具情节严重的行为。《刑法》第 286 条"破坏计算机信息系统罪"规范的对象也包括三类行为,即(1)违反国家规定,对计算机信息系统功能进行删除、修改、增加、干扰,造成计算机信息系统不能正常运行,后果严重的;(2)违反国家规定,对计算机信息系统中存储、处理或者传输的数据和应用程序进行删除、修改、增加的操作,后果严重的;(3)故意制作、传播计算机病毒等破坏性程序,影响计算机系统正常运行,后果严重的。

有学者主张对网络恐怖袭击犯罪单独立法,建议在危害公共安全罪一章之下增设"(实施)恐怖活动罪",以对包括目标型网络恐怖主义犯罪(网络恐怖袭击犯罪)的实施恐怖活动行为进行定罪处罚。[①]

二、利用互联网传播恐怖活动相关信息

利用互联网传播恐怖活动相关信息,是指以网络为工具的恐怖主义的宣扬行为和恐怖活动的煽动行为。恐怖活动本质是通过

---

① 参见王志祥、刘婷:《网络恐怖主义犯罪及其法律规制》,载《国家检察官学院学报》2016 年第 5 期;皮勇:《防控网络恐怖活动立法研究》,法律出版社 2017 年版,第 772 页。

恐怖信息的传播制造恐怖气氛和造成恐怖状态。互联网在传递信息方面具有广泛性和快速性、直接影响受众、交互性等优势。在宣扬行为的模式上，有学者将其归纳为三种：（1）建立专门的网络宣传网站。主要是恐怖组织采取此类方式。（2）利用公共网站、论坛和网络社交平台资源。（3）借助公共网络存储和分享平台的信息服务。① QQ 群、QQ 空间、微信群、微博、网络云盘等是后两类模式的常见媒介。利用互联网传播恐怖活动相关信息的行为直接对应《刑法》第 120 条之三"宣扬恐怖主义、极端主义、煽动实施恐怖活动罪"。在司法实践中需要对该罪名的罪状正确理解，以免过分扩大恐怖主义行为的入罪范围，过分强调法益的保护，可能侵害公民自由与人权。② 下面结合案例重点讨论网络"宣扬""煽动"的入罪界限。

（一）网络宣扬恐怖主义行为

1. 案例展示

【案例 6-3】 2019 年 7 月 27 日，被告人杨某使用其手机（昵称为失去梦想的咸兔）登录万某（另案）QQ（昵称为风雨彩虹），以人民币 5 元的价格向其购买了一部名为"93 旅.mp4"的视频，该视频时长 13 分 48 秒。杨某购买后多次观看了该视频内容，并于 2019 年 7 月 28 日、9 月 2 日通过 QQ 向杨某和李某宣扬视频内容并转发该视频给二人。经大理州公安局反恐怖支队对该视频作了审读，其审读意见为：该"93 旅.mp4"视频性质为宣扬恐怖主义、极端主义或者煽动实施恐怖活动、极端主义活动的音视频。2019 年 11 月 5 日，公安民警将杨某抓获。2020 年 6 月 5 日，云南省大理白族自治州中级人民法院依法判决被告人杨某犯宣扬恐怖主义、极端主义罪，判处有期徒刑 1 年，并处罚金人民

---

① 参见余建华：《恐怖主义的历史演变》，上海人民出版社 2015 年版，第 349—354 页。

② 参见欧阳本祺、张林：《刑法视野下的恐怖主义网络宣扬行为》，载《河南财经政法大学学报》2018 年第 6 期。

币 5000 元。①

【案例 6-4】 2017 年 11 月 20 日 7 时 43 分许，被告人贾某在泰安市泰山区其租赁房内，使用手机登录微信发现有人在微信群发布暴力恐怖视频（时长 36 秒），遂将该视频发送至"齐鲁名厨厨艺．交流切磋群"，同日 10 时 20 分许，被告人周某在泰安市泰山区龙天顺酒店上班时，在手机微信"齐鲁名厨厨艺．交流切磋群"中看到该暴力恐怖视频，遂利用微信群聊、私聊转发 16 次涉案视频。经审查，该视频内容涉及斩首行为，宣扬恐怖主义、宗教极端思想，属于暴力恐怖视频。2019 年 7 月 5 日，山东省泰安市中级人民法院依法判决被告人贾某犯宣扬恐怖主义、极端主义罪，判处有期徒刑 1 年 6 个月，缓刑 2 年，并处罚金人民币 2000元。被告人周某犯宣扬恐怖主义、极端主义罪，判处有期徒刑 2 年，缓刑 3 年，并处罚金人民币 3000 元。②

【案例 6-5】 2015 年下半年，被告人杨某（QQ 号为 19×××35，QQ 名为"二次元の影燃"）与被告人雷某（QQ 号为 35×××29，QQ 名为"oo 兜兜有糖"）在一个 QQ 群（群号为 4××××××6）内结识后，雷某自称"阿布巴克尔·巴格达迪"，在与杨某 QQ 聊天过程中，不仅通过语言文字煽动杨某去参加恐怖组织训练、实施暴恐活动，还向杨某传播了暴恐视频。杨某加入"伊斯兰"QQ 群后，特别是在雷某的煽动下，在其 QQ 空间、微信朋友圈中不断发表宣扬恐怖主义、极端主义的图片、文字及视频，并向其同事、QQ 网友宣扬恐怖主义、极端主义思想。其中，杨某与熊某（QQ 号为 22×××44，QQ 名为"crissA"，另案处理）通过 QQ 聊天，谈论了获取武器、制作炸药、实施暴恐活动等内容。熊某在合肥工业大学宿舍内储存了化学物品，并已经进行了燃烧实验。

公诉机关认为：被告人杨某宣扬恐怖主义、极端主义，被告

---

① 参见云南省大理白族自治州中级人民法院刑事判决书（2020）云 29 刑初 34 号。
② 参见山东省泰安市中级人民法院刑事判决书（2019）鲁 09 刑初 13 号。

人雷某煽动实施恐怖活动，其行为触犯了《刑法》第 120 条之三之规定，应当以宣扬恐怖主义、极端主义罪追究被告人杨某的刑事责任，应当以煽动实施恐怖活动罪追究被告人雷某的刑事责任。

云南省昆明市中级人民法院认为：被告人杨某利用网络作为平台，在 QQ、微信等社交平台公开发布恐怖主义、极端主义的图文、言论和视频，并在日常工作中向他人大肆宣扬恐怖主义、极端主义言论和思想，其行为已触犯刑律，构成宣扬恐怖主义、极端主义罪，依法应予以惩处。被告人雷某冒充恐怖分子，通过发送暴恐视频、发表极端言论等方式，怂恿、煽动被告人杨某实施暴力恐怖活动，其行为亦触犯刑律，构成煽动实施恐怖活动罪。①

2. 案例分析

关于宣扬恐怖主义罪的构成要件，通说认为是指，"以制作、散发宣传恐怖主义、极端主义的图书、音频视频资料或者其他物品，或者通过讲授、发布信息等方式宣扬恐怖主义、极端主义的行为。"② 宣扬，是指广泛宣传，使不特定人或者多数人接受恐怖主义、极端主义的行为。③

首先，关于单纯的制作行为是否可认定为"宣扬"，存在肯定说与否定说。肯定说认为，制作行为与散发行为二者只要具备其一即可成立犯罪，即宣扬恐怖主义物品的制作行为只要符合将恐怖思想外化这一条件即可成立犯罪，是否实施了散发行为、是否意图实施散发行为不影响犯罪成立。④ 否定说认为，单纯的制作行为不是宣扬恐怖主义罪的宣扬行为，即单纯的制作行为，无论是否具有散发的意图，均不宜评价为本罪的"制作、散发"。⑤ 本

---

① 参见云南省昆明市中级人民法院刑事判决书（2017）云 01 刑初 122 号。
② 张明楷：《刑法学》（第 5 版），法律出版社 2016 年版，第 706 页；高铭暄、马克昌主编：《刑法学》（第 9 版），北京大学出版社、高等教育出版社 2019 年版，第 342 页。
③ 参见张明楷：《刑法学》（第 5 版），法律出版社 2016 年版，第 706 页。
④ 参见侯艳芳：《论我国网络恐怖活动犯罪的刑法规制》，载《山东社会科学》2016 年第 3 期。
⑤ 参见欧阳本祺、张林：《刑法视野下的恐怖主义网络宣扬行为》，载《河南财经政法大学学报》2018 年第 6 期。

节涉及的三个案例中均是通过 QQ、微信转发他人制作的宣扬恐怖主义的图片、文字和视频资料的行为。我们认为，单纯制作恐怖主义的图书、音频视频资料或者其他物品，主观上没有散发意图或目的，不能认定为本罪。理由有二：其一，从文义解释的角度，宣扬恐怖主义罪的罪状为：以制作、散发宣扬恐怖主义的图书、音频视频资料或者其他物品，或者通过讲授、发布信息等方式宣扬恐怖主义的。制作图书、音频视频资料或者其他物品是宣扬恐怖主义的一种方式，制作行为是为了散发而为，是散发的手段行为。其二，制作恐怖主义物品的行为目的是多样的，可能是为了勒索、恐吓、煽动等主观意图，其行为本身可能构成故意伤害罪、故意杀人罪、爆炸罪、敲诈勒索罪，等等，仅带有散发意图的制作行为可能构成本罪。

其次，宣扬行为是否必须公开进行？从文义解释当然具有公开性。如案例 6-4 中被告人周某利用微信群聊、私聊将"齐鲁名厨厨艺·交流切磋群"中看到该暴力恐怖视频转发 16 个涉案视频。案例 6-5 被告人杨某在其 QQ 空间、微信朋友圈中不断发表宣扬恐怖主义、极端主义的图片、文字及视频，并向其同事、QQ 网友宣扬恐怖主义、极端主义思想。需要注意的是网络环境具有开放性与交互性，即便是隐蔽点对点的微信、QQ 等即时聊天通讯工具，所散布的恐怖主义物品依然可能迅速扩散，一旦散布行为完成，其扩散速度和范围不受行为人控制。因此，案例 6-3 被告人杨某通过 QQ 将宣扬恐怖主义视频内容转发给杨某和李某，对象为特定的两人，司法实践对被告人杨某网络宣扬恐怖主义的公开性应进行扩大解释，并不限于公共场合、不特定或多数人的对象要素。

我们认为，宣扬恐怖主义罪需要具备帮助实施恐怖活动的故意，即行为人明知制作、宣扬的是恐怖主义、极端主义的图书、音频视频资料或者其他物品，认识到将这些恐怖物品传递给不特定人或者多数人，并希望使其接受恐怖主义、极端主义。宣扬恐怖主义、极端主义被犯罪化的原因，在于有效宣扬会使恐怖组织寻求到更多的支持者，同时，吸引潜在的新成员和赞助者。如上述案例6-5被告人杨某。证人周某、姚某、刘某、黄某、宋某证实：杨某曾向同事们宣扬过自己想参加"圣战"（如昆明火车站暴恐事件）的渴望以及对宗教和组织的追求，还宣扬过一些反党反政府的言论。杨某的QQ空间、微信朋友圈内有一些涉及"圣战"、自杀、砍杀、反党、反政府的暴力、极端图片和文字，杨某曾向刘某发过相关内容的图片，还邀请证人周某与其一起去参加"圣战"。法院对被告人杨某构成宣扬恐怖主义、极端主义罪的判决是恰当的。

(二) 网络煽动实施恐怖活动行为

网络煽动实施恐怖活动行为入罪的司法认定，重点涉及煽动实施恐怖活动罪与行政违法行为的区别，即煽动实施恐怖活动罪的入罪标准问题。

设立煽动实施恐怖活动罪，首先要划清煽动实施恐怖活动犯罪与言论自由的界限，如前一章所述，本书支持"明显而即可危险"的观点。言论表达需要在法律的范围之内，如果煽动行为具有现实的危险性，侵犯了潜在受害人享受安宁生活的权利，使他们遭受心理和精神恐惧，造成国家和政府的信任危机，必须对煽动行为进行惩治，而不是作为言论自由进行保护。[①]

下面重点对煽动的方式和煽动的情节进行分析。

我国《刑法》第120条之三"宣扬恐怖主义、极端主义、煽动实施恐怖活动罪"，从构成要件的行为、对象、结果、罪过形式等要素分析，该罪名其实包括四个构成要件，即（1）以制作、散发宣扬恐怖主义的图书、音频视频资料或者其他物品，或者通过讲授、发布信息等方式宣扬恐怖主义的；（2）以制作、散发宣扬极端主义的图书、音频视频资料或者其他物品，或者通过讲授、发布信息等方式宣扬极端主义的；（3）以制作、散发宣扬恐怖主义、极端主义的图书、音频视频资料或者其他物品，或者通过讲授、发布信息等方式宣扬恐怖主义、极端主义的；（4）以制作、

---

① 参见皮勇、杨淼鑫：《论煽动恐怖活动的犯罪化——简评〈刑法修正案（九）（草案）〉相关条款》，载《法律科学（西北政法大学学报）》2015年第3期。

散发宣扬恐怖主义的图书、音频视频资料或者其他物品，或者通过讲授、发布信息等方式煽动实施恐怖活动的。相应地，当行为人的行为符合了构成要件，分别构成了宣扬恐怖主义罪、宣扬极端主义罪、宣扬恐怖主义、极端主义罪以及煽动实施恐怖活动罪。

煽动实施恐怖活动罪的行为类型又包括三种：一是以制作宣扬恐怖主义、极端主义的图书、音频视频资料或者其他物品煽动的；二是以散发宣扬恐怖主义、极端主义的图书、音频视频资料或者其他物品煽动的；三是通过讲授、发布信息等方式煽动的。当行为人利用互联网实施上述三种行为中任何一种行为，可能构成煽动实施恐怖活动罪。例如，案例 6-5 中被告人雷某在与被告人杨某 QQ 聊天过程中，不仅通过语言文字煽动杨某去参加恐怖组织训练、实施暴恐活动，而且向杨某传播了暴恐视频，煽动杨某加入 QQ 群，实施暴恐活动。

在煽动实施恐怖活动犯罪的行为类型中，需要侧重研讨的是所谓的"间接煽动行为"如何定性与入刑问题。有学者将《刑法》第 120 条之三"煽动实施恐怖活动罪"罪状的上述三种行为称为"直接煽动行为"，将赞美、美化、开脱、否认已经发生的恐怖活动或者恐怖人员的罪行称为"间接煽动行为"，并认为"二者在主观态度和客观作用上没有差别，都是怂恿他人实施恐怖活动，其作用方式上的差别不应影响行为性质的认定"①。由此建议对恐怖活动进行否认、开脱、赞同或为其辩护的行为入刑。另有观点认为，"间接宣扬行为与直接宣扬行为在主观恶性和客观方面存在较大区别，一般不应作为犯罪行为处理"②。我们认为，间接煽动行为一般不应认定为犯罪行为。"间接煽动"行为常见于网络媒介下，行为人对已经发生恐怖活动事件或恐怖分子的行为，通过 QQ、QQ 群、微信、微博进行点赞、赞扬、解释、开脱，这些公开言论在某种程度上能够抹杀或淡化事件的恐怖性质，会使

---

① 皮勇、杨淼鑫：《论煽动恐怖活动的犯罪化——简评〈刑法修正案（九）（草案）〉相关条款》，载《法律科学（西北政法大学学报）》2015 年第 3 期。

② 欧阳本祺、张林：《刑法视野下的恐怖主义网络宣扬行为》，载《河南财经政法大学学报》2018 年第 6 期。

不明真相的公众对暴恐事件或恐怖分子产生同情、理解、认同，甚至会误导、诱使一些人加入恐怖组织或实施恐怖活动。煽动实施恐怖活动罪为抽象危险犯，但并非任何煽动行为都与法益侵害的危险性处于同等的位置上，会存在程度上的不同，"间接煽动"中的行为是否制造侵害法益的抽象危险，或者使抽象危险转化为实害的可能，都需要结合行为人主观上故意内容及客观上造成的危险程度来认定。因此，"间接煽动行为"入刑需要谨慎。

煽动实施恐怖活动罪是应受刑罚的煽动恐怖活动行为，除了存在煽动恐怖活动的行为，还应具有反映其危害已经达到应受刑罚处罚的情节。《刑法》第120条之三将煽动实施恐怖活动罪规定为行为犯、抽象的危险犯，不要求情节严重，但并非只要实施煽动行为即构成犯罪，需要一定的犯罪情节，该情节可以从行为的次数、煽动的内容、场所和影响范围等方面评价，综合多方面情节评价诱发、怂恿恐怖活动发生的现实危险程度是关键的指标。①

三、利用互联网联络恐怖活动犯罪

恐怖活动联络行为是暴力恐怖活动前的准备行为。互联网因其信息交互平台方便信息沟通成为暴力恐怖活动重要的联络途径。为了进行恐怖活动而组建的网络社区，包括论坛、网站、社交网络系统中的特定群组等，实际上都可以成为恐怖活动的组织平台。②

（一）案例展示

【案例6-6】 2014年2月被告人甲受乙夫妇煽动产生浓厚宗教极端思想，于3月份开始伙同乙、丙、丁（三人均另案处理）等人窜至广州市策划、实施恐怖活动，意图分裂国家，因国家严厉打击而未能得逞。2014年3月底，甲伙同乙等人潜至河南省镇平县石佛寺镇藏匿。在藏匿期间，甲又伙同乙多次通过语言、文字

---

① 参见皮勇、杨淼鑫：《论煽动恐怖活动的犯罪化——简评〈刑法修正案（九）（草案）〉相关条款》，载《法律科学（西北政法大学学报）》2015年第3期。

② 参见皮勇：《论网络恐怖活动犯罪及对策》，载《武汉大学学报（人文科学版）》2004年第5期。

音视频等向戊、已等人宣扬、散播宗教极端思想，发展团伙成员，欲进行恐怖活动。5月27日被告人甲被公安机关抓获。经鉴定，甲手机存储有大量煽动分裂国家、传授暴恐活动犯罪方法及传播宗教极端思想的内容。①

（二）案例分析

我国《刑法》第120条规定，"组织、领导恐怖组织的，处十年以上有期徒刑或者无期徒刑，并处没收财产；积极参加的，处三年以上十年以下有期徒刑，并处罚金；其他参加的，处三年以下有期徒刑、拘役、管制或者剥夺政治权利，可以并处罚金。犯前款罪并实施杀人、爆炸、绑架等犯罪的，依照数罪并罚的规定处罚。"行为人利用互联网进行恐怖活动的组织联络，行为性质可以是恐怖组织的组织、领导、参加行为。组织，主要是指组建恐怖活动组织；领导，主要是指策划、指挥恐怖活动组织的具体活动。参加，是指加入恐怖活动组织，使自己成为该组织成员。②有关司法解释将"组织、领导恐怖活动组织"规定为以下4种情形：（1）发起、建立恐怖活动组织的；（2）恐怖活动组织成立后，对组织及其日常运行负责决策、指挥、管理的；（3）恐怖活动组织成立后，组织、策划、指挥该组织成员进行恐怖活动的；（4）其他组织、领导恐怖活动组织的情形。③参加分为"积极参加"与"其他参加"。有关司法解释规定，"积极参加"包括以下六种情形：（1）纠集他人共同参加恐怖活动组织的；（2）多次参加恐怖活动组织的；（3）曾因参加恐怖活动组织、实施恐怖活动被追究刑事责任或者两年内受过行政处罚，又参加恐怖活动组织的；（4）在恐怖活动组织中实施恐怖活动且作用突出的；（5）在恐怖活动组织中积极协助组织、领导者实施组织、领导行为的；（6）其他积极参加恐怖活动组织的情形。"其他参加"指参加了

---

① 参见河南省南阳市中级人民法院刑事判决书（2014）南刑三初字第00010号。
② 参见张明楷：《刑法学》（第5版），法律出版社2016年版，第703页。
③ 参见2018年5月8日最高人民法院等印发的《最高人民法院、最高人民检察院、公安部、司法部关于办理恐怖活动和极端主义犯罪案件适用法律若干问题的意见》第1条。

恐怖活动组织,但不具有上述"组织、领导"和"积极参加"的10种情形的行为。① 行为人利用互联网实施组织、领导、参加行为之一的,便成立本罪。事实上是否开始实施恐怖活动,不影响本罪的成立。犯本罪并实施杀人、爆炸、绑架、抢劫等犯罪的,实行数罪并罚。

案例6-6中被告人甲积极参加恐怖组织,并向他人宣传宗教极端思想、传播恐怖视频、纠集他人共同参加恐怖活动组织,其行为已构成参加恐怖组织罪。

四、利用互联网收集恐怖活动情报信息和技术

情报信息是恐怖活动人员组织实施恐怖活动的资源。从是否符合法律规定的角度视之,情报信息可以包括合法信息和非法信息两类。互联网上存在大量公共信息和私人信息,这些信息在内容上并不违反法律的规定,涉及政府、社会生活、公民个人、国家地理、风俗人情、经济文化等诸多公开的方面。例如,恐怖活动人员从互联网上能收集到政府要员的私人背景资料、居住地址、家庭关系和社交信息,为其指定恐怖袭击计划提供关键信息。② 此外,互联网上还存在着诸如违禁品的制造、制作工艺与方法、犯罪工具的使用方法、恐怖活动训练方法等违法信息,有些恐怖活动组织网站秘密发布有关毒剂、爆炸物、计算机病毒、武器等恐怖武器和工具的制作方法和技术。有些恐怖活动组织网站还为恐怖袭击者提供训练,传授如何制定实施破坏活动、绑架人质和杀人的计划,互联网上的信息和技术应用为实施恐怖活动提供了技术和物力支持。

(一)案例展示

【案例6-7】 2014年8月,被告人金某因涉嫌诈骗犯罪被刑事羁押后,因证据不足被人民法院依法宣告无罪,并获国家赔偿。

---

① 参见2018年5月8日最高人民法院等印发的《最高人民法院、最高人民检察院、公安部、司法部关于办理恐怖活动和极端主义犯罪案件适用法律若干问题的意见》第1条。

② 参见皮勇:《防控网络恐怖活动立法研究》,法律出版社2017年版,第63页。

金某怀疑其被错误羁押系与其有经济往来的洪某和韩某陷害所致，多次到有关单位上访，在未达到其诉求后，遂产生报复相关人员、仇视社会的念头。其间，金某通过网络了解制造炸弹的方法，制作了爆炸装置和汽油燃烧瓶等危险物品，并存放在其居住处。2018年4月，金某通过登录国外推特网站响应境外民运分子煽动的"五一全民共振"活动，通过微信发表"研究如何报复社会"等言论，并于4月25日通过微信欲联系购买一批火药。公安机关于4月26日在哈尔滨市南岗区将被告人金某抓获，并在其位于道里区安康街82号403室的租住处查获了2个疑似爆炸装置、6个疑似汽油瓶等违禁品。经鉴定，2个疑似爆炸装置为火发火爆炸装置，6个疑似燃烧瓶中液体为汽油成分、浅黄色粉末为硫酸钠；疑似爆炸装置表面检出的STR分型与金某基因型相同。①

【案例6-8】 2015年9月以来，被告人熊某用自己的手机先后从网上下载并储存了恐怖主义视频，供自己不时观看，至2016年4月26日案发时仍然持有。

2016年3月前后，被告人熊某通过手机QQ聊天系统与同为支持"圣战"的网友交谈中，表示支持号召全世界穆斯林发动"圣战"，并称要付诸实践、要准备武器，并和网友探讨制造炸弹等内容。在此前后，被告人熊某购买了钢珠、刀具、疑似手枪物品、面具和硫磺粉等化学物品，并在其居住的寝室使用化学品进行了相关试验。

2016年4月26日，被告人熊某在其寝室被抓获，侦查人员当场查扣其手机、六袋钢珠（300多粒）、四把折叠刀、一个疑似手枪物品、两张面具、两副手套及相关化学物品等。经称重，塑料袋包装的黄色粉末重670.18克；塑料瓶包装的黄色粉末重242.83克；塑料瓶包装的白色粉末重394.88克。经鉴定，黄色可疑粉末中检测出硫磺成分、白色可疑粉末中检测出 K^+、CLO_3^- 成分。②

（二）案例分析

《刑法修正案（九）》增设的第120条之二第1款规定：有

---

① 参见黑龙江省哈尔滨市中级人民法院刑事判决书（2019）黑01刑初6号。
② 参见安徽省合肥市中级人民法院刑事判决书（2017）皖01刑初54号。

下列情形之一的，处五年以下有期徒刑、拘役、管制或者剥夺政治权利，并处罚金；情节严重的，处五年以上有期徒刑，并处罚金或者没收财产：（一）为实施恐怖活动准备凶器、危险物品或者其他工具的；（二）组织恐怖活动培训或者积极参加恐怖活动培训的；（三）为实施恐怖活动与境外恐怖活动组织或者人员联络的；（四）为实施恐怖活动进行策划或者其他准备的。

利用互联网收集恐怖活动相关信息和技术支持是恐怖活动犯罪的预备行为，一种观点认为根据收集这些信息和技术支持意图实施的具体恐怖活动犯罪，如故意杀人罪、爆炸罪、绑架罪、组织领导恐怖活动组织罪、洗钱罪等，按照刑法总论关于预备犯的规定和意图实施的具体恐怖活动犯罪的相关规定对其追究刑事责任。① 另有观点认为，上述预备行为独立评价为一种实行行为，即预备行为实行化。② 刑法分则对这些预备犯行为实行既遂化，作为既遂犯处理，独立预备罪的行为也具备了实行行为的实质属性。③ 我们赞成预备行为既遂化的观点，当涉及行为模式或工具是利用互联网实施恐怖活动犯罪预备行为时，适用该条的规定。不再适用刑法总则关于预备犯的处罚规定。

案例6-7 被告人金某虽然辩解称其准备爆炸物是为报复曾将其陷害入狱的人，其没有报复社会的目的。但其制造了内含火药、汽油等成分，共重约一万余克的多个爆炸物和燃烧瓶，上述危险物品的社会危害性较大，危害范围较广，足以危害到不特定人民群众的生命财产安全。此外，因仇恨使其入狱的人和这个社会，进而制作炸弹和燃烧弹，通过网络发帖及在微信中称要复仇、研究如何报复社会、联系购买火药，足以证实金某在主观上具有危害公共安全的目的，并实施了非法制造危险物品的行为，且通过

---

① 参见皮勇：《防控网络恐怖活动立法研究》，法律出版社2017年版，第161页。
② 参见车浩：《刑事立法的法教义学反思——基于〈刑法修正案（九）〉的分析》，载《法学》2015第10期。
③ 参见张明楷：《论〈刑法修正案（九）〉关于恐怖犯罪的规定》，载《现代法学》2016第1期。

网络参与境外政治活动的事实，其行为符合准备实施恐怖活动罪的犯罪构成。

五、网络恐怖活动犯罪的交叉

网络恐怖活动犯罪的交叉关系包括法条竞合和想象竞合。如众所知，法条竞合是指行为人实施了一个犯罪同时触犯了数个在犯罪构成上具有包容或交叉关系的刑法规范，只适用其中一个刑法规范的情况。所谓实施了一个犯罪行为，是指基于一个罪过实施了一个危害社会的行为。数个刑法规范可能表现为不同法律中规定的刑法规范，或者表现为同一法律中不同条款规定的刑法规范。法条竞合适用法律的一般原则是：（1）特别法优于普通法；（2）重法优于轻法。[①] 想象竞合，也称想象的数罪、观念的竞合。通说认为，是指一个行为触犯了数个罪名的犯罪形态。所谓一个行为触犯了数个罪名，就是一个行为在形式上同时符合刑罚规定的数个犯罪构成。并且，该数个罪名是不同种类的数个罪名，触犯数个同种罪名，不能构成想象竞合。从法益保护原则视之，想象竞合中的一个行为侵害了数个异种法益。关于想象竞合，我国刑法理论界通说主张按"从一重处断原则"处理，即依照行为触犯的数个罪名中法定刑较重的犯罪定罪处刑，而不实行数罪并罚。但刑法另有特别规定的，则应当依照特别规定论处。[②]

有学者出于避免混淆的使用方便，将被正犯化的帮助犯称为准正犯，被既遂化的预备犯称为准既遂犯。[③] 现将《刑法》第 120 条之一至第 120 条之六适用于网络恐怖活动犯罪的条文之间，以及各种网络恐怖活动犯罪与刑法分则其他章节的犯罪可能产生的交叉关系分析如下：

第一，在按帮助犯处罚应当适用刑法总则的从宽规定，而按

---

① 参见高铭暄、马克昌主编：《刑法学》（第 9 版），北京大学出版社、高等教育出版社 2019 年版，第 183—184 页。

② 同上，第 182—183 页。

③ 参见张明楷：《论〈刑法修正案（九）〉关于恐怖罪的规定》，载《现代法学》2016 年第 1 期。

（准）正犯处罚更能实现罪刑相应与罪刑协调时，应当适用（准）正犯的规定。例如，（1）对资助恐怖活动组织、实施恐怖活动的个人、恐怖活动的培训行为。（2）为恐怖活动培训招募、运送人员的。不应认定为准备实施恐怖活动罪（刑法第 120 之二）的帮助犯，而应认定为帮助恐怖活动罪（第 120 条之一）的正犯。而对为实施恐怖活动与境外恐怖活动组织或者人员联络提供帮助、对为实施恐怖活动进行策划或者其他准备提供帮助的，由于没有纳入帮助恐怖活动罪的处罚范围，应认定为准备恐怖活动罪（第 120 条之二）的帮助犯。

第二，在正犯的法定刑高于或者同于准正犯的法定刑时，如果准正犯的行为同时符合正犯的构成要件，处罚方式存在按正犯处罚①和数罪并罚②两种观点。例如，为资助恐怖活动组织、实施恐怖活动的个人或恐怖活动培训，提供资金账户、协助将财产转换为现金、金融票据、有价证券、通过转账或者其他方式协助资金转移、协助将资金汇往境外的，《刑法》第 120 条之一构成帮助恐怖活动罪和第 191 条的洗钱罪。数罪并罚的观点认为，行为人的行为既危害国家和社会安全，又破坏了金融管理秩序，侵犯不同的直接客体，应当予以数罪并罚。③ 按正犯处罚的观点认为，即便对一个行为既危害国家和社会安全，又破坏了金融管理秩序，触犯了数个异种罪名，侵害数个法益，应当认定为想象竞合，在判决中明示行为触犯两个罪名，最后仅适用一个重法定刑。④ 本书赞成按正犯处罚的观点。

第三，《刑法》第 120 条之五规定的强制穿戴宣扬恐怖主义、极端主义服饰、标志罪的最高刑为 3 年有期徒刑。第 120 条之三规定的宣扬恐怖主义罪的处 5 年以下有期徒刑、拘役、管制或者

---

① 参见张明楷：《论〈刑法修正案（九）〉关于恐怖犯罪的规定》，载《现代法学》2016 年第 1 期。

② 参见黎宜春：《论帮助恐怖活动罪的法律适用——以反恐怖主义融资为视角》，载《学术论坛》2016 年第 5 期。

③ 同上注。

④ 参见张明楷：《论〈刑法修正案（九）〉关于恐怖犯罪的规定》，载《现代法学》2016 年第 1 期。

剥夺政治权利；情节严重的，处 5 年以上有期徒刑。如果强制他人穿戴上述服饰、标志的行为，同时成立宣扬恐怖主义、极端主义罪的教唆犯或者间接正犯，有力说认为，应该适用后罪的法定刑。从而，轻罪的正犯同时构成重罪的教唆犯或者间接正犯时，应当按重罪的教唆犯或者间接正犯处罚。①

第四，非法持有宣扬恐怖主义、极端主义物品罪与宣扬恐怖主义、极端主义罪竞合，应认定为想象竞合，从一重罪处罚。非法持有宣扬恐怖主义、极端主义物品罪，是指行为人明知是宣扬恐怖主义、极端主义的图书、音频视频资料或者其他物品而非法持有，情节严重的行为。其中的"持有"既可以是秘密的，也可以是公开的，既可以藏于私人场所，也可以携带于公共场合。物品既可以是物质形式，也可以电子的。倘若携带于公共场合的行为同时触犯了宣扬恐怖主义、极端主义罪，则应认定想象竞合犯，从一重罪处罚。

---

① 参见张明楷：《论〈刑法修正案（九）〉关于恐怖犯罪的规定》，载《现代法学》2016 年第 1 期。

第七章 破坏市场经济秩序的网络犯罪

第一节 互联网经济发展与网络犯罪风险

众所周知，网络正在以无可比拟的速度渗透于整个人类的生产生活中，改变人类的生活方式，重整人类的生产方式，进而重塑产业结构和社会结构。作为社会"板块"中最具创新性、包容性和前瞻性的领域，经济领域天然地对于互联网具有开放性和亲和性，并因此成为受互联网影响最深、网络化程度最高的领域。回顾历史，军事领域而非经济领域的需求构成了互联网开发的最初原动力。但现在，显然经济领域的发展与变革需求超越了军事需求，成为了互联网发展的第一动力。互联网民用化，在带来巨大经济价值的同时，也使得其自身深深地嵌入到了社会生活的方方面面，成为人类社会不可或缺的组成部分。因此，也可以说，正是互联网对于经济领域发展与变革需求的满足，既成就了人类，也成就了自己。

不可否认，互联网的经济价值是超乎想象的，互联网经济也已经成为世界各国经济增长的新引擎。2019年5月6日国家互联网信息办公室发布的《数字中国建设发展报告（2018）》指出，2018年中国数字经济规模达31.3万亿元，占GDP比重达34.8%。而到2030年，这一比重将高达50%。① 2019年7月，中国互联网协会发布的《中国互联网发展报告（2019）》指出，2018年中国第三方支付市场的规模达208.07万亿元，电子商务市场规模达31.63万亿，网络零售达9.01万亿，增长速度分别为45.23%、8.5%和23.9%。2018年数字经济发展对GDP增长的贡献率已达67.9%。然而，应当看到的是，任何事物都具有两面性，互联网亦然。在互联网经济蓬勃发展的背后，是随之而来的各种新型风险和传统风险的异化。

一、互联网平台经济和评价体系变革：跨界经营风险和虚假评价风险

1. 跨界经营风险

互联网与经济的深度融合，加速了信息与资源的周转效率，增强了企业的经营能力。市场中的优势企业，借助于互联网和平台经济的共享性和延展性，不断拓展自己的商业版图，多元化跨业经营已经成为互联网企业的经营常态。例如，作为互联网龙头企业之一的阿里巴巴公司，便依托其电子商务平台的客户资源禀赋，拓展业务及电子支付服务、物流服务、金融服务、大数据云计算服务等多个领域。依托基础平台的优势信息资源和用户粘性，平台化的运作可以使得企业在新的市场领域中迅速占领市场并取得成功。从资源的利用效率上看，平台经济通过优势资源在平台层面的集聚，打造平台与用户间的生态依赖，使得平台经营企业的用户优势得以在多领域内重复利用。阿里巴巴、腾讯等企业便是此中翘楚。然而，平台经济多元化经营和跨界经营的属性使得传统分业监管体系面临难题，容易出现监管"飞地"。这种"飞地"的出现，既有可能来源于传统分业监管体系的自身间隙和管

---

① 参见第一财经商业数据中心：《2019中国互联网消费生态大数据报告》，第4页。

理者对于交叉领域的不闻不问,又可能来源于企业依托互联网技术,通过设计、开发跨领域、模糊性的产品,进而躲避传统分业监管体系的监管,创造监管的自我"飞地"。例如,在 P2P 网贷经营模式中,以债券转让模式为变种的新型网贷经营模式,便对传统的银行业与证券业分业经营、分业管理的模式提出了挑战。

2. 虚假信用评价风险

互联网在拉近人类距离的同时,在某种程度上也使得人类的距离更加疏远。在互联网时代,人们可以足不出户便与世界各地的朋友进行交流,采购和享受来自世界各地的产品和服务。然而,这种选择面的扩大也使得人们从周围的熟悉社会中逐渐分离出来,不得不面对陌生的网络世界和陌生的交易或服务对象。因此,在网络时代,信用评价无疑比任何时代都更为重要和必不可少。在网络交易中,通常交易的双方既不认识,也不存在经验性的信用积累,唯一可以借以评估交易风险的便是交易对象的信用等级评价(如淘宝的店铺等级)、交易数据和用户评价。由于信用等级评价除了依托于线下品牌的自有声誉外,更多的还是依赖交易数据和用户评价。从信息生产的角度看,无论是交易数据还是用户评价,这些信息的生产都来自于散在的消费者,交易平台既无能力也无可能进行实质审核。由此可见,在网络时代,信用的生产具有个体化和散在性的特点。而这便为虚假信用评价提供了可能。例如,层出不穷的"刷单"案件便是虚假信用评价风险的现实展演。

二、互联网和经济的深度融合:危害后果弥散化和犯罪手段新颖化

1. 危害后果的弥散化

互联网虽然便利了人们的信息交流、加速了信息流动,并在一定程度缓解了因沟通不畅、信息传递不及时导致的信息不对称诱发的风险,但也使得互联网经济各部分之间的联系更加紧密,风险的传导也更加迅速顺畅,极易出现风险的波纹式弥散。互联网的虚拟性、匿名化和散在性的特征,使得信息真实性的鉴别越加困难,成本也越高。加之信息收集的便捷性、信息挖掘的可能性、信息储存的疏漏性和信息发布的广泛性,这无疑使互联网经济犯罪案件的可能性更高、涉及面更广、危害度更大。对于此种现象,刘宪权教授将其称为较传统犯罪呈危害"量变"的网络犯罪。"所谓较传统犯罪呈危害'量变'的网络犯罪,是指同一犯罪行为由线下搬至线上后,其社会危害性发生了显著增长的'量变',传统犯罪的现行规制力度并不足以应对此种变化。"① 例如,在著名的"e租宝"案中,涉案金额达762亿余元,损失达380亿余元,受害人高达115万余人,遍布全国的31个省市区。而这一现象在传统的非法集资案件中是很难想象的。

2. 犯罪手段的新颖化

互联网技术在拓展企业服务手段、增强用户体验的同时,因其中立的属性,同样可以为犯罪分子所利用,延展其犯罪手段,实现其犯罪手段的新颖化。互联网作为一种新兴的技术,从来不具有使用者用途的筛选功能,因此,在人类享受因互联网而产生的各种新兴便利服务渠道的同时,必须意识到的是,犯罪分子有可能通过同样的渠道实施犯罪行为。例如,在知识消费领域,电子书正日益成为人类阅读的主要选择之一。电子书的格式将书籍储存于电子介质或网络空间之中,具有便携、易储存、易传输、易复制、易记录的特点,方便阅读者随时随地地进行阅读与分享。然而,同样的方式也为犯罪分子所利用,电子书盗版正日益替代纸质书籍盗版成为侵犯著作权罪的主流形式。与传统纸质书籍通过私自影印方式"复制发行"所不同的是,电子书内容的传播可以以多种方式进行,除了复制电子书籍文件进行传输外,还可以通过分享或出售云端(云端中储存着电子书)账号密码的方式进行,亦可以通过深度链接、BT下载等方式进行。

面对如此新型风险和传统风险的异化,刑法该当何为?既有的罪名体系和评价标准是否适应于网络空间?等等。这些问题都亟待刑法理论和实践予以积极回应。为了聚焦社会中矛盾的主要

---

① 刘宪权:《网络犯罪的刑法应对新理念》,载《政治与法律》2016年第9期。

方面和互联网经济刑事风险的关键点，本章无意对侵犯社会主义市场经济秩序罪的各个罪名进行全面、罗列式的讨论，而是力图以实践中普遍关切的热点和难点问题为聚焦，通过重点罪名导向的方式予以展开，进而在回应热点难题问题的同时，也尽可能为互联网经济风险的刑法应对提供大概的也并不空泛的一般思路和解决路径。

第二节　非法吸收公众存款罪的矫正与补正
　　　　——以 P2P 网贷案件为切入的分析

　　自改革开放和市场经济改革以来，非法吸收公众存款的行为便如影随形、颠扑不破。在市场经济改革的初期，由于经营市场的放开，民营经济、个体经济迎来了春天，如雨后春笋般席卷整个中国，产生了巨大的融资需求。然而，与此同时，金融市场的改革却遭遇了阻力和困境，迟迟难以市场化，进而导致供给不足。面对需求与供给巨大缺口的矛盾，民营企业和个体经济纷纷在传统、正规的融资渠道外另辟蹊径，通过各种方式吸收、归拢民众手中存款资金的方式，以满足自己的经营需求。但是，这种资金的体外循环，在放大市场和经营风险的同时，也使得部分资金成为脱逸于国家金融管控的域外之地，降低了国家对于市场尤其是金融市场的控制力。加之，"从20世纪90年代初开始，伴随着我国民间融资活动的迅速发展，乱集资、乱办金融机构、乱办金融业务（俗称'金融三乱'）的现象开始在全国范围内出现"①，发生了多起特大案件，引发了社会的强烈关注。为此，1995年6月全国人大常委会通过的《关于惩治破坏金融秩序犯罪的决定》对此类行为进行了入罪化的处理，并为97年《刑法》所全面继受。其第7条规定："非法吸收公众存款或者变相吸收公众存款，扰乱金融秩序的，处三年以下有期徒刑或者拘役，并处或者单处二万元以上二十万元以下罚金；数额巨大或者有其他严重情节的，处

---

① 王新：《非法吸收公众存款罪的规范适用》，载《法学》2019年第5期。

三年以上十年以下有期徒刑，并处五万元以上五十万元以下罚金"。

"刑法不应忽视世界变迁，而必须整合这些变迁及其理念。"① 随着市场化改革的进一步进行和深化，过往金融抑制和控制的理念正逐步为普惠金融和金融市场化的理念所替代。因此，近年来诸多学者对于非法吸收公众罪展开了反思和讨论，司法机关也是数次出台相应的司法解释和指导性案例，以求使得本罪能够适用于中国市场化改革进程的不断推进，以及社会背景和观念的不断变化。然而，互联网时代的到来以及互联网金融在中国的萌芽、兴起与成长，无疑为非法吸收公众存款的理解与适用注入了新的时代背景。因此，在互联网金融的时代背景下，非法吸收公众存款的存在空间与规制边界便成为不容回避、亟待回答的问题。由于在网络金融中，这一问题集中地呈现为 P2P 网络平台的异化及其刑法规制的问题，故下文将以此问题为切入，以期为非法吸收公众存款罪找到合适的体系定位与功能界限。

一、P2P 网贷平台的功能定位与异化

P2P 网贷平台起源于英国，并于 2007 年首次引入中国。2007 年拍拍贷的上线，标志着我国 P2P 网贷业务的开端。从 P2P 网贷平台的典型运作模式看，P2P 网贷平台的基本构想类似于淘宝、京东等电子商务平台，其基本功能和目的是交易双方提供信息获取和对话的平台，只不过在电子商务平台主要交易的是商品，而网贷平台交易的则是资金。因此，在 P2P 网贷平台发展的初期，网贷平台作为借款供给信息和需求信息的汇总窗口，并不直接参与借款关系的形成，也不控制和管理借款合同所涉及的借款资金。其仅仅作为信息中介平台，通过收取一定手续费或服务费的方式，以支持平台的运营和利用。由此观之，P2P 网贷平台的实质无外乎是居间机构居间经营行为的网络化与平台化。由于 P2P 网贷平

---

① 姜涛：《疫情期间"暴力伤医"行为危害及其惩治》，载《检察日报》2020 年 2 月 6 日，第 3 版。

台仅仅作为信息中介，不参与具体借款合同的磋商和订立，因此，其并不会显著地升高债权违约和损失的风险。相反，P2P网贷平台为盘活社会中的沉淀资金、满足民营企业的融资需求，提高资金的利用效率提供了新的窗口。一方面，P2P网贷平台实质上是对个体投资渠道的拓展，使得社会个体和企业手中的剩余资金得以通过借贷的方式获得利息收益；另一方面，P2P网贷平台也是对民营企业等私有经济融资渠道的拓展，使得其可以在类债权市场上，获得急需的短期资金。

P2P网贷平台提高资金利用效率，缓解民营经济资金供需矛盾的显性功能，为P2P网贷平台在我国的迅猛发展奠定了基础。然而，伴随着网贷平台经营规模的不断扩大，加之监督措施的供给不足和市场供给需求的多样化矛盾，网贷平台逐渐地在信息中介外，开始了其金融中介的膨胀之路。一方面，为了拓宽借款资金的供给，吸引、吸收更多的借款资金，各网贷平台纷纷通过许以高额的利息回报、设置虚假的债权担保、分拆债权以降低投资门槛等方式扩大资金的来源和规模。另一方面，为了强化平台的控制力和经营利润，尽可能地满足借款需求，各网贷平台又通过期限错配，设置"资金池"、债权拆分、债权让与等模式，消弭因期限、金额不同难以达成的借款合同，同时增强平台对于借款资金的控制力，从而获得借贷利差、自我融资等其他超额回报。由此，网贷平台进入了"出借人—平台控制—借款人"的模式异化。网络平台对于借款资金的聚集与控制诱发了出借人与平台间的严重信息不对称，进而导致了道德风险的产生。加之，因期限错配、高额利息等诱发的流动性风险异化与升高，诸多平台走入了风险高位运行的状态，并最终导致了"暴雷潮"的出现。

二、网络时代非法吸收公众存款罪既有讨论的回顾与反思

互联网金融风险尤其是P2P网贷平台的异化风险，为重新思考非法吸收公众存款的共识与争议提供了新的时代背景。非法吸收公众存款罪是否应当存在，以及存在的价值空间必须紧密地结合于互联网金融治理的必要需求。这构成了非法吸收公众存款罪

理解与适用的关键。在非法吸收公众存款罪的既有争议中，可以说，限缩并排斥适用构成了非法吸收公众存款罪的主旋律，但具体来看，在限缩的路径上，却与众不同。大致可以分为，罪名废除论、司法限缩论和解释限制论。

(一) 罪名废除论

罪名废除论认为，"非法吸收公众存款罪是一个带有一定计划经济色彩的罪名，在市场经济愈加发达的今天，其与经济的发展要求显得格格不入。"① 非法吸收公众存款罪通过将民间非正规的融资模式入罪化的规定，体现了国家一贯以来对于民间金融的强力堵截态势。但从具体的实践效果上看却并不尽如人意。自97年《刑法》第176条规定该罪以来，刑法的强力打击与民间融资的夹缝求生便形成了持久的拉锯战，非法集资行为不仅没有得到遏制，反而随着市场经济的不断深化以及互联网金融的创新拉动，呈现愈演愈烈之势。非法吸收公众存款罪实质上是对公司法、合同法等基本法律所保护的投融资行为的不当打压，是意图以刑事手段不当介入民事经济领域的毒树之果。这一规定不仅有悖于刑法的谦抑性精神，有悖于投资保护公众投资者利益的原则，更是有悖于发展社会主义市场经济的需要。目前，利率市场化，运行民营资本进入银行业等破除金融垄断、简化金融监管，体现金融市场化和普惠金融理念的诸多措施已从期待变为现实。可以说，罪名废除论所期待的场景正在发生。

任何的理论都存在着或多或少的假定条件，经济学理论如此，法学理论亦是如此。然而，假定条件的正确性，却并不当然意味着结论的正确性，这或是因为逻辑推理发生错误，或因为假定条件的设定并不完全。非法吸收公众存款罪罪名废除论者正是如此。P2P网贷平台暴雷案件在某种程度上所呈现的，正是金融监管缺位的情形下，依靠市场自由决定所诱发的巨大的金融风险。逐利是所有市场参与者的基本底色，P2P网贷平台概莫能外。正如前文所述，在监管缺位的制度背景下，众多的P2P网贷平台不再仅

---

① 刘宪权：《论互联网金融刑法规制的"两面性"》，载《法学家》2014年第5期。

仅满足于提供信息服务、收取信息中介费的传统经营模式,而是通过实质性地参与借款合同的磋商和订立过程,通过资金的集中收拢和控制,实现利差收入和部分信用创造的功能。这一"异变"已经使得网贷平台从信息中介走向了与银行相类似的金融中介的地位,风险倍增。加之,网络时代,匿名化交易构成了网络交易的主旋律,广大的投资者由于自身身体条件或技术条件的限制,根本无力对网贷平台的实际运营和借款人真实性审核,而这势必会导致逆向选择风险和道德风险的出现。自我融资、虚假借款、肆意挥霍、高额提成等正是这些风险的现实化。面对P2P暴雷不断,投资者损失惨重,社会动荡不安的局面,仅仅依靠民法,甚至行政法来进行治理和处罚显然是不充分也是不足够的。暴雷后的平台既无能力也无资金返还被害人的投资,何谈缴纳罚没的款项。加之,P2P网贷平台的构成成本低廉,且极易获取巨大的违法所得,进而产生巨大的社会危害,因此,无论是从罪责刑相适应的角度,还是从犯罪一般预防的角度看,都应设置相应的刑事措施进行规制和处罚。而在现有的罪名体系中,仅有非法吸收公众存款罪可以对其进行规制和处罚,因此,罪名废除论并不可取。

(二) 司法限缩论

司法限缩论,主要是通过我国刑法中独特的罪量要素的严格把握进而限缩本罪的适用。具体而言,主要是提高非法吸收公众存款罪的追诉标准;在量刑上尽量判处缓刑,后果不严重的可以免于处罚等方式,提高罪量标准,严格罪量要求,进而达致限缩适用的目的。例如,2010年最高人民法院出台的《关于审理非法集资刑事案件具体应用法律若干问题的解释》第3条第4款规定:"非法吸收或者变相吸收公众存款,主要用于正常的生产经营活动,能够及时清退所吸收资金,可以免予刑事处罚;情节显著轻微的,不作为犯罪处理。"再如:最高人民法院刑二庭公布的《宽严相济在经济犯罪和职务犯罪案件审判中的具体贯彻》中指出:"……要准确把握非法集资罪与非罪的界限。资金主要用于生产经营及相关活动,行为人有还款意愿,能够及时清退集资款项,情节轻微,社会危害不大的,可以免予刑事处罚或者不作为犯罪处理。此外,对于'边缘案'、'踩线案'、罪与非罪界限一时难以划清的案件,要从有利于促进企业生存发展、有利于保障员工生计、有利于维护社会和谐稳定的高度,依法妥善处理,可定可不定,原则上不按犯罪处理……"①

正如,有的学者所指出:司法限缩论"最大问题在于这种观点并不是在解决问题,而是通过和稀泥的方式掩盖住了问题的本质,将问题模糊化,并且造成了实践当中大量出现的选择性执法现象。"② 司法限缩论通过对犯罪后果的强调,尤其是能否及时清退集资款项的强调,力图将投资人财产无损失的案件排除在犯罪圈之外。然而,这种对于犯罪后果的过度强调,仅仅具有宣誓的效果,反而适得其反,会助长非法集资案件的进一步发展。一方面,从 P2P 暴雷的案件来看,一般只有网贷平台发生流动性危机,兑付不能的时候才会案发。另一方面,由于返还款项便无罪或无罚的效果宣誓,也会使得投资者只要能按时收到返还的款项和利息便不再关注平台整体的运行风险,反而在一定程度上会助长"庞式骗局"的产生与发展。进一步说,由于司法限缩论过于强调案件的社会影响和效果,也未提供清晰明确的操作方案,更可能导致的是,司法机关的选择性执法。对于造成众多被害人财产损失、社会影响广泛的案件进行打击,而对于无论通过何种方式偿还投资人财产,无人上访闹访的案件,则睁一只眼闭一只眼。即便这种风险可能是由经营风险所导致的。由此可见,司法限制论也不可取。

(三) 解释限制论

可以说,近年来,刑法教义学的研究构成了刑法学研究的主流。因此,并不缺位的是,学者们也意图通过对于非法吸收公众存款罪采用限制解释的方式,通过对具体概念、保护法益等概念

---

① 最高人民法院刑二庭:《宽严相济在经济犯罪和职务犯罪案件审判中的具体贯彻》,载《人民法院报》2010 年 4 月 7 日,第 Z6 版。
② 邹玉祥:《P2P 网络借贷的刑法管控——以非法吸收公众存款罪的限缩新论为视角》,载《北方法学》2018 年第 5 期。

的限缩解释，进而起到限制非法吸收公众存款罪处罚的效果。法益具有构成要件解释的指导功能，对于法益的不同把握，势必会导致构成要件概念解释的范围不一。因此，也可以说，非法吸收公众存款罪的限制解释是以法益的不同把握为基底的。

对于非法吸收公众存款罪的法益，学界主要存在"金融管理秩序、交易秩序说""商业银行设立准入制度说""公众投资者资金安全说""金融管理秩序或者公众资金的安全性说""金融风险防范化解说"五种观点。其中除"公众投资者资金安全说"属于投资者个体法益的视角外，剩余诸学说皆以管理秩序集体法益为视角，部分兼顾投资者个体法益的保护。

"金融管理秩序、交易秩序说"认为，本罪的法益是金融管理秩序①或金融交易秩序②。但无论是金融管理秩序，还是金融交易秩序，其规制的都是金融业务的特许经营权。③ 由于金融业务系以吸收资金并从事货币或资本经营的业务，因此，无论是对于"存款"概念的解释，还是犯罪行为模式的解读都必须贯彻金融业务的本质。例如，对于"存款"概念，如果客户的一笔资金根本不可能与金融机构建立起存款法律关系，则不符合存款的属性，应该在第一步就排除适用非法吸收公众存款罪的可能性。对于"行为模式"，本罪规制的仅是间接融资中形成的资金需求者与供应者之间的法律关系，而不包含直接融资关系中形成的法律关系。可以说，金融管理秩序、交易秩序说将本罪的规制范围限定为具有与银行类似功能的非法集资行为，排斥非存款资金和直接融资行为的可罚性，对于限缩本罪的适用具有积极意义。但该说忽视的是，间接融资和直接融资的界定实质上是以资金需求方资金来源的途径为区分的。就此而言，任何非法集资行为都是直接融资行为，只不过，从资金的用途上，其是用于生产经营、还是用于股权投资或债权投资，进而从资金受让方的角度看，其资金的转

---

① 参见高铭暄、马克昌：《刑法学》，中国法制出版社 2017 年版，第 399 页。
② 参见乔远：《刑法视域中的 P2P 融资担保行为》，载《政法论丛》2017 年第 1 期。
③ 参见钱一一、谢军：《非法吸收公众存款罪适用扩大化及回归》，载《长白学刊》2017 年第 3 期。

借行为，类似于从银行融资的间接融资行为。问题在于，为何将直接融资的资金用于生产经营无罪，而用于股权投资或债权投资却有罪，与此同时，通过股权市场获得的资金，既可以用于生产经营也可以用于股权投资或债权投资，其差异何在？该说并未说明。此外，如何判断资金是否会与金融机构相关联是个仁者见仁，智者见智的问题，这势必会使得非法吸收公众存款罪的认定略显随意；"商业银行设立准入制度说"认为，本罪的保护法益是商业银行设立的市场准入制度，但却忽视了与擅自设立金融机构罪所保护法益的重叠；"公众投资者的资金安全说"认为，本罪看似保护的是银行吸收公众存款专营权的金融管理秩序，但从实质法上看，刑法设定该罪名保护的是人的生活利益，即公众资金的安全和有序流动。① 也因此，本罪规制的仅是因信息不对称导致的风险欺诈行为，即投资人在错误的风险信息的基础上，处分了自己的财物，进而导致的自己的财产损失。该说的重要意义在于，以投资人视角区分了受欺诈进行的非理性处分行为和基于对称信息进行的理性处分行为，并将投资人基于对称信息进行的理性处分行为排除在犯罪之外。然而，该说并未关注到的是，金融中介除了具有信息沟通的功能，还具有信用创造的功能，因此，在当今，世界各国都对于金融机构进行了强监管，设置诸如最低注册资本、存款准备金、存款保险等多种措施以避免金融风险的高位运行。因此，将本罪简单地简化为针对于个人的欺诈犯罪并不可取。"金融管理秩序或者公众资金的安全性说"将非法吸收公众存款罪的行为分为 3 类：吸收资金又放贷的行为；吸收资金用于生产经营或其他非放贷用途的行为；网贷平台对于出借人和借款人的资格条件、信息的真实性、融资项目的真实性和合法性没有履行必要审核的义务，力求将可能的全部类型一网打尽。然而，这种集体法益与个人法益的机械融合，看似兼顾了两者的保护需求，却又不得不面对两者各自的自有缺陷和保护逻辑不一的协调

---

① 参见金霞：《安全法益维度下非法吸收公众存款罪分析》，载《犯罪研究》2012 年第 1 期。

缺陷;"金融风险防范化解说"认为刑法规制非法吸收公众存款等非法集资活动,主要是为了维护稳定、有序的金融秩序,更深层次的考虑是为了防范和化解金融风险。主要包括区域性、系统性金融风险,大规模融资所带来的信用风险,信息不对称导致的逆向选择和道德风险。① 该说以金融学为视角,以金融中介的金融风险防范为解读,将本罪的法益定位为金融风险防范化解说。但实质上,该说仅是"金融管理秩序或者公众资金的安全性说"金融学术语的重新表达,并未提供任何新的智识,反而会因为术语的跨学科适用和风险概念自身的抽象化,导致本罪认定的模糊化。金融风险防范的是非正常风险,诚然以计量经济学为基础的各种风险计量模型可以提供一定的帮助,但无论是风险的阈值或风险的可接受度都是人为的主观选择,因此,金融风险防范说并不能为本罪的理解与适用提供清晰可能的指导,因为非正常风险也是人为的主观选择。

事实上,既有的非法吸收公众存款罪讨论的共性在于,仅仅着眼于本罪的独立构成。多以银行等典型的金融中介为参照,试图或多或少地将"非法集资"行为纳入本罪的处罚范围。然而,罪名显然不是一个个独立的个体,《刑法》是由罪名组成的有机整体,只有在罪名体系中把握本罪,才可能为本罪的理解和适用找到存在意义和清晰的边界。而这恰恰是既有争论所忽视的。

三、网络时代非法吸收公众存款罪的价值与边界

事实上,非法吸收公众存款罪从来不是孤立的个体,其作为规制资本市场运作全面体系的有机组成部分,只有在罪名体系中才能找到非法吸收公众存款罪的价值和边界所在。

(一) 非法吸收公众存款罪的价值定位

1995 年 6 月全国人大常委会通过的《关于惩治破坏金融秩序犯罪的决定》,除规定了非法吸收公众存款罪外,还于第 6 条规定

---

① 参见江海洋:《金融脱实向虚背景下非法吸收公众存款罪法益的重新定位》,载《政治与法律》2019 年第 2 期。

了擅自设立金融机构罪，并赋予了与非法吸收公众存款罪相类似的刑罚。这一规定也为同年通过的《商业银行法》所认可，其第79条明确规定"未经中国人民银行批准，擅自设立商业银行，或者非法吸收公众存款、变相吸收公众存款的，依法追究刑事责任；并由中国人民银行予以取缔。"擅自设立金融机构罪，是指未经中国人民银行（在现行《商业银行法》第81条中修改为国务院银行）批准，擅自设立商业银行、证券交易所、期货交易所、证券公司、期货经纪公司、保险公司或者其他金融机构的行为。也即擅自设立金融机构规制的未经批准而设置金融机构的行为。因为，任何擅自设立的金融机构都不可能经过批准，也就自然不可能具有金融机构的合法外观。因此，如若遵循实质解释的原则，那么可以认为任何实质上从事金融中介机构业务的组织都是金融机构，理应构成本罪。例如，"地下钱庄"等。然而，司法实践和刑法理论对于本罪却表现出了明显的克制立场，例如，赵秉志教授认为，现在一些地方广泛存在着民间互助会、"地下钱庄"等地下组织，这些组织的设立者的根本目的是从事非法的经营活动，如放高利贷，以此来获得巨大的经济利益。对于这种类型的地下金融组织，不应当以本罪论处。理由在于，这类组织的运作方式较为隐秘，组织化水平较低，还没有类似于合法金融机构的合法名称，因此这类组织是没有金融机构的基本属性的，所以如果设立者擅自成立了这类地下金融组织，应当适用集资诈骗罪或者非法吸收公众存款罪来进行相应的法律规制。① 这一观点也为最高司法机关所认可。在最高法公布刑事指导案例第828号张军、张小琴非法经营案中，裁判法院否认张军、张小琴通过成立"顺发借寄公司"从事贵重物品寄押、贷款收取利息业务构成擅自设立金融机构的理由便在于此。

由于事实上从事金融中介服务，但形式上又不符合金融中介机构的非典型机构，不能以擅自设立金融机构罪定罪处罚。加之，

---

① 参见赵秉志主编：《破坏金融管理秩序犯罪疑难问题司法对策》，吉林人民出版社2000年版，第86页。

理论上的共识认为，本罪属于行为犯，只要设立即可构成犯罪，设立后的具体运行行为如果符合相应犯罪的构成要件，还应以相应犯罪处罚。因此，作为金融机构典型业务形态的，吸收公众资金并进行放贷或从事其他金融中介业务的行为便成为了该罪的域外之地，只能留待其他的犯罪进行规制。对此，从司法实践来看，主要用非法吸收公众存款罪和非法经营罪来进行处罚。其中，非法吸收公众存款罪是特殊法条，非法经营罪是一般法条。换而言之，非法吸收公众存款罪规制的是，擅自设立的金融机构和非典型机构从事的，非法吸收公众存款并从事金融中介业务的非法营运行为，而非任何吸收公众存款的行为。这便是诸多学者力求将"用于生产经营"作为无罪情形或违法性阻却事由的理由所在。①

然而，这种以用途决定论的观点，其实是高利转贷罪、骗取贷款罪对本罪的体系制衡。企业或个人从银行借的款项只能用于特定的生产经营用途，不能擅自改变用途用于借贷和从事高风险的投资和非法行为。因此，吸收公众存款的个人或企业也只能将资金用于生产经营，否则便面临着被归罪的刑事风险。然而，如前所述，这一认识的误区在于忽视了前述罪名归罪的隐含条件，即假如知道行为人的真实意图，那么银行便不批准该贷款的反面假设。而这正是源于银行发放贷款罪的用途约定。但在非法吸收公众存款罪中，绝大多数的投资人对于借款的用途并无明确约定，只有部分的投资人对于资金用途存在着明确认知。因此，再将借款的用途限定于生产经营却未尽合理。这也是学者孜孜不倦地意图将"用于生产经营"的非法吸收公众存款案件排除出犯罪圈的同时，司法者却仅将其作为定罪免刑条件之一的顾虑所在。

其实，对于非法吸收公众存款罪，在非法性之外，更应关注的是其"社会性"，即向不特定主体筹措资金的事实。其核心在于向不特定的多数人筹措资金。2010年最高人民法院公布的《最

---

① 参见张东平、赵宁：《民间融资的立法规制梯度及刑事法边界——以类型化的融资风险等级划分为依托》，载《政治与法律》2014年第4期；李希慧：《论非法吸收公众存款罪的几个问题》，载《中国刑事法杂志》2001年第4期；李勤：《非法吸收公众存款罪与集资诈骗罪区分之问》，载《东方法学》2017年第2期。

高人民法院关于审理非法集资刑事案件具体应用法律若干问题的解释》第 1 条明确规定，未向社会公开宣传，在亲友或者单位内部针对特定对象吸收资金的，不属于非法吸收或者变相吸收公众存款。《处置非法集资条例（征求意见稿）》第 2 条，再次重申，未经依法许可或者违反国家有关规定，向不特定对象或者超过规定人数的特定对象筹集资金，并承诺还本付息或者给付回报的行为，是非法集资。可见，对于非法吸收公众存款罪的认定，国家管理机关和司法机关并未遵循用途的原则，而是通过嫁接证券公开发行的相关规定，对于非法集资的"社会性"进行规制。这类似于将非法集资的行为看成是非法发行企业债券和股权的行为，只不过在非法集资案件中，并不存在所谓的债权或股票。因此，非法吸收公众存款罪的规范体系价值定位是非典型的债权和股权的公开发行行为，而非非典型的金融中介服务行为。

（二）非法吸收公众存款罪的处罚边界

对于非法吸收公众存款罪处罚边界的问题，学者往往集中"非法性"概念的限缩认定。例如，王新教授认为，对于非法性的认定必须恪守未经依法许可和违反国家有关规定的二元标准。虽然最高司法机关对于"违反国家有关规定"采用了折中的立场，即在基本底蕴上是以"国字号"的法律法规作为"非法性"的认定依据，但也有所松动，规定"可以参考"部门规章，但也仅限于在"国家金融管理法律法规仅作原则性规定"的时候。① 正如，有的学者所言，在 P2P 网贷中，对于网贷平台的非法性认定，由于《商业银行法》第 11 条仅对禁止从事非法吸收公众存款罪的行为进行了原则性规定，因此，对于网贷平台非法性的行为类型的认定必须依托作为部门规章的《网络借贷信息中介机构业务活动管理暂行办法》。② 不容否认，对于非法性的认定坚持前置法明确规定的原则和行政法法无禁止即自由的法理，限缩性的认定非法吸收公众存款罪的"非法性"对于本罪的限缩具有重要

---

① 王新：《非法吸收公众存款罪的规范适用》，载《法学》2019 年第 5 期。
② 邹玉祥：《P2P 网络借贷的刑法管控——以非法吸收公众存款罪的限缩新论为视角》，载《北方法学》2018 年第 5 期。

意义。

但非法吸收公众存款罪的特征并非只有"非法性"为以足，同样必须重视的是，"社会性"特征对于本罪的限缩意义。一方面，对于非公开进行的非法吸收公众存款的行为，由于不具有"社会性"理应不应认定为非法吸收公众存款罪，即便这些吸收后资金被用于放贷、股权等高风险的领域或从事非法行为，或由于这些经营行为造成了投资者的重大损失，都不能以后果归罪，认定其构成非法吸收公众存款罪。另一方面，一旦借款人面对不特定的多数人或超过规定人数的特定多数人吸收资金，则即便其用于生产经营，也即便其并未造成任何损失，也应构成非法吸收公众存款罪，只不过对于量刑而言，其刑罚显然应轻于用于非生产经营和造成投资财产损失的情形。这既是司法解释的基本立场，也是坚持刑法罪名体系解释的必然结论。

第三节　侵犯著作权罪的挑战与回应——以网络著作侵权为例的分析

网络时代知识经济正在进行着数字化的变革。电子图书、电子报刊、微博博客、公众号文章等正逐渐替代传统的纸媒，成为大众知识消费的主流途径。毋庸置疑，知识数字化变革极大地助益了知识的传播和消费，民众足不出户便可以获取、阅读其所需的各种知识。加之，互联网与数字化知识的结合、大容量储存技术的发展和数字化纸墨技术的开发使得读者既免除了携带大量纸媒书籍的不便，又可以享受到与阅读纸媒书籍同样的效果体验。可以说，网络正在以全新且便捷的方式，重塑整个知识经济的消费方式和结构。

然而，网络技术的虚拟性和技术性，同知识产权的无形财产属性具有完美的契合性。知识产权数字化的变革在方便人类传输和阅读的同时，也使得非法复制和传输也变得更加容易。正如有的学者所指出，"传统知识产权犯罪中，对于知识产权的侵害，往往需要通过一定的物质载体,如实施制作、销售、传播书籍、光盘以及制作假冒商标、专利号的产品等行为时,往往需要多人分工协作共同实施;而在网络空间中,网络的虚拟性推动了知识产权的信息化,脱离了物质载体,而网络的技术性则为实施知识产权犯罪提供了技术支持,使侵害知识产权犯罪的实施更为简单、便捷。"① 犯罪门槛的显著降低、犯罪技术手段的简便化以及犯罪主体的匿名化和犯罪空间的虚拟化,为网络知识领域的犯罪提供了天然的温室,无怪乎"网络知识产权犯罪同网络信息技术相结合,在世界范围内被公认为是知识产权犯罪全新的发展趋势和新时期最为严重的威胁。"②

一、网络时代侵犯著作权罪面临的挑战

网络技术与知识产权的全新融合,对于运用刑法规制网络知识产权犯罪提出了全面挑战。这主要集中于以下几个方面:

其一,网络技术与知识产权的结合产生了新的法益和保护对象。网络技术对于知识产权的数字化改造使得知识产权的存在方式和存在形式发生的新了变化。"在数字网络环境下,许多新的作品形式应运而生,典型的有数据库、多媒体、网络作品、网络上的公共信息等。"③ 不可否认,对于多媒体、网络作品以及网络上的公共信息等,其仅仅是知识产权存储介质和呈现载体的变化,即从物质有形载体到网络无形载体的变化,因此适用传统的侵犯著作权罪等并无困难。然而,对于数据库、用于阻止侵犯著作权的技术保护措施和权利保护信息等能否适用却面临争议。例如,数据库是否属于汇编作品,进而其享有著作权便面临争议。再如,用于阻止侵犯著作权的技术保护措施和权利保护信息(如密钥、

---

① 于志强:《我国网络知识产权犯罪制裁体系检视与未来建构》,载《中国法学》2014年第3期。
② 毛庆:《互联网成知识产权侵权重灾区》,载《南京日报》2013年4月24日,第A02版。
③ 王爱鲜:《数字网络时代我国著作权刑法的适用困境与完善》,载《河南大学学报(社会科学版)》2013年第5期。

注册码等）本质上是一种防伪技术和授权访问机制，其并不属于著作权意义上"作品"，对于非法侵犯技术保护措施和权利保护信息行为的归责面临难题。

同时，网络技术对于知识产权传播模式的改造使得"信息网络传播权"成为一种新型权利。对此，我国《著作权法》第10条规定了信息网络传播权，并于第53条配置了相应的侵犯责任。值得注意的是，在《刑法修正案（十一）》颁布生效以前，我国《刑法》第217条侵犯著作权罪并未就此适配专门的构成要件行为，而是利用专门司法解释将其涵摄于"复制发行"之中。由于这一做法具有突破罪刑法定明确性之嫌，且导致《著作权法》与《刑法》的体系衔接紊乱，故而《刑法修正案（十一）》修改了本罪的构成要件行为，通过增设"通过信息网络向公众传播"这一新的构成要件行为，进而初步解决了规范依据缺失问题。然而，如何理解这一构成要件行为以有效划定入罪范围仍有待深入讨论。

其二，网络技术与知识产权的结合促生了新的犯罪手段。网络从来都不具有鉴别使用者品格的能力，网络技术在创新知识产权复制、传输和利用方式的同时，这些新的方式同样可以为犯罪分子所利用，并随之成为新的犯罪手段。例如，深度链接行为，深度链接行为本质上是便捷知识产权的受众免去网页链接转载的麻烦，实现在一网站访问另一网站所需内容的技术措施。然而，这一技术措施却为犯罪分子所利用，通过深度链接侵犯著作权作品的方式，扩大侵犯作品的传播面，并进而获得不法利益或造成著作权人的重大损失。再如，外挂、私服等，其目的是通过嫁接数据、修改程序等方式，使得游戏用户可以在游戏中获得超越正常玩家的能力或者在正规游戏外通过私设服务的方式获得与正规游戏相同或者超然的游戏体验。然而，这种有损一般游戏公平或分流游戏受众的行为，显然侵害了游戏公司的正常权益，造成了游戏公司的经济损失。这些新的犯罪形式，与传统的复制发行行为存在诸多不同，例如，并未复制作品仅是链接侵犯作品、并非复制作品而是搭载插件等。因此，能否将此类行为涵摄于"复制发行"行为之下，进而以侵犯著作权罪进行定罪处罚也不无疑问。

其三，网络技术与知识产权的结合异化了犯罪后果的评价方式。网络时代著作权作品的网端访问模式和云端访问模式对于侵犯著作权犯罪的传统评价模式提出了严峻挑战。正如有学者所指出的，虽然从侵犯著作权犯罪的立法条文和原意来看，对于侵犯著作权犯罪的定罪量刑应以违法所得的数额为主，但实践考察发现，这一规定基本被弃之不用。其原因在于，一方面，违法所得数额的范围认定面临难题，另一方面，司法上也面临着查证困难。因此，在实践中，多以侵权复制品数量为定罪标准。① 然而，在网络时代下，单纯地以侵犯复制品的数量为定罪标准却面临难题：一方面，随着存储和压缩技术的进步，一部光盘等复制品中可能包含数以千计甚至万计的侵犯作品，仅以复制品的数量进行定罪处罚并不能全面评价犯罪的后果。另一方面，也更为重要的是，网络为侵权作品的泛访问提供了可能，犯罪人无需对于侵权作品进行复制，仅需将其上传到可以为公众所访问的服务器中即可。例如，上传侵权作品到网站上供用户阅览和在线观看；再如通过将侵权作品上传到云盘中，并通过传播账号密码的方式供用户访问和在线观看。由于在这些情形中，用户既没有下载，侵权人也没有复制，因此复制品数量根本无从使用。为此，2011年1月10日最高人民法院、最高人民检察院与公安部联合发布《关于办理侵犯知识产权刑事案件适用法律若干问题的意见》，其第13条将作品的实际被点击数及注册会员数纳入情节严重程度的认定标准。但也同样面临争议。正如有的学者所知，将实际点击数量作为情节严重的标准实质上是将临时复制行为予以归罪。但是，将临时复制行为纳入复制行为的认识，不仅于前置法无据，而且同样面临着不能评价社会危害性和难以司法查证的难题。

其四，网络模式与知识产权的结合使得"以营利为目的"的犯罪构成面临危机。与以有形载体存在的传统知识产权不同，数字化的知识产权具有无限复制和便捷传输的特征。因此，在不存

---

① 参见陈志鑫：《"双层社会"背景下侵犯著作权罪定罪量刑标准新构——基于306份刑事判决书的实证分析》，载《政治与法律》2015年第11期。

在任何技术性限制措施的情形下,即便是普通的网络用户,也可以将侵犯著作权的数字化产品进行无限复制和传输。这种无成本或几乎零成本的复制和传输模式,使得行为人并非总是基于非法营利的目的进行复制发行侵权作品。例如,2005年我国香港地区发生的"古惑天王"案中,行为人在没有营利目的且不涉及商业利益的情况下,将三部电影在互联网上以BT方式分发,造成著作权人的巨大损失。① 同样,在我国通过"种子"等形式免费分发电影的行为亦不在少数。从侵权人的角度而言,其的确没有获得任何不法利益,但对于被侵权人而言,其遭受的财产损失却是确定无疑的,甚至可以说比纸媒时代遭遇的损失更大。但由于侵犯人并不具有营利的目的,且也未获得任何不法利益,因此,只能以民事侵权行为进行处罚。而这显然不利于网络环境中著作权人著作权的保护,毕竟对于著作权人而言,无论是有偿售卖还是无偿分享,对于其著作权的侵犯和财产损失的造成并无不同,况且网络技术的进步为全民侵权提供了可能,这是尤为值得警惕和注意的。

二、网络时代侵犯著作权罪回应的路径

网络时代知识正在以无可比拟的速度膨胀与发展,网络为知识的全民创造提供有利的条件和广阔的天空。因此,对于网络知识产权犯罪的管控与回应,刑法必须坚持谨慎而又非放纵的适度管控模式。事实上,从具体回应的思路上,任何一个各罪都可以采用立法修改和教义解释这两种路径。前者系罪名构成为了适应社会的新变化、新情况而进行的立法条文修正,后者则系在法律条文未变的情形下,对于法律条文进行适度地扩张或限缩解释,以期回应和满足社会实践的需求。对于网络时代侵犯著作权罪的回应同样存在如上两种路径。

正如张明楷教授所言,法律不是嘲笑的对象,而应该被信仰。

---

① 参见白净:《从香港〈版权条例〉修订看版权刑法保护》,载《国际新闻界》2010年第10期。

学者的任务也不是批判法律,而是应该解释法律,对抽象的或有疑问的表述应当作出善意的解释或推定,将"不理想"的法律条文解释为理想的法律规定。因此,在一项法律规定或法律条文不适应于社会变迁时,首先应想到的是,能否通过解释的方式予以弥合和消解而非仓促修改法律。

(一)"复制发行"的正确解释

1. "通过信息网络传播"的体系限缩解释

尽管《刑法修正案(十一)》对"通过信息网络传播"这一构成要件行为的增补终结了相关行为入罪的"合法性危机",但问题并未终止,"通过信息网络传播"的具体内涵仍然有待明确。从文义解释出发,举凡一切利用信息网络以传播作品的行为皆可为该构成要件行为所涵摄,网络频道根据预先设定的节目时间表进而播放电影、电视剧的行为(即"网播")显然亦被纳入其中。

然而,前置法《著作权法》对信息网络传播权的规定采取了限缩态度。根据《著作权法》第10条第1款,信息网络传播权并非泛指一切在信息网络中传播的行为,而仅指"交互式传播",即公众在其选定的时间和地点获得作品或其他相关客体的行为。显然,"网播"缺乏信息网络传播行为所要求的"交互性"特征,相对人只能"被动地"服从传播者事先设定好的节目单,而无法选定传播时间及地点。根据北京市高级人民法院《关于审理涉及网络环境下著作权纠纷案件若干问题的指导意见(一)(试行)》第10条,"网络服务提供者通过信息网络按照事先安排的时间表向公众提供作品的在线播放的,不构成信息网络传播行为……"。2020年新修改《著作权法》亦调整了广播权的定义,而将"网播"等非交互式网络传播行为纳入其中。因此,对侵犯著作权罪"通过信息网络传播"的解释仍然面临《刑法》同前置法的体系协调问题。[①]

在《刑法修正案(十一)》出台之前,为对"复制发行"进

---

① 参见王迁:《论著作权保护刑民衔接的正当性》,载《法学》2021年第8期。

行扩张解释，有观点基于违法独立性原理认为，刑事违法性具有独立性，不必然附庸于前置法，故而刑法及前置法的相同概念之间无需一致。据此，"网播"等非交互性传播行为必然纳入处罚范围。然而，这一理论显然过于绝对。一方面，《刑法》构成要件的特定概念若不同前置法保持基本一致，则意味着其处罚范围可以根据所谓"规范目的"自由调整，"二次保护法"的机能难以发挥。另一方面，前置法为《刑法》提供了概念基础，若不遵循概念体系上的一致与协调原则，则《刑法》无时无刻不存在违反罪刑法定原则明确性要求的嫌疑。

职此之故，为最大程度确保《刑法》概念与处罚范围的明确性，且为《刑法》独立性的发挥留有空间，当前学界在相对的违法独立理论上达成了共识，即"原则上《刑法》中的概念理应同前置法保持一致，仅在规范目的存在明显不同的情况下，才允许《刑法》中的概念相对独立"。① 显然，《刑法》同前置法在侵犯著作权行为的规范目的方面并无不同，皆为保护著作权相关权益。也因此，《刑法》中通过信息网络传播的规范内涵同《著作权法》保持一致具有合理性。

此外，从法益侵害性出发，"网播"等非交互性网络传播行为同交互性网络传播行为也具有巨大差异。在侵犯著作权罪中，著作权人权益的损害往往同其作品的"点击率""曝光率"等具有直接因果关系，作品的点击或曝光频次越高，则意味着其作品被传播地越广泛，其损害则越严重。在交互式网络传播行为中，由于公众能够任意选择获得作品的时间与空间，故而其法益侵害性显然相比于固定时间与空间的非交互性网络传播行为更加严重。根据"以刑释罪"的基本原理，将法益侵害性较低的非交互性网络传播行为同法益侵害性较高的交互性网络传播行为解释于同一构成要件之中显然不甚合理。

综上所述，本书认为，对通过信息网络传播理应适用限缩的

---

① 陈晓东、蔡道通：《刑事违法相对独立说之提倡》，载《学海》2020年第5期。

体系解释,将该构成要件行为的定义限定于交互式网络传播行为,同时将"网播"等非交互式网络传播行为予以排除,进而实现《刑法》与《著作权法》的体系概念一致。

2. 侵犯阻止侵犯著作权的技术保护措施行为的定性

在深度链接、外挂、私服、侵犯用于阻止侵犯著作权的技术保护措施和权利保护信息等案件中,复制发行面临的则是程度的挑战。在深度链接中,行为人仅仅是将侵权作品深度链接到自己的网站中,其并未复制、上传侵权作品。在外挂、私服案件中,将打包客服端或游戏程序的外挂、私服认定为未经授权私自复制并无困难。困难在于,当外挂、私服属于搭载性的外挂、私服,即通过类似于插件的方式搭载于客户端和游戏程序,由于其并未复制游戏程序,因而在定性上存在困难。在侵犯用于阻止侵犯著作权的技术保护措施和权利保护信息案件中,由于软件程序系商家免费提供和下载,因此,非法复制发行密钥、注册码的行为,并未复制发行软件程序本身。由此,必须面临的问题在于,行为人若并未复制发行侵权作品本身,而是通过深度链接、外挂、私服、破解技术或权利保护措施的方式对著作权人造成了实际损失,这种行为应当如何定性?对此,有学者指出,可以通过共犯正犯化的理论进行处罚,也有的学者指出,可以依据社会危害性相当的原理进行处罚。但正如有的学者所指出,共犯正犯化非解释理论,而是立法理论,而社会危害性相当原理则过于实质,容易不当地扩大刑法的处罚范围。我们认为,应该关注的重心不在于作品本身是否被复制或发行,而是在于从使用者的角度观察该行为实质上是否可以构成复制或发行。从使用者的角度看,无论是深度链接行为,设立私服行为还是破解技术或权利保护措施的行为,都会使得用户在未经授权的情形下,获取到相应的作品及作品的使用权。对于受众而言,这些行为无疑会构成复制或发行行为。因此,将其纳入"复制发行"的规制范围并无不当。值得说明的是,由于外挂本质上是玩家的一种不公平辅助手段,因此,即便从受众的视角看,其也不属于复制或发行原游戏作品,只是帮助玩家达成一种不公平的竞争状态,故而无法纳入"复制发行"的范围，不能构成本罪。

(二) 罪量评价标准的理性重构

罪量既是入罪的门槛，也是刑罚轻重的关键要素。因此，罪量评价标准的合理性、科学性对于依法精确量刑具有重要意义。与印刷时代复制品数量既能体现行为人的危害程度和危害广度所不同，网络时代侵权复制品的数量既难以体现危害程度也难以体现危害广度。一方面，大容量储存介质和云存储的广泛运用激发了危害程度大但复制数量低或复制数量大但危害广度低的评价矛盾；另一方面，网络广泛授权访问机制使得行为人只需复制一份侵权作品，便可以无成本无限传播。为此，司法机关通过司法解释的方式，将点击量和访问量纳入罪量评价标准，以应对一份复制，多次访问的定性难题。但正如学者所指出，点击量和访问量同样面临着难以认定的难题。具言之，同一 IP 的多次访问、多次点击如何认定？同一作品不同部分的多次访问、多次点击如何认定？恶意点击、恶意访问如何认定？等等。加之，不断更新的司法解释为侵犯著作罪的罪量评价不断提供新的标准，这些标准之间如何转化和换算同样成为司法实践难以应对的难题。事实上，即便司法解释不断调试其罪量评价的基本标准，以期适应的社会变化，但从基本内核上看，其延续的依然是犯罪人获利及侵权作品传播广度的集体法益式评价路径。

然而，毋庸置疑的是，著作权是属于权利人的一项个人权利，因此，侵犯著作权罪保护的应是作品权利人的个人权利，而非著作权的市场秩序。依据权利的属性不同，著作权可以分为著作人身权和著作财产权，前者主要是指署名权等，后者主要是指复制发行等权利。侵犯著作权罪保护的主要是著作财产权。事实上，如果以个人为视角，其财产权自然可以分为著作财产权和非著作财产权。对于后者，刑法主要通过盗窃罪、诈骗罪等罪名体系进行保护，对于前者，则依托于侵犯著作权罪和销售侵权复制品罪进行保护。由于在传统非著作权财产犯罪的评价标准中，某种程度上依据的也是犯罪所得标准，因此，在著作权财产犯罪中，再以此为标准似乎并无不当。但应当看到的是，目前在刑法学界的主流理论中,多认为非著作权财产犯罪的罪量评价应以被害人损失为标准,只不过对于具体的犯罪而言,存在个体财产损失说和整体财产损失说的标准不同。因此,对于著作权财产犯罪而言,再坚持犯罪所得标准已经不合时宜,必须修正为被害人损失标准。这也是针对个人财产法益保护的应有之义。以被害人损失为标准的益处在于,罪量的评价标准无需再拘泥于对于社会造成了多大的危害,行为人获得了多少不法所得,而是着眼于行为人的犯罪行为造成了被害人的多少损失。因此,在数额计算上,便可以具体地化约为作品市场价乘以侵权使用人数。这便为诸多标准提供了统一的框架,即市场价是固定的,只需认定具体的受众即可,同一作品的重复受众不应重复计算。例如,点击量、访问量等,同一 IP 的多次访问、多次点击、同一作品不同部分的多次访问、多次点击都应算作一次,而非多次,因为在多数情况下,这是代表了一人次的侵犯使用。当然,对于具体的入罪数额,只能依赖最高司法机关通过大数据分析等技术研判的方式,予以酌情规定。

(三) 网络时代侵犯著作权罪回应的立法路径

与前述可以通过教义扩大解释和司法解释修订方式,同侵犯著作权罪网络时代适用性不足所不同的是,以非法营利为目的的调和则必须通过立法的方式进行。这是因为,这一目的非学者基于条文的规定进行逻辑推断所得,而系刑法条文的明确规定。网络为事物的分享提供了各种可能,人们可以通过网络分享其各种所见所闻,当然也包含其合法或非法获得著作权的作品。事实上,在网络空间中,为了增强利用效率,降低平均成本,各种形式会员出租出借、账号出租出借不在少数。而其中,隐含的则是网络侵犯著作权的危机。与印刷时代,出租或出借正版或盗版图书不同,网络为这种出租、出借提供了更多的可能。网络用户可以通过各种途径将自己所获得的数字化的作品上传或发布于网络之上,供任何人下载和观察。例如,对于电影而言,通过网站、公众号、云盘等方式上传、传播院线盗版电影早已数见不鲜,很多人或多或少地都是其受益者。由于网络用户在网络空间中,分享作品的目的多种多样，并不只是为了获益，有可能只是想要分享或者寻求刺激与认同。但对于作品权利人而言，无论是免费还是付费，其损失是同一的，即潜在用户都获得了作品。由此，在万物互联以及互联网免费模式盛行的当下，通过立法的方式修正"以非法营利为目的"的不当要求，不仅正当其时，而且对于著作权作品网络化传播与使用的法治化引导无疑也具有深远的意义。

第四节 非法经营罪的扩张与限缩——以网络刷单为视角的分析

一、网络经济的新秩序与非法经营罪的扩张适用

任何经济活动都必须在一定的组织秩序结构中运作，互联网经济不外如是。由于互联网几乎是实体经济和交易模式的网络投影，因此，在多数情形下，将实体经济的运作秩序同网络经济的运作秩序做同一理解并无不当。例如，通过网络在线上销售专营物品与通过门店在线下销售专营物品并无本质不同，相应地也不存在适用法律规制的难题。然而，网络作为一种新兴事物，具有其独特的属性，因而其在复刻现实经济秩序的同时，也会由于其自身特性而产生实体经济秩序所不相容或未涉及之处。这便为刑法的规制提出了挑战。

网络信用评价体系的变革导致刑法的适用不能便是其中的典型。在网络时代，信息生产摆脱了垄断，走向了信息的全民生产时代，即任何人都可以通过各种渠道发布与产品和服务相关的真实信息或体验。与现实交易不同，网络交易是一种匿名化的，非实物化交易。在多数情形下，交易的买者并不能直接看到所欲购买的商品的实物，而只能依赖于卖者所公布的产品图片及相关信息。然而，显而易见的是，买家由于担心卖家自利的本质会自然而然地怀疑卖家所披露的信息的真实性。因此，作为替代，以交易量和用户评价为轴心的全民信用评价体系成为网络交易信用评

价的中心。这极为类似实体经济中服务交易的顾客评价机制。由于交易量和用户评价的形成系由一个个匿名的购买主体,基于自身的用户体验所生产的评价信息,信息来源的广泛性和匿名性决定了信息生产的客观性。因此,通过交易量和用户评价选择商店和商品已经几近成为每个网购用户的默然选择。也因此,各大电商平台纷纷以此作为平台商户的信用评价和搜索优先度的主要评价标准。

然而,信息生成的匿名性和个人性也为虚假信息的生成提供了可能,网络刷单应运而生。网络刷单是指刷单行为参与人通过伪造资金流和伪造物流等方式虚构交易流程,虚增交易量或虚假好评差评,进而虚增信用或恶意减低他人信用的行为。因此,网络刷单具体又可以分为正向炒信和反向炒信两类,前者指虚增信用,后者则指恶意减低信用。对后者而言,由于学者们的主要争议在于能否以破坏生产经营罪进行评价,即能够将通过虚增交易量的方式,致使竞争对手被网络交易平台降低搜索优先权的行为,评价为与毁坏机器设备、残害耕畜相类似的"其他行为",因而不属于本章的讨论范围。但与正向炒信所相同的是,反向炒信行为同样可能由同一炒信组织、平台或个人实施。因此,针对整个刷单炒信行为,存在刷单委托人、刷单经营者、刷单对象三个主体。事实上,即便刷单委托人和刷单经营者因反向刷单而被评价为破刷生产经营罪或其他犯罪的共同犯罪,但仍值得研究的是,刷单经营者经营刷单业务的行为是否可以构成非法经营罪或其他犯罪。就此而言,这与正向刷单并无不同。

对于刷单经营者经营刷单业务的行为,司法实践多以非法经营罪进行定罪处罚。例如,在刷单第一案中,李某通过创建零距网商联盟网站,利用YY语音聊天工具建立刷单炒信平台,吸纳淘宝卖家注册账户成为会员,并收取300元至500元不等的保证金和40元至50元的平台管理维护费及体验费。该案被告人李某组织炒信刷单的行为便被法院认定为非法经营罪。无独有偶,田某、王某梅非法经营一案中,田某、王某梅组织刷单炒信的行为同样被认定为非法经营罪。① 对此，刷单第一案的审理法官解释道："网购环境需要净化，互相刷信的行为，不仅误导消费者在购买商品时的判断，也容易带来交易风险。如果不建立一个健康正常的网络交易秩序，对消费者个人，甚至对整个网络经济的发展都会有影响，相信本案对于规范网络交易市场有促进作用。"② 由此可见，非法经营罪正扩张地适用于保护网络信用的新秩序。

二、非法经营罪扩张适用的逻辑反思

纵观此类案件，非法经营罪认定的法律依据无一例外地都是《网络诽谤解释》第 7 条的规定，即违反国家规定，以营利为目的，通过信息网络有偿提供删除信息服务，或者明知是虚假信息，通过信息网络有偿提供发布信息等服务，扰乱市场秩序情节严重的，应认定为非法经营罪。然而，这一适用却不无疑问。

首先，组织刷单的行为不属于明知是虚假信息，通过信息网络有偿提供发布信息服务的行为。虽然从语义上看，组织刷单的行为的确是虚构交易量或虚假好评等产生虚假信息的行为，同时，这些信息也可为任意访问该网络店铺欲购买该种商品的网络用户所见。因此，其在客观上，确实具有发虚假信息的功能。这也是司法机关普遍将组织刷单行为认定为明知是虚假信息，通过信息网络有偿提供发布信息服务的关键所在。然而，语言的含义不是孤立的，必然要依存于特定的语境，不同的语境下，相同的词语可能具有不同的含义。对于明知是虚假信息，通过信息网络有偿提供发布信息服务的理解同样不应脱离于该语言所处的环境，而进行孤立地解读和适用。从规范初衷上看，《网络诽谤解释》第 7 条设置是希望通过非法经营罪来规制网络上非常猖獗的"删帖"和"发帖"服务，也就是俗称的网络"水军"。③ 而解释的重要依

---

① 汕头市潮南区人民法院刑事判决书（2019）粤 0514 刑初 384 号。
② 《全国'刷单炒信入刑第一案'宣判被告人犯非法经营罪获刑：法官详解为何定性为非法经营罪》，载《法制日报》2017 年 6 月 21 日，第 8 版。
③ 参见张向东：《网络非法经营犯罪若干问题辨析》，载《法律适用》2014 年第 2 期。

据就是，该类行为破坏了《互联网信息服务管理办法》第 4 条所确立的国家对经营性互联网信息服务的许可制度。① 对于经营性互联网信息服务，《互联网信息服务管理办法》第 3 条明确规定，是指通过互联网向上网用户有偿提供信息或者网页制作等服务活动。从概念范畴上看，该办法对于经济性互联网信息服务采用了极为宽泛的界定。但即便如此，我们仍能从以下规定中窥探其真正的含义。该办法第 6 条规定，从事经营性互联网信息服务，除应当符合《中华人民共和国电信条例》规定的要求外，还应当具备下列条件：（一）有业务发展计划及相关技术方案；（二）有健全的网络与信息安全保障措施，包括网站安全保障措施、信息安全保密管理制度、用户信息安全管理制度；（三）服务项目属于本办法第 5 条规定范围的，已取得有关主管部门同意的文件。其中《电信条例》的第 8 条第 1 款和第 2 款又规定："电信业务分为基础电信业务和增值电信业务。基础电信业务，是指提供公共网络基础设施、公共数据传送和基本话音通信服务的业务。增值电信业务，是指利用公共网络基础设施提供的电信与信息服务的业务。"由此可见，这里的经营性互联网信息服务并不是泛指任何的从事信息服务并收取报酬的行为，而是利用公共网络基础设施提供的信息服务。也因此，对于组织刷单的行为人和实施刷单的行为人而言，其仅仅是经营性互联网信息服务的用户而非经营者。"这里的'经营性互联网信息服务'应当理解为那些一般性、初始性和基础性的互联网信息服务，例如，基础的网络接入服务、信息存储服务，或较为大型的门户网站等。"② 在刷单活动中，刷单行为人仅仅是经营性互联网信息服务的用户，是非经营者。因此，将其纳入《网络诽谤解释》第 7 条评价范围并不科学。

其次，运用非法经营罪规制网络刷单的行为也不符合该罪的法益保护目的。法益既是区分罪与非罪、此罪与彼罪的标准，也

---

① 王志祥：《网络水军非法经营行为应予定罪》，载《法制日报》2013 年 9 月 11 日。

② 王华伟：《刷单炒信的刑法适用与解释理念》，载《中国刑事法杂志》2018 年第 6 期。

是解释构成要件和适用条文的指引。任何行为构成非法经营罪的前提是其必须侵犯了非法经营罪所保护的法益。对于非法经营罪的保护法益，现今的主流学说认为，非法经营罪保护的是国家的市场准入制度或国家的特定行业的许可经营制度，也即非法经营罪侵犯的是应经许可而未经许可的特许经营制度，例如，烟草专营权、证券特许经营权、保险特许经营权等。将非法经营罪的保护法益定位为市场准入制度或特定行业的特许经营权的益处，不仅在于其为非法经营罪的法益提供了清晰的描述，还在于这一表述也为非法经营罪的适用提供了清晰的界限。一方面，由于本罪保护的是特许经营制度，因此，对于行政法规上未设置特许经营权的行业或服务，即便其存在无证经营等其他违法行为，也不能认定为本罪。另一方面，由于特许经营权的内在含义是，这种行为必然可以通过特权经营权授予的方式进行合法化，因此，其必然具有合法性的一面。这意味着对于永远不可能通过授权特许经营权而取得合法性的领域，也不能适用本罪。对于组织刷单的行为，由于"这种活动本身具有非法性，不可能取得许可而成为合法"①，不符合非法经营罪的法益保护目的，不能认定为非法经营罪。

三、非法经营罪限缩适用的解释归正

毋庸置疑，网络正在重构传统的社会秩序，以形塑适合于网络特点的新秩序。与此同时，法律的滞后属性往往使得这些新秩序难以即刻为法律所涵摄保护。一方面是新秩序下新违法犯罪的层出不穷，另一方面是法律滞后所造成的规制真空。面对如此困局，司法实践往往通过扩张既有规制适用范围的方式以弥合二者间的矛盾与冲突，力求将新秩序纳入规则的范围之内。作为经济秩序保护的兜底性罪名，非法经营罪往往成为司法人员的首要选择。这不仅是因为其兜底条款存在解释空间，也是因为传统上往

---

① 陈兴良：《互联网账号恶意注册黑色产业的刑法思考》，载《清华法学》2019年第6期。

往将其法益简化为抽象的社会经济管理秩序。不可否认,这种扩张适用的出发点是善意的,但是,这种盲目扩张也使得非法经营罪成为随意拉伸和揉捏的存在,丧失其行为定型性,进而无所不包。刑法作为最为严厉的惩罚措施,必须恪守其后盾之法、保障之法的地位和坚持谦抑的精神。对此,我们认为,即便存在侵犯网络新秩序的新的违法行为需要刑法予以回应,对于非法经营罪的解释仍然必须坚持以下两点:

其一,必须坚持市场准入秩序法益保护的基本立场。首先,由于市场准入秩序系由行政法规所规定的行政许可制度。因此,坚持市场准入秩序法益保护的基本立场,实质上坚持的就是刑法的二次保护性和后盾之法的基本立场。对于行政法未设定行政许可制度的行业,基于民商法之法无禁止即自由的法原则,应当认为任一市场主体都可以进行经营。即便经营的主体因缺少经营所必须的其他证照,也不能认定为构成非法经营罪。其实,市场准入秩序或者行政许可制度的前提是,存在合法的经营市场,只不过基于风险控制或资源配置的要求,而对于市场的参与主体进行合理的限制。这意味着对于非法市场,由于根本不可能存在市场准入秩序也不可能构成非法经营罪。再次,对于行政许可的设定而言,法律、行政法规、地方性法规、地方政府规章都有权在一定条件下,或设立永久或设立临时的行政许可。对于刑法而言,显然不应也能全盘认可。对此,《刑法》第225条的非法经营罪条文明确规定,其违反市场准入秩序的行为仅限于违法"国家规定"中的市场准入秩序,也即仅包含法律和行政法规。这是因为,刑法系全国性的法律,而地方法规和地方政府规章系地方性的规范性文件,如果允许刑法依据地方性法规和地方政府规章进行定罪处罚,其实质上会架空法律保留原则和刑法的统一适用性。

其二,必须坚持"兜底条款"同质性解释规则。兜底条款作为面向未来的立法技术,其"意义在于防止刑法在面对突发的情况时措手不及,因此在一定程度上弥补了列举式立法的不周延性,具有'一网打尽'的特点。"① 但也应当看到，这种立足未来的立法策略是以一定程度的立法明确性为代价的。由于立法并未示明其所欲规制的具体行为类型，而运用兜底条款的场合又往往是司法实践中的"新事物"。在既无明确的规范指引，又无司法经验可循的情况下，兜底条款极易沦为刑法随意介入社会生活的借口。因此，如何控制与制约兜底条款的适用便成为刑法学者绕不开的任务。在这一问题上，学界基本达成的共识是，兜底条款的适用必须坚持同质性解释规则，即所欲适用的行为类型与立法列举的行为类型必须具有同质性方能适用。抽象地看，同质性解释规则为兜底条款的适用划分了明确的界限，也为司法实践提供了可资校验的标准。但具体地看，即便是同质性解释规则也尚需法官进行两次价值判断，首先判断事实是否属于兜底条款的规制范围，其次还需判断依事实抽象出的行为规则与列举的行为规则是否具有同质性，因而难免会受到法官个人经验与情感的左右。有鉴于此，在我国司法实践中，同质性判断往往通过司法解释的方式予以统一进行，尽可能地避免因同质性判断不同而导致"同案不同判"的现象发生。然而，作为统一司法适用标准的规范性文件，司法解释也往往具有滞后性。详言之，在案件发生尤其是首案发生时，并无相应的司法解释存在。此时，同质性判断便完全沦为法官的个人判断。但显然，法官的判断也不应是恣意的，需借助前置法予以佐证。"前置法对于刑法'兜底条款'的意义在于：必须有第一次的市场秩序法的存在，刑法规制才有正当性。"② 前置法在对法官解释"兜底条款"产生制约的同时，在反面，也可能成为法官适用兜底条款的理据。前置法的明确禁止性规定为法官进行同质性判断提供了充分的指引。但不可忽视的是，前置法与刑法的规范目的并不相同，因此，即便前置法对此行为进行了明确的禁止性规定，也切不可不加分辨地予以直接引用。毋宁是，在仔细考校二者异同的基础上，慎重地进行类比适用。此时，"兜

---

① 姜涛：《经济刑法之"兜底条款"的解释规则》，载《学术界》2018年第6期。
② 蔡道通：《经济犯罪"兜底条款"的限制解释》，载《国家检察官学院学报》2016年第3期。

底条款"的模糊性，一定程度上可以通过前置法的明确规定予以补充。"从《刑法》第 225 条所列明的三种行为类型来看，无论是未经许可经营专营、专卖物品，买卖经营许可证或批准文件，还是未经批准非法经营证券、期货、保险和资金支付结算业务，都侵害的是国家经营许可制度。因此，该罪的法益侵害不能泛化为对市场秩序的扰乱，而是应当限缩解释为对国家经营许可制度的破坏。所以，非法经营罪中'其他严重扰乱市场秩序的非法经营行为'也只能局限于那些破坏国家专营许可制度的行为。"[①]

[①] 王华伟：《刷单炒信的刑法适用与解释理念》，载《中国刑事法杂志》2018 年第 6 期。

第八章 侵犯人身权利、民主权利的网络犯罪

人身权利、民主权利是刑法个人法益的重要组成部分。一般认为,"所谓人身权利,是指公民依法享有的与其人身不可分离的权利,包括生命权、健康权、性自由权、人身自由权、人格权和名誉权、婚姻自由权等。所谓民主权利,是指公民依法享有的管理国家和参加社会政治活动的权力,主要包括批评权、申诉权、控告权、检举权及选举权和被选举权、宗教信仰自由权等。"[①] 2020年5月28日第十三届全国人民代表大会第三次会议审议通过的《民法典》将人格权独立成编。《民法典》所确认的人格权内容包括生命权,身体权和健康权,姓名权和名称权,肖像权,名誉权和荣誉权,隐私权和个人信息保护共五个部分。这五个部分,其实所对应的正是刑法所保护的人身权利,只是刑法与民法对人格权的保护程度不同而已。

人身权利、民主权利一般具有较强的人身依附性,既表现为法益主体与人身的依附性,也表现为现实空间的人身依附性。比如,生命权、身

---

① 高铭暄、马克昌主编:《刑法学》(第9版),北京大学出版社、高等教育出版社2019年版,第451页。

体完整权、性自由权、选举权、婚姻自由权等均属同个人密切相关且存在于现实生活的权利。网络无论是作为工具还是空间,都难以直接对其造成侵害。因此,侵犯人身权利、民主权利的网络犯罪仅限于特定的类型。根据相关司法解释及实务经验,侵犯人身权利、民主权利的网络犯罪主要集中在网络型诽谤罪和网络型侵犯公民个人信息罪这两个罪名中。接下来,我们将对这两个罪名逐个分析。

第一节 网络型诽谤罪

随着快速、便捷、低成本、全域性的信息网络传播技术的广泛应用,利用信息网络捏造事实诽谤他人成为了诽谤罪的重要行为方式。甚至可以说,网络时代的诽谤行为几乎都有网络因素厕身其中。2013 年 9 月 6 日,最高人民法院、最高人民检察院专门颁布《网络诽谤解释》,进一步规范、明确了网络诽谤行为的定罪量刑。本节,我们将根据该司法解释,结合实务案例,探讨网络型诽谤罪的追诉及司法认定中的问题。

一、网络诽谤实行行为的理解

(一) 网络诽谤的行为模式

1. 网络诽谤的三种行为模式

根据我国《刑法》规定,诽谤罪指的是故意捏造并散布某种事实,损坏他人人格,破坏他人名誉,情节严重的行为。① 根据《刑法》,诽谤罪的行为模式是"捏造+散布"。但是,《网络诽谤解释》第 1 条将网络型诽谤罪的行为模式解释为三种,分别是:(1)"捏造+散布":捏造损害他人名誉的事实,在信息网络散布,或者组织、指使人员在信息网络上散布;(2)"篡改+散布":将信息网络上涉及他人的原始信息内容篡改为损害他人名誉的事实,

---

① 参见高铭暄、马克昌主编:《刑法学》(第 9 版),北京大学出版社、高等教育出版社 2019 年版,第 475 页。

在信息网络上散布，或者组织、指使人员在信息网络上散布；（3）"明知+散布"：明知是捏造的损害他人名誉的事实，在信息网络上散布，情节恶劣的，以"捏造事实诽谤他人"论。

上述三种行为模式，"捏造+散布"与"篡改+散布"的区别仅仅在于前者强调凭空捏造，后者是在一定事实的基础上的捏造，两者都是以无中生有的方式制造损害他人名誉的事实。将这两种模式的网络诽谤行为予以入罪，法理和实务中均无异议。真正具有争议性的是如何理解"明知+散布"这一行为模式。

2. 关于"明知+散布"型的网络诽谤

对"明知+散布"这一行为模式的争议主要来源于单行为说与复行为说的分歧。作为通说的复行为说认为，诽谤罪的实行行为是复行为，要求行为人既实施了捏造事实的行为，又实施了散布的行为。[①] 而单行为说则认为，本罪实行行为仅为足以败坏他人名誉的散布捏造的事实。[②]"捏造"本身并不具有法益侵害性，故不属于具有违法推定机能的实行行为。且如其他论者言，"如果要求捏造和散布同时存在，可能使本罪的着手和未遂成立得过早；且容易放纵那些并不捏造的人，对单纯利用不是共犯的他人所捏造的事实实施诽谤的人无法处罚。"[③] 单行为说目前属于有力说。

在《网络诽谤解释》将"明知+散布"也以"捏造事实诽谤他人"论之后，单行为说与复行为说争论直接牵涉到"明知+散布"的规定属于注意规定还是法律拟制？如果属于注意规定，由于仅仅具提示性作用，就意味着对于网络诽谤之外的诽谤类型，也可以准用该条款，将"明知+散布"的行为认定为诽谤罪的实行行为；如果属于法律拟制，则本条款存在类推之嫌，将原本需要复数行为才构成诽谤罪的情况例外地认定为在利用信息网络的

---

① 参见高铭暄、马克昌主编：《刑法学》（第9版），北京大学出版社、高等教育出版社2019年版，第475页；陈兴良：《规范刑法学》（第3版）下册，中国人民大学出版社2013年版，第793页；周光权：《刑法各论》（第2版），中国人民大学出版社2011年版，第60页。需要补充的是，在周光权教授《刑法各论》（第3版）中，改变了原来的看法，转而支持单行为说。

② 参见张明楷：《刑法学》（第4版），法律出版社2011年版，第823页。

③ 周光权：《刑法各论》（第3版），中国人民大学出版社2016年版，第66页。

情况下只需要明知+散布即可。这种例外性也决定了，对于网络诽谤之外的其他诽谤类型，仍需要采取复行为说。因此，诽谤罪实行行为究竟是单行为还是复行为，无论是对法理还是实务都至关重要。我们认为，相较于复行为说，单行为说所提出的理由更具说服力。但是，目前的单行为说也存在不足之处。

（1）单行为说在一定程度上脱离了刑法文本

《刑法》第246条将诽谤罪的实行行为描述为"捏造事实诽谤他人"。刑法解释不能超越语义的射程范围，语义是刑法解释的基本界限。从语义上分析，关键是要理清"捏造事实"与"诽谤他人"的关系。概而言之，两者之间的关系有如下几种可能：(1)"捏造事实"是"诽谤他人"手段或准备工作，"诽谤他人"指的是捏造之外的"散布"等行为。(2)"捏造事实"与"诽谤他人"二者共同组成了诽谤罪的行为结构。(3)"捏造事实"就是一种"诽谤他人"的行为，后者只是对前者行为性质的说明，但并没有增删改变前者的行为结构。(4)"捏造事实"与诽谤罪的行为结构无关，"诽谤他人"中单独蕴含了诽谤罪的行为结构。

上述四种可能的解释，前两种均支持复行为说，后两种则支持单行为说。而前两种之间的区别仅仅在于前后行为是手段——目的关系还是并列关系；第三种和第四种的区别在于捏造和诽谤行为，如"散布"何者才是本罪的实行行为。首先，我们可以排除第三种可能。正如有学者指出："捏造事实的行为本身不可能侵害他人名誉，不可能表明违法性。"[①] 在私人的空间进行捏造，由于未公之于众，不可能对他人的名誉造成侵害。因此，单独的"捏造"并非本罪的实行行为。至于第四种可能，实质上直接把"捏造"从诽谤罪构成要件中去掉了，所谓的"诽谤他人"就是散布虚假事实，损害他人名誉的行为。但是，正如高铭暄等学者指出的，这种解释脱离了"捏造"与"散布"的语义射程。"捏造"强调的是虚构事实，而"散布"强调的是将虚构的事实予以传播，两者的含义明显不同。因此，《网络诽谤解释》中规定的

[①] 张明楷：《网络诽谤的争议问题探究》，载《中国法学》2015年第3期。

"明知+散布"的行为模式已经超出了刑法的原意,且不具有国民可预测性,属于以解释之名行类推之实。① 因此,第四种解释虽然更符合法理——这也是我们倾向于单行为说的原因,但不得不承认的是,这种解释在某程度上架空了刑法条文的规定。上述第二种解释将前后行为视为并列关系,意味着捏造本身已经具有了实行行为性,并不妥当。因此,在现行刑法明文规定"捏造事实诽谤他人"的情形下,第一种解释更符合文义。至于这种文义与法理之间的冲突,只有通过修法才能彻底解决;《网络诽谤解释》承认诽谤罪的单行为性,在一定程度上缓和了二者之间的冲突。

(2) 单行为说在结论上缺乏进一步的精细化

本书虽然倾向于单行为说,但同时也认为,现有的单行为说仍比较粗糙,缺乏进一步精细化的考虑,不能完全符合司法实务的需要。我们可以结合下述案例予以说明。

【案例8-1】2014年9月10日,登记为archwbyk的博客在新浪博客上登载名为《汝南官匪勾结现形记》的博文,内容是:更可恨的是汝南县纪律检查委员会的副主任张某,利用汝南县开发公司总经理的身份,勾结黑社会头目程A,发包工程牟取暴利,贪污受贿,如想承包建筑楼房明码标价20万—30万不等的贿赂。如现发生的西关村三组拆迁,县委县政府安置拆迁农民的汝河名苑物业,竟被其承包给了黑社会头目程A,导致拆迁农民的基本生活保障引发群众的不满,在和农民群众争议时,魏红伟情妇董某和黑社会头目程A带领其手下200多名黑社会成员,威胁殴打西关三组农民群众。汝南县黑社会头目程A,1997年—1999年在汝南县豫粮麻纺厂做门卫期间,伙同其亲弟程B及同伙刘某,多次轮奸麻纺厂女职工。在当时社会上造成极其恶劣的影响,后经公安部门的侦破,做为主犯的程A和其弟程B,因其父经商经济雄厚,以金钱开道,买通相关部门,主犯程A只被判处无期徒刑,其弟程B一直在逃。而不是主犯的刘某却都被判了死刑进行了枪

---

① 参见高铭暄、张海梅:《网络诽谤构成诽谤罪之要件——兼评"两高"关于利用信息网络诽谤的解释》,载《国家检察官学院学报》2015年第7期。

决。而主犯程 A 无期徒刑，只在监狱服刑近 10 年竟被假释释放，受害人的冤屈谁来为其伸张？程 A 大哥程 C 是汝南县最大贩毒团伙的主要成员之一。程 A 犯这么大的罪人、黑社会头目出狱后竟然能和汝南县有关主要领导：副处级工会主席魏某、县纪律检查委员会副主任张某勾结在一起，横行乡里欺压百姓。国家法律何在？天理何在？请相关领导调查汝南此人人皆知的情况，还汝南人民一个和谐社会、文明社会！由于官黑勾结，免于受到打击报复，特匿名举报，以上反映情况请领导去汝南县调查取证！

2014 年 9 月 27 日，许留新以"兴中灭日"网名在天涯论坛上登载了名为《汝南：官匪勾结欺压百姓》的帖子，除题目外，内容与 archwbyk 的博客于 2014 年 9 月 10 日在新浪博客上登载的《汝南官匪勾结现形记》的博文内容完全一致。该文标题后括号内注明"转载"，截至案发时点击量为 16,486 次。一审法院经审理认为，被告人登载的帖子内容，在被告人登载前已存在，没有证据证明该帖内容系被告人故意捏造事实诽谤他人，也不能证明被告人明知帖子的内容捏造而在网络上发布。故两自诉人指控被告人犯诽谤罪的理由不能成立。两自诉人不服，提起上诉。二审法院经审理认为，原判认定事实清楚，所作判决正确，裁定驳回上诉，维持原判。①

上述案例中，被告人在网络上所"散布"的文章内容并非其"捏造"，只是对他人已经发表在网络上帖子的"转载"，即被告人登载的帖子内容，在被告人登载前已存在，在这种单行为情形下，能否认定被告人构成诽谤罪。根据《网络诽谤解释》第 1 条第 2 款的规定，问题的关键在于被告人是否明知其属于捏造的事实。一审和二审均认为，现有证据不能证明被告人明知帖子的内容是捏造的，据此不认为被告人构成诽谤罪。但是，此处引申出来的问题是，如果被告人已然明知该内容系他人捏造，仍然对网络空间中已存在的内容进行转载，是否构成诽谤罪？或与他人一并构成诽谤罪的片面共犯？

---

① 参见河南省驻马店市中级人民法院刑事判决书（2016）豫 17 刑终 142 号。

张明楷教授认为，诽谤罪属于持续犯，"只要信息网络上的诽谤言论没有被删除，其'捏造事实诽谤他人'的实行行为就没有终了，仍然处于持续状态。"① 因此，将明知他人捏造的事实而在信息网络上予以散布，就属于诽谤罪的片面正犯，这种情形类似行为人在他人将被害人非法拘禁的房屋上再加上一把锁。我们认为，单纯的散布行为是否构成诽谤罪的关键在于是否存在"二次"散布。

关于这个问题，张明楷教授认为："网络诽谤本身就属于情节严重。"② 也就是说，只要将捏造的信息在网络上传播，就意味着该信息具有了全网域传播的可能性，《网络诽谤解释》中的点击、浏览次数其实是对"情节严重"的额外限制。依此逻辑，就不应当承认"二次"散布。理由在于：散布的规范含义是信息网络传播。根据我国《著作权法》第10条的规定，信息网络传播是指以有线或者无线方式向公众提供作品，使公众可以在其个人选定的时间和地点获得作品的行为。从该规定可以看出，信息网络传播的效果并非将作品散布到每位网络用户的视域中，只要网络用户具有在个人选定的时间和地点获得的可能性即完成了散布，即信息网络传播的效果一次即可完全实现，不存在"二次"散布。这也是张明楷教授认为利用网络进行诽谤本身就属于情节严重的理由所在，也是上述案例8-1判例不认定被告人构成诽谤罪的重要理由之一。

此外，正如本书第一章指出的，网络犯罪的一个重要特点就是危害的扩散性，这是由于网络沟通的全域性所致。网络信息的点击、浏览、评论、转载等等均是危害扩散性的一个具体表现，其所具有的法益侵害性已经蕴含在网络行为的自身之中。对于网络诽谤而言，既然单行说认为利用信息网络进行诽谤已然属于情节严重，其理由就是利用信息网络传播的诽谤信息具有被浏览、点击、评论、转载的可能，这种危险性就已然被刑法一次性评价

---

① 张明楷：《网络诽谤的争议问题探究》，载《中国法学》2015年第3期。
② 参见上注。

了。所谓的"二次"散布，其实是首次散布的结果表现形式。因此，在刑法层面，可准用发行权一次用尽的原理，将信息网络传播也理解为一次用尽。

因此，对于将已然存在于网络上的诽谤信息在著作权人授权范围内再次转发，也不应属于诽谤罪的实行行为。易言之，尽管单行为说可以将"明知+散布"合理解释为诽谤罪的实行行为，但对于该明知的对象——"捏造的损害他人名誉的事实"，需要限制在之前未在信息网络上散布。否则，就不属于诽谤罪的实行行为。这是对单行为说必要的补充。

(二) 网络诽谤与相关行为的区分

对网络诽谤实行行为的理解除了需要认知其行为模式，还需要在比较的视域中将其与相关的网络表达行为进行区分，以进一步明确网络诽谤行为的内涵及边界。认定构成网络诽谤的前提与核心是把握网络诽谤与言论自由的界限问题。第三章讨论网络型煽动类犯罪时已经确定了言论自由的刑法界限，即"明显而即刻且严重的危险"原则。这里将结合具体的表达类型，进一步地明确网络诽谤与相关表达行为的界限。

1. 网络诽谤与网络评论

网络评论与网络诽谤的区别在理论上比较清晰。网络评论是在网络空间发表的对某件事情的观点、看法，就事论事，并未对事实本身进行捏造或虚构，它是公民行使表达权的一种具体表现；而网络诽谤则需要捏造事实或篡改事实真相，一般也伴随评论性言语。

【案例8-2】2014年5月1日，因土地使用权发生争议，自诉人杨某的亲戚与被告人周某家人在施工现场发生争吵、撕扯。2014年5月3日23时26分，被告人周某在家里通过电脑在百度白河贴吧、安康贴吧（其中在白河贴吧的昵称是农民下河、安康贴吧的昵称是嘻嘻周）等媒介发布"太嚣张！太欺负人！白河县茅坪镇中心幼儿园园长杨某非法强占他人土地"等文章，帖中有"此种随意践踏他人土地并带有黑社会性质的恶劣行径令人发指"的言辞。自诉人杨某以被告人周某捏造事实并通过网络予以散布，情节严重为由指控被告人周某犯诽谤罪。法院审理认为，被告人周某通过电脑在白河吧、安康吧发布的帖子中，"此种随意践踏他人土地并带有黑社会性质的恶劣行径令人发指"皆是被告人周某对双方因土地使用权发生争议于2014年5月1日在施工现场发生争执、撕扯行为的评价，属评价错误，不属于刑法上诽谤罪构成要件的捏造事实，被告人周某被宣告无罪。

上述案例被告人之所以被宣告无罪，理由是尽管被告人将自诉人的行为描述为"黑社会性质的恶劣行径"，但该言论属于评价，而并非捏造事实，不符合诽谤罪的构成要件。上述案例属于较为简单的形式。其实，网络评论与网络诽谤两者的关系还具有更为复杂的形式，这是因为事实和评价的界限也并非泾渭分明。比如，一件事实在传播的过程中必然会受到传播者本人有意或无意的加工，主观的倾向就会融入事实描述之中，这样必然会与一手的事实真相不尽相同，甚至大相径庭。再如，行为人出于某种目的，只选择描述部分事实，而将剩余的可以"反转"真相的部分省略，其实也属于以隐晦的方式表达评论性的观点。此外，有的评论性方法，如"扣帽子""过度引申"等在无形中也会对事实进行加工。

对于上述模糊的情形，我们认为，区分网络评论与网络诽谤应当秉持如下立场：若网络表达未涉及捏造、篡改事实，即使是对事实有选择地进行删减，一律不应认定为刑法意义上的诽谤；即便网络表达对事实有所歪曲，只要与基本事实相符，也不宜认定为刑法意义上的诽谤；单纯地发表评论性语言，无论如何过激，只要具有事实相关性，也不宜认定为刑法意义上的诽谤。

2. 网络诽谤与网络检举

根据我国《宪法》第41条第1款的规定，我国公民对于任何国家机关和国家工作人员，有提出批评和建议的权利；对于任何国家机关和国家工作人员的违法失职行为，有向有关国家机关提出申诉、控告或者检举的权利，但是不得捏造或者歪曲事实进行诬告陷害。由此可知，检举权是我国公民的一项重要权利，网络检举是行使举报权的重要方式之一，众多的贪腐案件也是通过在网络上被检举才得以揭发。不过，检举权的合法行使以不得捏造或歪曲事实为条件。如何理解这里的不得捏造或歪曲事实，就涉及到网络诽谤与网络检举的界限。

【案例 8-3】 自诉人曲某与被告人徐某原系同一科室同事。2014年7月5日，单位组织外出游玩时，自诉人将被告人打伤，经鉴定被告人徐某所受伤为轻伤一级。2015年4月22日，某人民法院作出刑事判决书，认定曲某犯故意伤害罪，判处有期徒刑十个月，缓刑一年。案件在审理期间，被告人徐某于2015年4月9日向某某网投稿，实名投诉某公安局，认为某公安局在办理自诉人故意伤害案件中"办案民警明目张胆袒护打人者，甚至协助制造伪证，而打人者一天拘留所没进，取保候审期间还非法行医。""恳请具有社会责任感的新闻媒体和有关部门主动介入调查，揭开事情背后真相，维护国家法律的严肃性……"自诉人曲某以被告人徐某构成诽谤罪为由诉至法院。

一审法院经审理认为，被告人徐某在某公安局办理自诉人曲某对其故意伤害案件过程中，向某网进行实名投诉，从主观上看是希望寻求媒体力量对案件办理进行调查监督，希望尽快得到公正处理，并没有损害自诉人曲某名誉的故意。从客观上讲，该篇文章中，被告人徐某只是根据自身对法律的理解和认知，以及在案件处理中的感受，对某公安局执法公正性进行评判和质疑，并非针对自诉人，现有证据无法证实被告人徐某实施了捏造和散布虚构事实的行为。因此，自诉人曲某的控诉不予支持。曲某不服，进行上诉。二审法院经审理认为，一审判决认定事实清楚，适用法律正确，审判程序合法，裁定驳回上诉，维持原判。

上述判例就直接关系到网络诽谤与网络检举的界限。根据我国《刑法》第243条的规定，只要不是有意诬陷，而是错告，或者检举失实的，不能认为构成诬告陷害罪。由此可知，刑法对公民行使检举权的行为给予了较大的包容空间。基于这一理念，对于因故意夸大情节、检举失实而对被检举人名誉造成损害的情形，一般情况下也不宜认定为构成网络诽谤。正如公安部《关于严格依法办理侮辱诽谤案件的通知》中明确写道的："部分群众对一些社会消极现象发牢骚、吐怨气，甚至发表一些偏激言论，在所难免。"

3. 网络诽谤与网络造谣

网络诽谤与网络造谣具有相同之处：二者都是超越言论自由界限的行为，且其行为的危害性均依赖网络的公共性。所谓造谣就是编造并传播虚假信息的行为，而诽谤作为一种捏造事实的行为，属于造谣的一种，二者的区别在于诽谤需要具有损害他人名誉的法益侵害性。

对网络造谣的刑法规制，可选择的罪名除诽谤罪之外，还包括寻衅滋事罪、损害商业信息、商品声誉罪、编造故意传播虚假恐怖信息罪等。以寻衅滋事罪为例，在2013年9月6日最高人民法院、最高人民检察院发布的《网络诽谤解释》第5条规定，利用信息网络辱骂、恐吓他人，情节恶劣，破坏社会秩序的，以寻衅滋事罪定罪处罚。编造虚假信息、或者明知是编造的虚假信息，在信息网络上散布，或者组织、指使人员在信息网络上散布，起哄闹事，造成公共秩序严重混乱的，以寻衅滋事罪定罪处罚。在2019年7月23日，最高人民法院、最高人民检察院、公安部、司法部印发的《关于办理利用信息网络实施黑恶势力犯罪刑事案件若干问题的意见》再次重申了上述规定，并将网络造谣型的寻衅滋事行为定性为黑恶势力犯罪，体现了从严打击的刑事政策导向。同时，根据《网络诽谤解释》第9条的规定，如果行为既符合诽谤罪的构成要件，也符合寻衅滋事罪的构成要件，则从一重处罚。

二、网络诽谤对象的区别对待

诽谤罪所侵害的法益是自然人的名誉权，因此，诽谤的对象应当限于自然人，不包括单位。如果诽谤的对象是单位的话，则可能构成《刑法》第221条规定的损害商业信誉、商品声誉罪。但是，在自然人这一层面，关于诽谤对象还有必要进一步区分。

(一) 普通自然人和公众人物区别对待

所谓公众人物，"是指那些'深入参与重要的公共问题之解决过程的人，或由于其名望而在广受关注的事件中有影响的人'。"前者"是指那些'因其所处职位拥有的权力和影响力而无论如何都被认为是公众人物的人。'"① 就此而言,担任公职的人员也属于广义的公众人物。与普通自然人相比,公众人物和公职人物在诽谤罪的认定过程中是不容忽视的情节因素。

【案例 8-4】 2006 年 8 月 15 日,秦某写了一条名为《沁园春·彭水》的短信。秦某用手机短信和 QQ 向多位朋友发送了这篇"词"。其中,前三句,嵌进了前任县委书记、现任县委书记和县长的姓名,语含讥刺。后面的内容,则涉及本县广受注目的政府管理、公共事务和公共事件。8 月 31 日,警察搜查了秦某办公室的电脑,没收了他的手机。他被带进公安局,当晚铐在二楼值班室。第二天,警察对秦某进行了两次审讯,同时搜查了他的家,查收了他的电脑,令他交出 QQ 号。9 月 1 日晚,公安局决定以涉嫌"诽谤罪"对他实行刑事拘留,转移至彭水县看守所。在接下来的十多天里,警方按照短信里的句子逐条提问。从 9 月 2 日开始,数十位收到过秦某这条信息的朋友和同事被传唤到公安机关询问,以追查短信背后的动机。9 月 11 日,正式执行逮捕。9 月 28 日,变更为取保候审。总共关押 29 天。9 月 19 日,李某(彭水籍,住重庆市)在个人博客上记载了这桩公案。消息迅速传开,引起全国舆论哗然。10 月 24 日,县公安局宣布释放秦某,并表示道歉。县检察院主动提出申请国家赔偿,仅仅隔了一天,赔偿兑现。② 此为著名的彭水诗案。

【案例 8-5】 自诉人王某、刘某、陈某、杨某在城步苗族自治县公安局工作期间,于 2001 年侦办了安某 2 君投毒一案。2002 年,城步苗族自治县人民法院以投毒罪判处被告人安某 2 君有期徒刑 10 年,一审宣判后,安某 2 君不服,上诉至邵阳市中级人民法院,二审维持原判。安某 1(安某 2 君的父亲)对判决结果不

---

① [美]阿兰·艾德斯、克里斯托弗·N.梅:《美国宪法个人权利案例与解析》,项焱译,商务印书馆 2014 年版,第 401 页;张明楷:《网络诽谤的争议问题探究》,载《中国法学》2015 年第 3 期。

② 彭水诗案,载百度百科,https://baike.baidu.com/item/彭水诗案/1940000?fr=aladdin。

服，多次到湖南省高级人民法院上访，2004年，邵阳市中级人民法院撤销一审、二审判决，将该案发回城步苗族自治县人民法院重审，2004年，城步苗族自治县人民法院以故意伤害罪判处被告人安某2君有期徒刑3年6个月。2018年4月17日，被告人杨某用手机号码156××××8199在新浪网微博和博客上注册了网名"冰雪严寒不老松"。2018年4月26日，被告人杨某用该网名在新浪网上发表了自己起草经安某1核对的名为《安某2君刑事附带民事申请再审申诉书》的文章，被告人杨某在该文章中诽谤4名自诉人在2001年办理安某2君投毒一案中，"多次对安某2君进行严刑拷打的刑讯逼供，并造成了安某2君的右手残废，且在办理该案中伪造证据陷害安某2君"。自被告人杨某将该文章发表在新浪博客上至2018年11月6日，该文章的点击、浏览次数达到12,126次。法院经审理认为，被告人杨某明知是捏造的损害他人名誉的事实，在信息网络上散布，至2018年11月6日止，点击、浏览次数达12,126次，超过了5000次，根据法律规定属情节严重，其行为已构成了诽谤罪，4名自诉人对杨某犯诽谤罪的指控成立，法院依法予以支持。

正如张明楷教授指出的，对包括公职人物在内的公众人物的批评与评论具有值得宪法保护的重大社会价值。① 这是公民行使检举权、监督权的重要表现。在2019年10月27日中共中央、国务院印发的《新时代公民道德建设实施纲要》中明确写道："社会公众人物知名度高、影响力大，要加强思想政治引领，引导他们承担社会责任，加强道德修养，注重道德自律，自觉接受社会和舆论监督，树立良好社会形象。"公众人物及行使公权力的公职人物，其之所以冠之以"公"，一方面是因为其言论、行为本身具有公共价值；另一方面是因为其是人们观察、评论和监督的对象。且由于信息不对称，普通民众难以甚至不可能只发表真实、正确的言论。言论自由的核心是说错话的自由。但这并不意味着公众人物的名誉权不受法律保护，而只是要求公众人物名誉的保护要

---

① 参见张明楷：《网络诽谤的争议问题探究》，载《中国法学》2015年第3期。

受到公共利益的制约。

上述案例 8-4 和案例 8-5 均是针对公众人物中公职人员的"诽谤"行为。我们认为，对于公众人物，诽谤罪的认定要坚持以下原则：（1）只要不是以恶意的态度，故意捏造事实，诽谤名誉，就不应认定为诽谤罪。[①]（2）对于公职人物，诽谤罪的认定还需要以侵害自然人名誉权为限，若针对公权力行使质疑，甚至不实的宣称，也不宜认定为犯罪。否则，就是公权力对言论自由的粗暴践踏。[②] 以此为标准，上述案例 8-5 将被告人认定为构成诽谤罪，其合理性不无疑义。

（二）死者能否作为诽谤的对象

诽谤的对象是自然人，那么死者能否成为诽谤的对象？或者从立法论的角度，即使认为诽谤死者不构成诽谤罪，但是否具有刑事可罚性？这个问题并非空穴来风，而是已经成为《刑法修正案（十一）》的重要内容。《刑法修正案（十一）》第 35 条规定：在刑法第二百四十六条后增加一条，作为第二百四十六条之一："侮辱、诽谤或者以其他方式侵害英雄烈士的名誉、荣誉，损害社会公共利益，情节严重的，处三年以下有期徒刑、拘役、管制或者剥夺政治权利。" 这就意味着，死者虽然不能作为诽谤罪的对象，但诽谤英雄烈士的行为则具有法益侵害性，英雄、烈士可成为侮辱、诽谤英雄烈士罪的对象。

我们首先分析死者能否作为诽谤的对象。毋庸置疑，自然人即使已经死亡，亦具有某种人格利益。2020 年 12 月 29 日最高人民法院印发的《关于确定民事侵权精神损害赔偿责任若干问题的解释》（以下简称《精神损害赔偿解释》）第 3 条明确规定："死者的姓名、肖像、名誉、荣誉、隐私、遗体、遗骨等受到侵害，

---

① 这也是美国沙利文规则的核心意涵。所谓沙利文规则，指的是："禁止政府官员因针对他的职务行为提出的诽谤性虚假陈述获得损害赔偿，除非他能证明：（被告）在制造虚假陈述时候确有恶意，即被告明知陈述虚假，故意为之；或玩忽职守，罔顾真相。" 参见 [美] 安东尼·刘易斯：《言论的边界》，徐爽译，法律出版社 2010 年版，第 186 页。

② 《彭水诗案简直是文字狱》，载南方新闻网 2007 年 3 月 5 日，http://news.sina.com.cn/o/2007-03-05/091611340156s.shtml。

其近亲属向人民法院提起诉讼请求精神损害赔偿的，人民法院应当依法予以支持。"由此可知，我国是承认死者享有人格利益的。在著名的死者人格利益第一案——荷花女案中，最高人民法院也是认可死者的人格利益的。① 此外，我国也不乏学者主张，"诽谤死者的行为侵害死者名誉权、死者亲属的利益和社会公共利益，具有较大社会危害性，应当成立诽谤罪。"② 在我国台湾地区，也明确将死者纳入诽谤罪的保护范围，并发生了轰动一时的"诽韩案"。

【案例8-6】 1976年10月，郭某以"干城"的笔名在《潮州文献》第2卷第4期发表了一篇关于韩愈的文章——《韩文公、苏东坡给与潮州后人的观感》。文中写道："韩愈为人尚不脱古人风流才子的怪习气，妻妾之外，不免消磨于风花雪月，曾在潮州染风流病，以致体力过度消耗，及后误信方士硫磺铅下补剂。离潮州不久，果卒于硫磺中毒。"自称韩愈第39代直系血亲韩思道看到这篇文章后，十分不满，向台北"地方法院"起诉郭某"诽谤死者罪"。起诉的依据就是台湾地区"刑法"第321条第2项之规定：对已死的人犯诽谤罪者，处1年以下有期徒刑、拘役或1000元以下罚金。及台湾地区"刑事诉讼法"第234条第5项之规定："刑法"第312条之妨害名誉及信用罪（诽谤死者罪），已死者之直系血亲得为告诉。经当地法院审理认为，自诉人韩思道的祖先韩愈以其关于道德的文章而受到世人的尊重，被告郭某竟提出一些与公德无关的私事，无中生有，对韩愈自应成立诽谤罪。自诉人韩思道为韩愈的子孙，因先人名誉受到侮辱而提起自诉，应属正当。法院因而判处被告郭某诽谤死者罪名成立，处以罚金300元。郭某不服，向台湾地区"高等法院"提起上诉，台湾地区"高等法院"审理后驳回上诉，维持原判。判决一出，舆论哗然，刑法学者萨孟武斥之为"文字狱"；作家柏杨评价说："此

---

① 参见刘安娜：《死者荷花女命名誉权受到法律保护——陈秀琴诉小说《荷花女》作者魏锡林侵犯名誉权纠纷案审判纪实》，载《人民司法》1989年第7期。

② 参见孙万怀、张茜：《论诽谤死者诽谤罪的成立》，载《浙江万里学院学报》2010年第5期。

乃六法全输";小说家高阳痛斥:"诽韩案是名副其实的文字狱,所不同者,判罚金与族诛而已。"但是,国学大家钱穆则在《联合报》副刊上发文《为诽韩案鸣不平》,加以声援:"昌黎韩文公,不仅为唐代一大人物,实系中国全史上下古今三四千年来少数之第一流大人物也。……民国以来,竞务为崇洋谴华,在中国历史上不甘仍留一好人。孔子大圣,以子见南子肆嘲弄。岳武穆为武圣,以军阀恣诬蔑。韩公亦自免。……偶值诽韩风潮,以不免作不平鸣,然其声哑以嘶,其辞晦而抑,并不能鸣举国一世之盛,而特为国族往古鸣不平。"①

我们认为,虽然死者具有值得保护的人格利益,但死者不应一概作为诽谤罪的对象。理由如下:(1)对死者人格利益的保护采用民事手段足矣,而不宜直接采取刑事手段,这是刑法谦抑性原则的题中之义。(2)根据现行民事法律规定,人格权作为一种民事权利,是民事主体依法享有的、以人格利益为客体,维护主体独立人格所必备的权利。由于自然人死后,其民事权利能力终止,故而不再是人身权的适格主体。因此,我国《精神损害赔偿解释》所保护的是近亲属的精神利益而非死者的人格利益,这同台湾地区"刑法"中侮辱死者罪保护的法益并不相同。既然我国民事法律对死者人格利益的保护采取的是一种慎重的保护模式,那么刑法就更不宜越俎代庖,直接将损害死者人格名誉的行为作为诽谤罪处理。(3)退一步而言,即使将死者作为诽谤罪保护的对象,也会遇到操作性障碍并带来不良后果。这里的操作性障碍指的是由谁来提起损害死者名誉权诽谤罪之诉。如果像我国台湾地区规定的由直系血亲可提起,就难以避免产生诽韩案中"文字狱"效应。如果仅仅限于近亲属,则等于将没有近亲属的死者排除在了保护范围,会造成死者名誉保护的不平等。

否定死者可以构成诽谤的对象并不意味着对死者的人格利益

---

① 俞飞:《怪哉,"诽谤韩愈"奇案》,载明德公法网2012年1月27日,http://www.calaw.cn/article/default.asp?id=6542;http://k.sina.com.cn/article_3010420480_b36f5f0002700nqad.html?from=cul&sudaref=www.baidu.com&display=0&retcode=0。

可以恣意地损害。对于一般死者人格利益的损害，可以通过民事手段获得救济；而对于英雄烈士等死者的人格利益，其产生的精神价值已经不仅仅属于死者近亲属，而是属于整个社会的公众，具有了公共利益的意涵。英雄烈士是对社会正义事业不断奋斗而做出牺牲的人们，是群众的榜样，是社会的精神支柱，值得全社会的缅怀和敬仰。因此，对于英雄烈士的人格利益刑法有必要给予专门保护。但这种保护以严重损害社会公共利益为限制。对于关于英雄烈士的公共讨论、事迹研究，只要不是恶意地捏造事实，严重损害社会公共利益，仍不宜作犯罪处理。

三、网络诽谤点击量型"情节严重"的理解

（一）将点击、浏览量作为严重情节的聚讼

根据《网络诽谤解释》第2条第1项规定，同一诽谤信息实际被点击、浏览次数达到5000次以上，或者被转发次数达到500次以上的，应当认定为诽谤罪中的"情节严重"。这一规定使得情节严重的认定得以量化，提高了实务中认定网络诽谤的可操作性，但同时也招致了诸多争议。主要有以下几种观点：

（1）违宪说。有学者指出："将'限制、转发浏览次数'作为'情节严重'的情形之一，是为了明确入罪标准，更好地维护网络秩序、保障公民的名誉权，而且该手段也确实能够促成该目的的实现，然而该手段并非唯一，其因此不符合必要性原则。此外，不能证明其所保护的利益大于对言论自由造成的消极影响，因此，该手段是违宪的。"[1]

（2）不违宪说。有学者提出不同的看法，认为"诽谤信息转发500次入刑的规定具有合理性，符合刑法原理且并不违宪""司法解释同样不是轻易嘲笑的对象，应当慎重对待和正确把握"。[2]

（3）限制处罚范围说。张明楷教授则从另一个角度提出了一

---

[1] 尹培培：《"诽谤信息转发500次入刑"的合宪性评析》，载《华东政法大学学报》2014年第4期。

[2] 杨柳：《"诽谤信息转发500次入刑"的法教义学分析——对"网络诽谤"司法解释质疑者的回应》，载《法学》2016年第7期。

个全新的观点。如上所述,张明楷教授认为,利用信息网络进行诽谤本身就属于严重情节,具有刑事可罚性。《网络诽谤解释》的上述定量要求"导致网络诽谤的定罪标准远远高于普通诽谤的定罪标准,不当限制了诽谤罪的成立范围,不利于保护被害人的名誉。"① 也就是说,一方面,张明楷教授认为,该司法解释不仅没有违反合比例原则的宪治要求,反而是刑法手段过于谨慎的表现;另一方面,该司法解释虽然没有违宪,但该司法解释的合理性并非不能质疑。

(4) 扩张处罚范围说。有学者认为,以点击量、浏览量作为认定情节是否严重的标准,容易导致被诽谤者或者其他不良居心的人为了使诽谤者承担刑事责任,而故意增加点击量、浏览量。"导致一个人是否构成犯罪或是否符合'诽谤罪'的标准并不完全由犯罪人自己的行为来决定,而是夹杂进其他人的行为推动。"② 也就是说,虽然点击或者浏览次数多,但实际上受众人数是很少的。③ 这样,就不当地扩张了处罚范围。

(二) 本书的观点

尽管学理上对该司法解释存在不同的观点,但毋庸置疑的是,浏览、点击量已经成为司法实务中认定诽谤情节是否严重的重要标准之一。兹举如下:

【案例8-7】2015年9月,陈某涉嫌对被告人张某秀等人诈骗一案由天津市滨海新区大港人民检察院负责审查起诉,后张某秀因对该案处理结果不满,遂对大港人民检察院时任副检察长刘某、公诉科科长张某及案件承办人金某产生不满情绪。2017年8月,张某秀在未经查证属实的情况下,在天涯社区网站和华声在线投诉直通车等不同网站上发布公开控告大港人民检察院副检察长刘某、公诉科科长张某、检察官金某官匪勾结徇私枉法坑害老百姓

---

① 张明楷:《网络诽谤的争议问题探究》,载《中国法学》2015年第3期。
② 李晓明:《诽谤行为是否构罪不应由他人的行为来决定》,载《政法论坛》2014年第1期。
③ 参见段启俊、郑洋:《网络诽谤犯罪若干问题研究》,载赵秉志等主编:《现代刑法学的使命 (下卷)》,中国人民公安大学出版社2014年版,第1244页。

的控告信,并捏造陈某和刘某或张某其中一人生育子女的事实。该内容在天涯社区网站的点击数为124,968(截至2018年5月17日),在华声在线网站的浏览量为14,650(截至2018年5月18日)。给刘某、张某、金某和陈某等人的正常生活造成负面影响,给天津市滨海新区大港人民检察院的形象造成不良影响。法院经审理认为,被告人张某秀捏造损害他人名誉的事实,在信息网络上散布,情节严重,其行为构成诽谤罪。

案例8-7是单纯地以点击、浏览、转发数量作为认定诽谤行为情节严重的典型案例。同样是网络诽谤,被告人如果发送到了微信群里,则难以统计点击、浏览、转发数量,因此,不能认定为《网络诽谤解释》中规定的严重情节,但被告人同样认为构成了诽谤罪,只是从轻处罚。结合上述案例及前文的分析,我们提出如下观点:

(1)信息网络本身不宜作为诽谤罪的"严重情节"。理由有二:其一,信息网络无处不在,从技术上而言,凡是利用信息网络进行发送、传播某信息,所有网民均对其具有获取的可能性。甚至通过即时通讯工具的双方沟通,也会被认为具有"散布"性质。这其实大大扩展了诽谤罪的处罚范围。其二,诽谤罪规定了"情节严重"作为构成要件要素。因此,其并非行为犯或抽象的危险犯,而是具体的危险犯,需要结合行为时具体情形判断对诽谤对象名誉权造成的损害及可能性。点击、浏览、转载的数量本身为这种具体的判断提供了一个必要标准,使实务具有可操作性和统一性,就此而言,该司法解释是有价值的。

(2)对点击、浏览、转载数量的认定,应有所选择。虽然定量要求有其必要性及合理性,但对数量的认定应有所选择。其一,对于诽谤对象自身有意增加点击数量应当排除在外;其二,对于自动化访问(网络爬虫)增加的点击数量也应当排除在外。诽谤罪的数量所证明的是言论影响力及对被诽谤对象名誉权造成危害性的大小。如果诽谤对象自身有意增加点击数量,则不属于该条规范保护目的范围。至于具有点击、转发、评论功能的自动化程序,在人工智能时代已经获得了广泛应用。正如有学者指出的,

"机器人转发行为与自然人转发行为存在本质差异，人是机器的尺度，机器人不具备评价人的资格，其转发、评论行为仅是一种算法，并未实质性侵害被害人的人格名誉，不应将该行为作为网络诽谤'积量构罪'的考量因子。"①

（3）对公诉型诽谤罪中"严重危害社会秩序和国家利益"要素可独立判断。根据《刑法》第246条的规定，诽谤罪告诉的才处理，但是严重危害社会秩序和国家利益的除外。诽谤罪一般属于自诉案件，需要由诽谤对象作为自诉人提起诉讼。只有在严重危害社会秩序和国家利益时，才可以由检察机关提起公诉。这里需要确定的是，对于公诉型诽谤罪的犯罪构成，是否需要情节严重的要件？如果答案肯定，则公诉型诽谤罪不仅要严重危害社会秩序和国家利益，还需要具有严重情节；如果答案否定，则仅需要证明能够严重危害社会秩序和国家利益即可，不再需要具有其他严重情节。

我们认为，《网络诽谤解释》列举的情节严重情形，足以认定构成"严重危害社会秩序和国家利益"；即使不符合所列举的情节严重情形，司法机关也可以对是否严重危害社会秩序和国家利益作独立判断。原因在于，点击、浏览和转载本身只是衡量信息散布情况的标准之一，还存在着其他一些难以量化为点击、浏览和转载的情形。此外，《网络诽谤解释》第2条第4项也为独立判断情节是否严重提供了空间。因此，只要有证据证明诽谤信息已经严重危害社会秩序和国家利益，即可进行追诉。

第二节 网络型侵犯公民个人信息罪

根据我国《刑法》第253条之一的规定，侵犯公民个人信息罪指的是违反国家有关规定，向他人出售或者提供公民个人信息；或者将在履行职责、提供服务过程中获取的公民个人信息，出售

---

① 参见刘期湘：《人工智能时代网络诽谤"积量构罪"的教义学分析》，载《东方法学》2019年第5期。

或者提供给他人；或者通过窃取等以其他方法非法获取公民个人信息的行为。网络时代同时也是信息时代，沟通的全域性同时也突出了精准沟通、有效沟通的价值。而实现精准和有效的必要条件就是信息，以数据形式表现的信息已经成为网络社会的命脉，在经济发展、社会治理等方面具有举足轻重的地位。其中，信息时代的个人信息是识别个人身份、展开数据分析、进行精准沟通的重要资源。

网络时代的悖论在公民个人信息方面也表现得淋漓尽致。一方面，网络时代突出了个人信息的价值，且使得信息能够以更加快速、便捷、开放的形式传播；但另一方面，个人信息也往往备受不法分子青睐，非法收集、处理和利用公民个人信息的现象及针对公民个人信息的犯罪在网络技术的加持下十分猖獗，严重侵害了公民的隐私、信息权益，同时也容易诱发下游犯罪。2017年3月份，在公安部统一部署下，京、辽、湘、粤等地公安机关破获了一起特大侵犯公民个人信息案，共抓获犯罪嫌疑人31名，查获涉及交通、物流、医疗、社交、银行等领域的各类被窃公民个人信息20余亿条。[1] 2019年8月，四川南充市也破获一起特大侵犯公民个人信息案，抓获犯罪嫌疑人9名，查扣非法侵犯的股民信息、房产信息、网贷信息、实名电话卡信息、实名微信信息等共计160余万条。[2]

为了严厉打击利用网络侵犯公民个人信息的犯罪，2009年《刑法修正案（七）》增设了侵犯公民个人信息罪，并于2015年在《刑法修正案（九）》中将该罪的主体由特殊主体修改为一般主体，提高了法定刑，增设了从重处罚的规定。此外，2017年5月8日，最高人民法院、最高人民检察院印发了《关于办理侵犯公民个人信息刑事案件适用法律若干问题的解释》（以下简称《个人信息案件解释》），对侵犯公民个人信息罪的司法适用进一

---

[1] 参见邬春阳：《公安部指挥破获一特大侵犯公民个人信息案 查获被窃取公民信息20余亿条》，载《中国防伪报道》2017年第8期。

[2] 参见《四川破获特大侵犯公民个人信息案》，载《中国防伪报道》2020年第4期。

步予以明确。

正如有学者指出的:"如何化解信息时代个人信息危机、维护信息主体的人格尊严和个人信息的合理开发利用成为当今社会共同面临的重大课题。"① 这也是网络时代刑法所肩负的重要任务之一。

一、公民个人信息的定义

(一) 公民个人信息的概念和特征

1. 公民个人信息的概念

关于公民个人信息的概念,多部法律、司法解释及其他规范性文件均对其进行了描述,包括:(1) 2013 年 4 月 23 日最高人民法院、最高人民检察院、公安部发布的《关于依法惩处侵害公民个人信息犯罪活动的通知》(以下简称《惩处信息犯罪通知》)第 2 条;(2) 2016 年 11 月 7 日全国人大常委会审议通过的《网络安全法》第 76 条;(3) 2017 年 5 月 28 日最高人民法院、最高人民检察院发布的《个人信息案件解释》第 1 条;(4) 2020 年 5 月 8 日十三届全国人大三次会议审议通过的《民法典》第 1034 条。这些规范性文件对公民个人信息概念的表述方式均采用定性加不完全列举的方式,内容大同小异。

我们认为,从简洁性、周延性及整体法秩序统一性角度,本罪行为对象"公民个人信息"应以《民法典》为准,即公民个人信息是以电子或者其他方式记录的能够单独或者与其他信息结合识别特定自然人的各种信息,包括自然人的姓名、出生日期、身份证件号码、生物识别信息、住址、电话号码、电子邮箱、健康信息、行踪信息等。与此相比,《惩处信息犯罪通知》没有明确个人信息的存在形式;《网络安全法》则将个人信息限于"识别自然人个人身份的各种信息",有将财产信息排除在外之嫌;《个人信息案件解释》将公民个人信息描述为以电子或者其他方式记

---

① 秦成德、危小波、葛伟:《网络个人信息保护研究》,西安交通大学出版社 2016 年版,第 1 页。

录的能够单独或者与其他信息结合识别特定自然人身份或者反映特定自然人活动情况的各种信息。这一规定将非身份性信息也纳入了公民个人信息的范畴，但表述稍显复杂，而《民法典》以"识别特定自然人的各种信息"将所有信息类型纳入其中，更为简洁和周延。

2. 公民个人信息的特征

根据上述《民法典》及其他规范性文件的规定，法律意义上的个人信息需要具备如下几个特征：

（1）可识别性。"可识别性是指搜集到的个人信息具有主体的某些特性，人们对这些信息进行分析就可以识别这些信息是属于某个人的。"[①] 识别，既包括直接识别，又包括间接识别，二者的区别在于是否需要其他信息相配合才具有识别性。只有能直接识别特定自然人的信息，才能作为"一条"信息。对于那些经过处理仍无法识别且不能复原的信息，即使能够反映出自然人的某些特征，但由于不具有直接的关联性，因此，也不属于公民个人信息的范畴。

（2）个人信息的主体须是自然人，不包括单位。以企业为例，关于企业的一些基本信息，如注册登记、许可审批、年度报告、行政处罚、抽查结果、经营异常状态等均可以在国家企业信用信息公示系统（National Enterprise Credit Information Publicity System）公开免费查询。此外，民众亦可以通过一些企业信息服务公司，如企查查、天眼查等，查询到企业的更多信息。企业的这类公开信息，不能作为侵犯公民个人信息罪的行为对象。如果行为人所侵犯的是企业信息，但属于实用性并采取保密措施的不为公众所知道的信息，则可以利用侵犯商业秘密罪进行刑法规制。至于本罪的主体究竟应当定位为自然人抑或公民，后文将结合具体案例进行分析。

（3）人格属性兼具财产属性。对于公民个人而言，其个人信

---

① 秦成德、危小波、葛伟：《网络个人信息保护研究》，西安交通大学出版社2016年版，第6页。

息包括了其自然特征和社会特征，蕴含了个人参与社会活动的专属识别性。因此，个人信息首先具有人格属性，承载着个人对其信息所享有的特定人格利益。个人信息保护由此被纳入到《民法典》人格权编。人格属性是公民个人信息的基本属性。此外，网络时代突出了个人信息的财产属性，信息作为有效、高效的网络沟通必可不少的条件，以数据形式表示的信息成为了社会活动和经济活动的重要资源，网络社会由此也称之为信息社会，既可以被用来进行商业开发，又可以为社会治理提供有效的支撑。在此种意义上，公民个人信息，尤其是以大数据形式表现的公民个人信息，无疑也具有财产属性和公共属性。但是，对于刑法而言，仍有必要区分基本属性和非基本属性，坚持侵犯公民个人信息罪的法益仍属于人身权益。一方面，非基本属性源于基本属性；另一方面，非基本属性虽然有助于说明犯罪动机，财产价值可以作为衡量犯罪行为危害程度的标准之一，但并不能因此而将该罪所保护的法益认定为是财产法益和社会法益。比如，拐卖儿童罪大多出于财产动机，但不能由此认为该罪所保护的法益属于财产法益。

（二）公民个人信息的外延确定

1. 可识别性的内涵

可识别性是公民个人信息的首要特征。根据《个人信息犯罪解释》第1条的规定，可识别性指的是识别特定自然人身份或者反映特定自然人活动情况的个人信息，即识别的是特定自然人的身份和活动情况。《民法典》所规定的可识别性包括特定自然人的各种信息。我们认为，《个人信息犯罪解释》所规定的可识别性略有瑕疵。比如，自然人的财产状况等既不属于身份信息也不属于活动情况，而该解释却纳入其中，并将非法获取、出售或者提供财产信息50条以上作为情节严重的情形之一。因此，《民法典》的规定更为准确。但这并不意味着抹煞刑法与民法对公民个人信息保护的范围和程度的差异性，侵犯公民个人信息行为构成犯罪仍需要以情节严重为要件。关于可识别性的理解，另一个要点在于如何理解特定自然人中的"特定"。

【案例8-8】 2015年10月，被告人周某使用QQ软件及账户，实名认证为丁某的支付宝，先后多次从网友江某（另案处理）处购买公民个人邮箱账户信息3000余万条。2015年10月以后，被告人周某开始使用"百度账号注册""找回百度账号"等软件，利用租用的远程服务器运行软件批量注册和找回百度账号，后转卖给他人，违法所得人民币4万余元。法院经审理认为，《刑法修正案（九）》自2015年11月1日施行，但本案中，被告人周某于2015年10月期间向江某等人购买公民个人信息，发生在《刑法修正案（九）》实施之前，不能适用《刑法修正案（九）》及司法解释的相关规定。不过，被告人周某在获取公民个人信息后，通过"百度账号注册""找回百度账号"等软件，利用租用的远程服务器运行软件批量注册百度账号和找回百度账号，后转卖给他人，违法所得4万余元，系发生在《刑法修正案（九）》实施以后，依照修订后的《刑法》第253条之一的规定，其向他人出售公民个人信息，违法所得人民币4万元的行为，属于犯罪情节严重。因此，被告人周某犯侵犯公民个人信息罪，判处有期徒刑2年6个月，缓刑3年。[1]

在上述案例中，被告人周某所收集的信息为邮箱账户信息，数量达3000余万条。但是，网络邮箱的注册一般并不需要实名认证，因此也难以通过邮箱账户直接确定邮箱所有者的个人身份。对于此类信息是否满足了"特定"自然人的要求，就取决于如何理解该"特定"。我们认为，"特定"并不意味着依据信息可以直接地确定该信息属于何人，只要能够确定该信息属于自然人的信息，且该信息的处理应属于自决权的范围，就应当认为具有识别性。也就是说，信息的识别性并不是通过信息本身能够识别特定的自然人，只要通过利用该信息能够影响特定自然人即足。信息自决权保护是对信息处理的自我决定权，而并不是对信息本身的占有权。因此，真正侵害信息自决权的是处理，即利用该信息的行为。由此，上述案例的判决将不具有实名性的网络邮箱账户资

---

[1] 参见四川省阆中市中级人民法院刑事判决书（2017）川1381刑初61号。

料作为公民个人信息并无不妥。

2. 个人信息的主体是自然人还是公民

关于个人信息的主体是自然人还是公民，也是确定刑法所保护的个人信息犯罪的重要维度。从《刑法》条文的表述上看，个人信息的主体应当限于"公民"。与自然人相比，公民具有政治色彩，指的是具有某一国国籍，并根据该国法律规定享有权利和承担义务的人。对于我国而言，公民即具有我国国籍的人。这样一来，就将境外人、无国籍人及我国普遍存在的无户口人员（俗称"黑户"）排除在外了。根据 2010 年第六次人口普查数据，中国约有 1300 万人口没有户口，占当时全国总人口的 1%。[①] 也就是说，如果将个人信息的主体限于"公民"，就意味着刑法对上述几类主体的个人信息拒绝予以保护。司法实务中已出现相关案例。

《刑法》中的公民与自然人同义，选用"公民"更多是一种表述习惯而已。对此，可以从以下两个方面理解：（1）《刑法》中的"公民"不强调其国籍属性。比如，故意杀人罪与侵犯公民个人信息罪同样属于《刑法》分则第 4 章"侵犯公民人身权利、民主权利罪"，但从未存在因行为对象不属于我国"公民"而在我国境内杀害境外人、无国籍人的行为就不构成故意杀人罪的问题。（2）我国无论是民事法律还是刑事法律，都经常使用"公民"一词。比如，《民法通则》就普遍使用"公民"一词，但《民法通则》第 2 章的章名则为："公民（自然人）"。不过，"公民"确实较"自然人"略有瑕疵。正是基于此，无论是《民法总则》还是《民法典》均将民事主体分为自然人、法人和非法人组织，放弃了"公民"一词。从这种历史沿革的角度，也能推断出公民指的就是自然人。（3）如前所述，《个人信息案件解释》第 1 条对"公民个人信息"的定义是能够识别特定自然人身份或者反映特定自然人活动情况的各种信息，这里直接使用了"自然人"。

[①] 2019 年 11 月，经李克强总理签批，国务院印发《关于开展第七次全国人口普查的通知》。根据《中华人民共和国统计法》和《全国人口普查条例》规定，国务院决定于 2020 年开展第七次全国人口普查。

这既可以视为是对"公民"一词的补充解释，也意味着本条中公民与自然人同义。因此，本罪中个人信息的主体是自然人，而非具有政治色彩的公民。

3. 个人信息是公开信息还是秘密信息

前文已述，本罪所保护的法益是公民的个人信息自决权。秘密信息既属于隐私权的客体也属于个人信息保护的范围，自然也属于本罪的行为对象。除此以外，公开信息以及半公开信息，能否成为及如何能够成为本罪的行为对象，这一点在网络技术的加持下尤值得关注。其中，最典型的就是网络爬虫技术的使用。所谓网络爬虫（Web Crawler），"是指利用'机器人''蜘蛛'或'网络浏览器'等程序从数据网站、手机APP、小程序、搜索引擎中检索、提取、收集数据的行为。"① 利用网络爬虫技术收集信息，既可以是公开的信息，也可以是半公开访问受限的信息。实务中，网络爬虫涉嫌犯罪的案例并不鲜见，兹举如下几例。

【案例8-9】被告人魏某通过网络爬虫程序下载含有公民姓名和电话号码的工商个体户和单位资料进行贩卖，现有证据查明，魏某非法获利55,822元。案发后，公安机关从其使用的手机和笔记本电脑上查获2018年3月至4月期间的公民个人信息及企业信息总计3,296,634条；魏某家属代其退赔违法收入56,000元。法院经审理认为，被告人魏某违反国家规定获取公民个人信息后向他人出售，情节特别严重，其行为已构成侵犯公民个人信息罪。②

【案例8-10】2019年2月，被告人周某为获取其私自研究程序所需的公民个人信息，使用自己编写的网络爬虫程序擅自进入××学院教务管理系统，窃取了包括学生照片、姓名、性别、身份证号码等数据内容的4万余条学生个人信息，并将窃取的学生信息存放在自己的服务器内。之后被告人周某在百度贴吧公布了自己

---

① 杨志琼：《数据时代网络爬虫的刑法规制》，载《比较法研究》2020年第4期。

② 参见山东省济源市人民法院刑事判决书（2018）豫9001刑初503号。

服务器网址，导致他人可以使用学生照片从该服务器搜索到相应的学生个人信息。法院经审理认为，被告人周某违反国家有关规定，使用网络技术手段非法获取公民个人信息并向他人提供，侵害公民隐私权，情节严重，其行为已构成侵犯公民个人信息罪，公诉机关指控被告人周某犯侵犯公民个人信息罪罪名成立。①

【案例 8-11】2014 年 5 月初，被告人翁某发现淘宝店铺源码存在漏洞，利用该漏洞可以在店铺源码中植入一个 url，执行该 url 指向的 javascript，以获取访问被植入 url 的淘宝店铺的所有淘宝用户的 cookie（淘宝用户登录时产生的一组认证信息，利用 cookie 可以执行对应账号权限内的所有操作，无需账号、密码），并利用其中的卖家 cookie 将 url 再次植入卖家淘宝店铺源码，实现自动循环，获取更多的淘宝用户 cookie。被告人翁某向被告人黄某报告该情况，经黄某的授意，以非法获取 cookie 数据为目的，编写了用于获取 cookie 的 javascript，存储在其租用的阿里云服务器中。自同年 5 月 15 日开始，通过上述方法非法获取淘宝用户 cookie 达 2600 万余组，并将获取的 cookie 存放在虚拟队列中。被告人黄某利用被告人翁某事先编写的网络爬虫程序读取虚拟队列中的 cookie 并获取淘宝用户的交易订单数据（内容包含用户昵称、姓名、商品价格、交易创建时间、收货人姓名、收货人电话、收货地址等）达 1 亿余条。法院经审理认为，被告人黄某、翁某违反国家规定，侵入计算机信息系统，获取该计算机信息系统中存储、处理、传输的数据，情节特别严重，其行为均已构成非法获取计算机信息系统数据罪。②

网络爬虫技术并非一种"邪恶"的技术，而是一把双刃剑。利用网络爬虫技术可以有效地对信息进行检索、筛选、过滤和定位，是网络监管的重要支撑技术。2013 年《文化部关于全国文化市场技术监管与服务平台建设的实施意见》第 8 条规定："完善网

---

① 参见湖南省怀化市鹤城区人民法院刑事判决书（2019）湘 1202 刑初 530 号。
② 参见浙江省杭州市余杭区人民法院刑事判决书（2014）杭余刑初字第 1231 号。

吧监管功能和技术封堵措施，防止非法文化产品的传播；开发网吧上网时长管理系统，提示消费者健康上网；采取网络爬虫、数字水印等数字识别和物联网技术手段，对违法违规的网络游戏、网络音乐、网络动漫等经营行为进行实时动态监测和主动防范……"① 因此，网络爬虫技术本身并不具有不法性，只有超越界限的使用才构成不法。那么，网络爬虫技术的界限何在呢？

网络爬虫技术作为一种信息收集技术，其既可以收集网络上公开、分散的信息，对其加以汇总、分类、整理，也可以对存储在某一信息系统内限制访问的非公开信息突破技术壁垒进行抓取。上述三个案例中，第一个利用网络爬虫技术所收集的信息就属于公开信息；而后两个则属于非公开信息或限制获取的信息。正如有学者指出的，"网络爬虫抓取数据的正当性、有效性都源于数据主体的授权，这种授权与数据的访问权限和开放程度密切相关。"② 因此，关于运用网络爬虫技术抓取、处理信息的行为，在判断其刑事可罚性时，应当结合本罪的行为方式，并考虑信息本身的属性综合判断。

我们认为：（1）对于网络的公开信息，利用网络爬虫技术抓取信息的行为，不应构成犯罪。公开信息本身就意味着信息权利人已经放弃了对该信息的获取控制及对价，甚至希望他人能够获取该信息。因此，无论是利用网络爬虫技术规模化地抓取还是利用传统统计技术获取，均不应认定为侵犯公民个人信息罪。但是，如果将获取的信息出售或提供给他人，情节严重的则构成本罪。（2）对于公开但限制获取的信息，利用网络爬虫技术抓取该信息

---

① 此外，2013年3月7日中国支付清算协会网络支付应用工作委员会关于印发《支付机构互联网支付业务风险防范指引》中第4.5.4.2条"防范手段"就网络爬虫技术也进行了明确规定："支付机构应加强对签约商户的日常检查，运用"网络爬虫"等相关技术，对商户的网站内容进行扫描，扫描频率不得低于每周一次。在扫描中通过对敏感字段的过滤，筛查出发布违规信息的商户，并根据商户日常管理要求进行调查处置，对存在违规经营的商户应根据情节轻重采取口头警告、暂时关闭、录入黑名单、清退等手段进行处置。"

② 杨志琼：《数据时代网络爬虫的刑法规制》，载《比较法研究》2020年第4期。

的行为本身构成了民事侵权,但尚不足以构成犯罪。只有出售或提供的行为才可能构成本罪。(3)对于只有经授权才能获取的信息,利用网络爬虫技术的获取行为本身就具有民事侵权性质,如果达到了本罪"情节严重"的标准,则具有了刑事可罚性。至于出售或提供的行为,亦然。上述案例8-9和8-10与上述观点基本相符。

需要补充的是,正如案例8-11显示的,利用网络爬虫技术突破技术壁垒进入他人数据库抓取信息的行为,构成了非法获取计算机信息系统数据罪。如果所抓取的数据同时属于公民个人信息,且符合侵犯公民个人信息罪的情节严重标准,则该行为就属于非法获取计算机信息系统数据罪与侵犯公民个人信息罪的想象竞合犯,从一重处理。

二、网络时代侵犯公民个人信息罪保护的法益

(一)侵犯公民个人信息罪所保护法益的聚讼

法益彰显了某一刑法规范的保护目的,蕴含着罪与非罪的边界,并为构成要件的解释提供了重要方向。对侵犯公民个人信息罪法益的理解,将直接影响该罪的规制范围及刑法对公民个人信息的保护程度和力度。但是,学界对该罪法益的理解并不一致,既有主张超个人法益说,也有主张个人法益说;而且,不同学说的内部也有差异。

超个人法益说主要有两种论证方式:(1)认为侵犯公民个人信息罪所保护的法益具有超个人的公共性。比如,有学者认为,侵犯公民个人信息案件中所涉及的个人信息往往数量巨大,已经超越了个人法益的承载范围;[①] 而且,信息的主体也可以不限于公民,如企业所合法掌握的客户名单等。[②] 因此,"仅因为犯罪对象是个人信息就将该类犯罪认定为侵犯公民人身权利的犯罪有望文

[①] 参见王肃之:《被害人教义学核心原则的发展:基于侵犯公民个人信息罪法益的反思》,载《政治与法律》2017年第10期。

[②] 参见敬力嘉:《大数据环境下侵犯公民个人信息罪法益的应然转向》,载《法学评论》2018年第2期。

生义之嫌。"① (2) 认为侵犯公民个人信息具有法定犯的属性。比如，曲新久教授认为，公民的个人信息虽然是"个人信息"但具有"超个人法益的属性"。"超个人"主要表现在两个方面，一是我国《刑法》在"个人信息"之前冠之以"公民"二字，而公民本身就具有社会属性，需要从公民社会、国家的角度进行解释；二是侵犯公民个人信息罪以"违反国家规定"为前提。就此而言，侵犯公民个人信息罪具有法定犯的属性。当然，这里的超个人法益并没有否定公民个人信息首先具有个人法益属性。②

个人法益说具体可以进一步分为如下几种观点：(1) 倾向于隐私权。张明楷教授将侵犯公民个人信息罪归于"侵犯名誉、隐私的犯罪"类型，③ 由此可推断侵犯公民个人信息罪属于侵犯隐私的犯罪，该罪所保护的法益为公民的隐私权。(2) 认为该罪所保护的法益是公民个人的信息自由和安全，④ 或者说公民个人信息的所有权和使用权；⑤ 也有学者将其概括为公民的个人信息权，⑥ 或者进一步将其限制在公民的个人信息自决权。⑦ (3) 将前两种观点予以综合，认为侵犯公民个人信息罪既侵犯隐私权，又侵犯公民的个人信息权。⑧

(二) 侵犯公民个人信息罪保护的法益

就上述观点而言，我们赞同个人法益说中的公民个人信息权，

---

① 皮勇、王肃之：《大数据环境下侵犯个人信息犯罪的法益和危害行为问题》，载《海南大学学报》(人文社会科学版) 2017 年第 5 期。

② 参见曲新久：《论侵犯公民个人信息犯罪的超个人法益属性》，载《人民检察》2015 年第 11 期。

③ 参见张明楷：《刑法学》(第 5 版)，法律出版社 2016 年版，第 916 页。

④ 参见高铭暄、马克昌主编：《刑法学》(第 9 版)，北京大学出版社、高等教育出版社 2019 年版，第 480 页。

⑤ 参见董邦俊：《侵犯公民人身权利、民主权利罪立案追诉标准与司法认定实务》，中国人民公安大学出版社 2010 年版，第 398 页。

⑥ 参见刘艳红：《侵犯公民个人信息罪法益：个人法益及新型权利之确证——以〈个人信息保护法（草案）〉为视角之分析》，载《中国刑事法杂志》2019 年第 5 期。

⑦ 参见冀洋：《法益自决权与侵犯公民个人信息罪的司法边界》，载《中国法学》2019 年第 4 期。

⑧ 参见周光权：《刑法各论》(第 3 版)，中国人民大学出版社 2016 年版，第 71 页。

具体而言即公民个人信息自决权。由于公民个人信息是无体物，不能在现实中占有和控制，因此，对公民个人信息的权利主要表现为支配、控制及排除他人侵害，此即公民个人信息自决权。本文之所以持上述主张，理由包括如下两个方面：

首先，超个人法益说并不可取。（1）超个人法益说错误地将量变理解为质变。《个人信息案件解释》规定了作为侵犯公民个人信息罪行为对象的信息数量要求，其中行踪、征信、财产信息等信息 50 条以上；住宿、健康生理信息等信息 500 条以上，其他信息 5000 条以上。但是，并不能由此反推该罪所保护的法益具有公共属性，犹如普通盗窃罪的成立具有财产数额要求，但并不因此使本来属于个人的财产具有了公共性；也不能使多个主体的财产由于累积达到了数额要求就认为其具有了公共性。公共利益是对多主体私人利益的修辞，并不具有实体性。（2）"违反国家有关规定"不足以证明该罪属于法定犯。法定犯与自然犯分别倾向于行政管理秩序和生活伦理秩序，但二者之间并不存在着泾渭分明的界限，且二者的区分也并非静态的。就本罪而言，侵犯公民个人信息并非仅仅因为其违反了国家规定而构成犯罪，而是该行为本身就背离了生活伦理的基本要求，这一点毋庸赘言。至于这里的"违反国家有关规定"，正如有学者指出的，"法定犯必定具备'违反国家规定'这一构成要件要素，'违反国家规定'的犯罪却不必然是法定犯。"① 比如，《刑法》第 244 条之一规定的雇用童工从事危重劳动罪的罪状中也有"违反劳动管理法规"的规定，但该罪一般不认为是法定犯，而是自然犯。（3）正如后文将要论述的，本罪保护的法益是个人信息自决权，但这里的自决是相对的，而非绝对的。除了公民个人自决之外，法律还规定了在某种情形下的披露义务。比如，我国《刑事诉讼法》第 144 条第 1 款规定，"人民检察院、公安机关根据侦查犯罪的需要，可以依照规定查询、冻结犯罪嫌疑人的存款、汇款、债券、股票、基金

---

① 参见刘艳红：《侵犯公民个人信息罪法益：个人法益及新型权利之确证——以〈个人信息保护法（草案）〉为视角之分析》，载《中国刑事法杂志》2019 年第 5 期。

份额等财产。有关单位和个人应当配合。"因此，本罪中"违反国家有关规定"的功能仅仅是为了排除合法的信息获取方式而已，即属于对个人信息自决权施加的限制而非否定。

其次，个人法益说中的隐私权说存在瑕疵。（1）根据我国《民法典》第1032条之规定，隐私指的是自然人的私人生活安宁和不愿为他人知晓的私密空间、私密活动和私密信息。侵犯公民个人信息罪所涉及的仅仅是"私密信息"部分，就此而言，外延过于广泛。（2）侵犯公民个人信息罪中的信息不仅包括私密信息，还包括一些公开但限制使用的信息以及介于公开信息与私密信息间的限制获取的信息，网络爬虫在网络上非法收集的信息大多属于上述信息。因此，如果将本罪的行为对象限于私密信息，外延过于狭窄。因此，将隐私权作为本罪所保护的法益，所带来的后果就是宽严皆误。（3）隐私和个人信息存在交叉。《民法典》第1034条第2款规定，个人信息中的私密信息，适用有关隐私权的规定；没有规定的，适用有关个人信息保护的规定。就此而言，个人信息已经将隐私中的私密信息包括在内，将本罪保护的法益理解为公民个人信息权益更为妥当。（4）具体地，本罪保护的法益是《民法典》第1035条规定的公民个人信息自决权。根据该条规定，处理个人信息，应当符合下列条件：①征得该自然人或者其监护人同意；②公开处理信息的规则；③明示处理信息的目的、方式和范围；④不违反法律、行政法规的规定和双方的约定。本罪所侵犯的公民个人信息权益，并非对该信息的占有，在网络时代，公民个人信息往往掌握在其他主体手中，比如通信公司、网络银行以及各种应用软件等，公民自身有时并不掌握，比如关于个人的指纹、肖像的识别信息等。根据本罪的三种实行行为，非法获取、出售和提供，本罪所保护的法益主要是公民的个人信息自决权。也就是说，只要经过公民的授权，就阻却了上述行为的违法性。

综上考虑，我们认为，侵犯公民个人信息罪的法益并非超个人法益，而是个人法益，具体的是公民的个人信息自决权。需要补充的是，侵犯公民个人信息自决权的行为仍需要达到情节严重的程度才能进入刑法沟通范围。接下来我们将讨论如何理解本罪构成要件中的"情节严重"。

三、"情节严重"的类型及理解

(一)"情节严重"的类型

根据本罪罪状和《个人信息案件解释》,本罪的主体属于一般主体,行为方式包括非法获取、出售或提供。此外,对于合法履行职责或提供服务过程中获取信息的主体(以下简称职务主体)及从事合法经营活动的市场主体而言,还规定了其他专门的行为模式。也就是说,本罪虽然不是选择罪名,但其实存在不同的构成要件类型,《个人信息案件解释》也相应规定了不同的"情节严重"标准。

概而言之,《个人信息案件解释》中的"情节严重"主要包括如下几种:(1)信息类型。若行踪、轨迹信息被用于犯罪或者知道或应当知道被他人用于犯罪仍出售或提供公民个人信息的,就属于情节严重;(2)信息数量。该解释根据不同的信息类型,分别50、500和5000条的入罪标准;(3)行为人的前科。如果行为人因触犯本罪受过刑事处罚或2年内受过行政处罚,则也属于情节严重。(4)违法所得,违法所得5000元以上就构成情节严重。(5)其他情节严重情形,属于兜底性的规定。以上几种类型是针对一般主体而言的,对于职务主体和市场主体,该解释对情节严重亦有专门的规定。其中,对于职务主体而言,将工作过程中获得的公民个人信息出售或提供给他人的,情节严重的数量和数额标准较一般主体缩小一半;对于市场主体而言,为合法经营活动购买、收受的行为,该解释在信息数量上没有做出限制,但规定获利5万以上或具有上述前科情形的,就构成了情节严重。对职务主体和市场主体之所以宽严程度不同,原因在于前者不仅侵犯了公民的个人信息权,同时还损害了职务行为的信用;而后者则将购买、收受的信息用于合法经营活动,在一定程度上弱化了侵犯公民个人信息罪的社会危险性,也体现了鼓励经济发展的政策导向。

(二)"情节严重"的理解

关于上述情节严重的情形,有如下两点值得注意:

其一,对于不同类型的公民个人信息,包括身份信息、行踪轨迹信息、生物信息、财产信息等,刑法的保护程度不尽相同。之所以保护力度不同,与该信息的私密性、个人自决性的程度相关,体现了刑法对个人信息分层保护的思路。① 比如,与其他信息相比,行踪轨迹信息可以用来定位被侵害人的时空位置,具有更强的私密性,对行踪轨迹信息的获取或掌握在某种程度上也是对被侵害人的监控;在不法的信息交易市场上,行踪轨迹信息也是价格最为昂贵的品种。② 相应地,我国《刑法》给予了行踪轨迹信息以最高的保护程度。结合《个人信息案件解释》,具体体现在:(1)行踪轨迹信息与通信内容、财产信息等构成情节严重的数量要求最低,仅需要50条。(2)出售或者提供行踪轨迹信息,被他人用于犯罪的,不需要行为人知道或应当知道该信息被用于犯罪即构成情节严重。

【案例8-12】 2017年7月10日,被害人A作为杭州K建材有限公司(以下简称K公司)搅拌车驾驶员因出车记账事宜与调度员发生矛盾,后驾驶搅拌车堵住公司搅拌楼。同年7月18日,K公司开除A,A以举报公司搅拌车超载要求公司进行补偿。K公司董事长B(已判刑)与公司车队长C(已判刑)决定警告、教训A。C指使D、E(均已判刑)找人教训A,E又找F(已判刑)找人教训A。同年7月20日,K公司的搅拌车因超载被交警查获。E在C、D催促下,与F找来的G(已判刑)及G纠集的H、I、J(均已判刑),按照C提供的A暂住证上地址寻找A,因地址信息不全而未果。E提议在被害人A的汽车上安装GPS定位器,并找F要GPS定位器,F找到被告人K借到GPS定位器后交给E。同

---

① 相关讨论参见董悦:《公民个人信息分类保护的刑法模式构建》,载《大连理工大学学报(社会科学版)》2020年第2期。

② 《内蒙古哦奈曼破获一起公民个人信息被侵犯案 各类信息中收集定位数据最为昂贵》,载《法制日报》2016年10月20日,第8版。

年7月21日由C打电话约A谈补偿事宜为由,将A诱骗至K公司,由D、E将GPS定位器安装在A驾驶的白色比亚迪越野车上。后被告人K应F要求,数次通过手机查看该GPS定位器位置信息并向F发送定位截图。同年7月23日,E根据F所发的定位截图找到A的车辆,并将已确定A位置的情况告知D、F。同年7月24日,D、G、I、H、J等人利用E提供的GPS定位到A位于余杭区良渚街道东塘河村L的暂住地附近找到A,D向G指认A,当晚因现场有监控而未动手。同年7月25日,H、I、J再次到A××地附近找A,但只找到A的比亚迪越野车未找到人而未得逞。同年7月26日22时许,H、I、J在良渚街道东塘河村××中学(原××中学)北面村道即A暂住处附近等到A。三人上前对A实施殴打,其中H持伸缩棍进行殴打,另二人徒手殴打,致A头部、身体多处受伤,当场死亡。法院经审理查明,被告人K违反国家有关规定,向他人提供公民个人信息,情节特别严重,其行为已构成侵犯公民个人信息罪。

上述案例属于被告人K提供他人的行踪轨迹信息,且该行踪轨迹信息被用于犯罪的情形。无论K是否明知他人用该信息进行犯罪,也无论该犯罪是否既遂,均属于"情节严重"。如果K明知他人将其所提供的信息用于犯罪而仍然提供,则同时成立他人所犯之罪的帮助犯,并同侵犯公民个人信息罪想象竞合从一重处罚。

其二,要区分"违法所得"和"获利"。《个人信息案件解释》第5条规定的情节严重之一是"违法所得5000元以上的";但根据第6条的规定,合法经营活动而非法购买、收受第5条第1款第3项、第4项规定以外的公民个人信息则要求获利5万元以上才构成情节严重。在计算获利时,需要扣除正常的经营成本。但是对于违法所得是否需要扣除成本,则存在不同的观点,① 甚至

---

① 参见喻海松:《侵犯公民个人信息罪司法解释理解与适用》,中国法制出版社2018年版,第42页。

不同司法解释对此的理解也有所差异。1998年最高人民法院发布的《关于审理非法出版物刑事案件具体应用法律若干问题的解释》第17条第2款明确规定："本解释所称'违法所得数额'，是指获利数额"；2012年最高人民法院、最高人民检察院印发的《关于办理内幕交易、泄露内幕信息刑事案件具体应用法律若干问题的解释》（以下简称《内幕交易解释》）第10条第1款明确规定："……违法所得，是指通过内幕交易行为所获利益或者避免的损失。"① 但是，2014年最高人民法院、最高人民检察院、公安部发布的《关于办理非法集资刑事案件适用法律若干问题的意见》第5条第1款明确规定："向社会公众非法吸收的资金属于违法所得。"2017年最高人民法院、最高人民检察院印发的《关于适用犯罪嫌疑人、被告人逃匿、死亡案件违法所得没收程序若干问题的规定》第6条第1款明确规定："通过实施犯罪直接或者间接产生、获得的任何财产，应当认定为刑事诉讼法第二百八十条第一款规定的'违法所得'。"因此，关于违法所得是否等于获利，是否应当扣除成本，需要进一步理清。

我们认为，违法所得不宜扣除成本。理由如下：（1）《个人信息案件解释》第6条之所以使用"获利"而不是"违法所得"或"销售数额"，原因就在于获利针对的是合法的经营行为所得，其不法性在于该合法的经营行为使用了非法购买、收受的公民个人信息。而"违法所得"指的是出售、提供公民个人信息这一不法行为的对价，出售、提供信息的数额本身就构成了衡量不法程度的标尺，具有不法性，因此不需要扣除成本。（2）参照最高人民法院、最高人民检察院《关于办理生产、销售伪劣商品刑事案件具体应用法律若干问题的解释》第2条第1款规定，"……'销售金额'，是指生产者、销售者出售伪劣产品后所得和应得的全部违法收入。"由此，也能推论出销售数额与违法所得的关系。即销

---

① 其实，在1995年最高人民法院在给湖北省高级人民法院的批复中就曾指出："《关于惩治生产、销售伪劣商品犯罪的决定》规定的'违法所得额'是指生产销售伪劣产品的获利的数额。"不过，该司法解释已于2013年1月失效。

售数额=出售后的违法所得+违法应得,二者均不需要排除所谓的"成本"。(3)若将成本扣除,就会造成非法出售、提供公民个人信息的危害性由行为人所投入的成本所影响乃至决定,这与本罪保护的法益——公民个人信息自决权相矛盾。同时,若将成本扣除,也会为行为人规避处罚提供便利,并不妥当。

第九章 侵害财产的网络犯罪

随着信息技术发展，网络游戏产业也蓬勃发展，各种大型多人网络游戏井喷式上线。根据相关数据表明，2019年中国游戏市场实际销售收入达2308.8亿元，约占全球游戏市场的1/3；中国游戏用户规模达6.4亿人，较去年增长2.5%，约占全国人口总数的一半①。伴随网络游戏产业的蓬勃发展，针对网络游戏装备的民事纠纷和盗窃等犯罪现象也越发严重，这不仅受到民法学界的关注，还引发了刑法学界的讨论。

2006年，深圳市南山区法院审理全国首宗盗卖QQ号码案。法院认为，我国现行法律法规及司法解释尚未明文将QQ号纳入刑法财产的保护范围，最终认定曾某峰、杨某男构成侵犯通信自由罪。但在后来的司法实践中，针对盗取游戏装备的行为，部分法院开始承认虚拟财产的财产属性，并以盗窃罪追诉定罪。

然而，2012年，最高人民法院研究室《关于利用计算机窃取他人游戏币非法销售获利如何定性问题的研究意见》指出，"利用计算机窃取他人

---

① 参见中国音数协游戏工委（GPC）、国际数据公司（IDC）编写：《2019年中国游戏产业报告：摘要版》，中国书籍出版社2019年版，第5页。

游戏币非法销售获利行为目前宜以非法获取计算机信息系统数据罪定罪处罚"。2014年,最高人民法院、最高人民检察院出台的《关于办理盗窃刑事案件适用法律若干问题的解释》更直接提出,对于盗窃虚拟财产的行为,如确需刑法规制,可以按照非法获取计算机信息系统数据等计算机犯罪定罪处罚,不应按盗窃罪处理。①

以上两个法律性文件基本可以看作最高裁判机关的官方意见,并且着实影响法官的裁判。然而,由于涉及虚拟财产的案件往往案情复杂,且涉案金额巨大,仅凭计算机犯罪论处恐造成罪责刑不相适应的现象发生。因此,各地方法院亦不乏对"盗窃"虚拟财产的行为以盗窃罪予以定罪处罚。例如,在"杨某锦等盗窃案"②中,广东省佛山市中级人民法院认为,"传奇世界2"中的装备、游戏币等虚拟财产具有独占管理性、转移处置性、有价值性,因此能够评价为《刑法》第92条的"财物",故以盗窃罪论处。由此可见,当前针对虚拟财产的法律定性实属混乱,正式法律依据的缺乏更为刑法学界留下了讨论的空间。

第一节　虚拟财产的本体考察及其定性困境

一、虚拟财产的本体考察

(一) 虚拟财产的概念

虚拟财产的概念存在狭义与广义的争议。狭义的虚拟财产是指"仅存在于虚拟世界中的财产"。③ 详言之,虚拟财产,是指作为游戏等软件中的模块影像或化身存在于虚拟世界中为主体所支

---

① 胡云腾、周加海、周海洋:《〈关于办理盗窃刑事案件适用法律若干问题的解释〉的理解与适用》,载《人民司法》2014年第15期。
② 参见广东省佛山市中级人民法院刑事判决书(2016)粤06刑终1152号。
③ 参见赵秉志、阴建锋:《侵犯虚拟财产的刑法规制研究》,载《法律科学(西北政法大学学报)》2008年第4期。

配的具有价值和使用价值的虚拟物或虚拟货币。① 而广义的虚拟财产则是指以虚拟的方式所存在的一切财产。这里的"虚拟"是指以计算机模拟技术为基础的非实体性存在形式。广义的虚拟财产既包括现实世界中财产的虚拟形式,亦包括狭义的虚拟财产。

本书坚持狭义的虚拟财产概念,原因在于其有效限缩了虚拟财产的外延,有助于明确问题域,贯彻了奥卡姆剃刀理论"如无必要,勿增实体"的原则,避免将现实世界中无争议的真实财产的虚拟形式纳入问题讨论范围,徒增问题的复杂性。广义虚拟财产概念的外延过宽,将现实世界中财产的虚拟形式以虚拟财产论处,会导致不同法律关系的客体混为一谈,既增加问题的讨论难度,又不利于对虚拟财产的法律属性予以确定。

根据表现形式及其功能的不同,虚拟财产可以划分为账号类虚拟财产,包括网络游戏账号、QQ号、微信号等;物品类虚拟财产,包括网络游戏装备、游戏道具、游戏角色等;货币类虚拟财产,包括Q币、游戏币等被设计用以交换或实现应用中某种功能或作为金钱或价值转移的支付手段的虚拟财产。② 这一划分基本上是学界共识,不存在争议。

(二) 虚拟财产的代码基础

根据尤查·本科勒(Yochai Benkler)的三层通信系统理论,任意一个通信系统皆可以被拆分为三个不同的"层",即物理层、代码层与内容层。物理层是网络世界的物质基础,包括计算机及使得计算机接入因特网的网线。代码层则是指能够让硬件运行的代码,换言之,我们所感知到的虚拟财产在代码层皆以0/1形式的二进制代码形成不间断传输的代码流。而所谓内容层则是指代码反映到人脑之中的真正有意义的东西,包括数字图像、文本、

---

① 参见侯国云、么惠君:《虚拟财产的性质与法律规制》,载《中国刑事法杂志》2012年第4期。

② 参见江波:《虚拟财产司法保护研究》,北京大学出版社2015年版,第31—34页。

在线电影等。① 虚拟财产的代码属性指处于代码层的数据。在比较法领域，数据往往被称为"电磁记录"。例如，《德国刑法》第202a条规定，"电磁记录"为通过电磁或其他无法直接感知的方法进行传输、储存、处理的数据。《日本刑法》第7条规定，"电磁记录"乃利用电子、电磁方式，以人之知觉无法感知且供电脑处理信息的记录。我国台湾地区"刑法"亦对电磁记录有过相类似的说明。代码作为虚拟财产的现实基础，决定着虚拟财产的基本运行机理。当前对虚拟财产的诸多研究实际上并没有尊重虚拟财产于现实世界运行的"真相"，即便是针对几近已形成共识的代码属性，也有必要对代码的结构及功能进行澄清。

当前，为确保网络运营商对游戏的管理，各游戏厂商皆采取"中心服务器——多向客户端"的服务模式，玩家在客户端上的账号操作及对虚拟财产的支配受制于中心服务器。所谓客户端，是指与服务器相对应，为客户提供本地服务的程序，包括生成虚拟财产构成代码及贴图文件。而服务器则是指根据客户端的服务请求，审查权限并进行相应处理，承担服务和保障服务的电子设备。玩家在登录游戏前向服务器发送账号注册申请，并取得服务器授权使用游戏，与之相对应，服务器会形成玩家游戏账号的授权文件，其囊括了玩家有权享受虚拟财产服务的一切数据记录。玩家在进行游戏时，客户端与服务端处于双向互联、实时代码交换的状态，进行交换的代码并非储存于客户端的虚拟财产的构成代码及其贴图文件，而是服务器中授权文件的代码。以游戏"魔兽世界"中的经典坐骑"幽灵虎"为例，该游戏所有的陆行坐骑皆具有相同功效，仅形态存在不同，"幽灵虎"外形酷炫且稀有，市场价格约为1万元。事实上，"幽灵虎"的构成代码及贴图早已储存在客户端中，只不过是玩家未经服务器授权不得使用。若玩家获得服务器授权，但客户端缺乏幽灵虎的代码及贴图，玩家所看到的是一片空白。反之，若玩家未获服务器授权，但将客户端

---

① 参见［美］劳伦斯·莱斯格：《思想的未来——网络时代公共知识领域的警世喻言》，李旭译，中信出版社2004年版，第23页。

中已获得授权的"矮种马"的贴图替换为"幽灵虎",则玩家在召唤"矮种马"时,看到的是"幽灵虎"的外观,但在其他没有替换相应贴图文件的玩家看来,其乘骑的仍然是"矮种马"。显然,在这种自娱自乐、自欺欺人的现象中,玩家并没有拥有"幽灵虎"。"窃取"虚拟财产等行为的本质是运用服务器的规则修改服务器对客户端的授权,换言之,即将 A 账号的授权文件代码通过"交易"的代码规则转移给 B 账号。因此,虚拟财产代码的功能是授权,而非构成,这对判断虚拟财产的法律属性具有重要意义。

值得注意的是,我国《刑法》并未对"数据"进行明确规定,这为虚拟财产的代码化理解提供了契机。晚近以来,最高司法机关对《刑法》第 285 条非法获取计算机信息系统数据罪中的"数据"呈现出一种实用主义的理解。根据最高人民法院、最高人民检察院《计算机案件解释》第 1 条,数据被限定为"身份认证信息",其本质是一种信息而非二进制代码数据。然而,根据最高人民法院、最高人民检察院《关于办理盗窃刑事案件适用法律若干问题的解释》,对于盗窃虚拟财产的行为,若确需刑法规制,可适用非法获取计算机信息系统数据罪定罪处罚,这意味着数据又被理解为是一种二进制代码。原因在于,"财产"与"信息"分属不同范畴,在《计算机案件解释》已将数据认定为信息的前提下,若虚拟财产仍能为数据所涵摄,则唯一可能的解释便是司法机关实际上将数据扩大理解为一种二进制代码,虚拟财产因具有这一特征而被涵摄于数据之中。可见,在《刑法》未对数据进行明确定性的前提下,司法机关实际是根据司法实践的功效需要而对数据理解。但这种理解是否符合教义学逻辑自洽、功能自足、体系贯通的要求,仍需在学理上予以反思与检讨。出于行文安排,本书将于下文第二节予以讨论。

二、虚拟财产的法律定性困境

三层通信系统理论还指出,除代码层外,真正有意义的东西在内容层。从动态视角上看,内容层处于虚拟世界与现实世界的交界处，在这一层面上，二进制代码需要经由计算机输入、处理、转译、输出，通过显示器、耳机、音响等终端硬件形成可供使用者感知的内容。由于虚拟财产处于内容层，同时关涉虚拟世界与现实世界，因此对虚拟财产的理解就无法囿于描述性的、价值中立的二进制代码，其也无法单纯服从于代码规则。与之相对应的是，虚拟财产作为"真正有意义的东西"需要受到现实世界人类社会所形成的价值共识、法律规范的影响，进而产生法律定性的需求。晚近以来，针对于虚拟财产的法律属性，围绕"虚拟财产能否评价为《刑法》中的财物"以及"若能够评价为财物，其属于无体物还是财产性利益"两个问题形成财物否定说以及包括物权说、债权说在内的财物肯定说。大体而言，第一个问题决定了虚拟财产能否适用刑法第 2 编第 5 章侵犯财产罪进行规制，导致了财物否定说与财物肯定说的整体分野，而第二个问题则关涉第 2 编第 5 章侵犯财产罪的个罪适用，尤其是对盗窃罪行为对象的理解，并由此形成了财物肯定说内部债权说与物权说的分野。出于行文安排，本书在此简要介绍相关学说，暂不予置评，将会于第三节进行讨论。

(一) 财物否定说（数据说）

财物否定说认为，虚拟财产所具有的特征及其形成过程同现实世界中的"财产"截然不同，因此不能评价为"财物"而应当评价为"数据"。财物否定说将虚拟财产保护的重点置于虚拟财产的代码属性之上，形成了通过保护"数据"进而保护虚拟财产的间接保护路径。一般而言，持财物否定说的学者从方法论及特征两个层面对财物肯定说予以否定。

在方法论层面，欧阳本祺教授认为，要素与特征不同，前者是事物内部固有的属性，而后者只是观察者从不同角度对事物进行外部观察而获取的认识。财物肯定说皆以"特征分析"代替"要素分析"，将虚拟财产解释为"财物"有类推之嫌。[1]

---

[1] 参见欧阳本祺：《论虚拟财产的刑法保护》，载《政治与法律》2019 年第 9 期。

而在特征层面，侯国云教授则认为，虚拟财产缺乏财产的效用型、稀缺性与流转性。且根据马克思的商品价值理论，虚拟财产缺乏价值，诸如网络游戏等娱乐活动本身只是一种精神活动，并不属于对客观世界的改造，因此不属于劳动而无法创造价值。由于数据具有无限性与可复制性，虚拟财产的数量多少、价格高低完全由网络服务商所决定。此外，从市场角度看，虚拟财产与真实财产的交易违背价值规律和市场交换规则，若承认了货币类虚拟财产同真实货币的兑换将会严重扰乱金融秩序。[①] 欧阳本祺教授另指出，虚拟财产上所寄予的财产利益想要上升为"法益"，必须经由个人、社会、法律的三重承认。[②]

(二) 财物肯定说

物权说与债权说的前提是财物肯定说，因此在理解上，持这两种学说的学者皆认为，我国《刑法》第 92 条的"财物"是一个能够涵摄有体物、无体物甚至财产性利益的最为广义的概念[③]，有所分歧的只是在"财物"概念下，虚拟财产到底属于物权还是属于债权的问题。

1. 物权说

持物权说的学者往往援引民法的最新理论，坚持法秩序统一性原理，进而将民法同刑法相衔接认为，《民法典》第 127 条肯定了虚拟财产的权利客体地位，传统物权理论有关有体物、无体物的区分已经过时，应当顺应网络时代发展，创设虚拟物这一新兴物权，进而承认虚拟财产的物权地位。[④] 此外，民法学者亦认为，虚拟财产具有物的独立性、特定性与支配性。具言之，虚拟财产具有独立经济价值，可以成为单独交易对象，符合物权客体独立

[①] 参见侯国云：《论网络虚拟财产刑事保护的不当性——让虚拟财产永远待在虚拟世界》，载《中国人民公安大学学报（社会科学版）》2008 年第 3 期。

[②] 参见欧阳本祺：《论虚拟财产的刑法保护》，载《政治与法律》2019 年第 9 期。

[③] 参见陈兴良：《虚拟财产的刑法属性及其保护路径》，载《中国法学》2017 年第 2 期。

[④] 参见杨立新：《民法总则规定网络虚拟财产的含义及重要价值》，载《东方法学》2017 年第 3 期。

性要求；网络运营商及网络用户可以依据服务协议并通过技术手段进行保管、交易、使用，因此符合社会一般观念的特定性要求；网络用户可以通过账号、密码等方式对虚拟财产进行排他性的管理与保护。① 与此相对，刑法学者亦多论证虚拟财产的价值性、管理可能性、稀缺性特征。②

2. 债权说

持债权说的学者则将网络服务商这一主体考虑进来，认为网络用户与网络运营商之间是一种服务关系，虚拟财产本质上是运营商向用户所提供的服务，用户使用的过程就是运营商提供服务的过程，宜将虚拟财产认定为一种服务合同或债权凭证。具言之，虚拟财产具有虚拟性、依赖性、存续时间的有限性。所谓虚拟性是指虚拟财产的非物质性与无体性。所谓依赖性是指虚拟财产依赖于网络运营商的技术与服务支持。所谓存续时间的有限性是指虚拟财产因其存在方式的虚拟性与依赖性而导致其存在并不稳定，一旦网络运营商不再提供技术或服务支持，虚拟财产便瞬间"灰飞烟灭"。因此，坚持债权说的刑法学者认为，虚拟财产虽然具有财产价值，但应当归属于财产性利益，本质上是一种请求权而非支配权，是一种债权而非物权。③

通过对既有观点的梳理，我们可以看到对虚拟财产属性的理解呈现出间接保护与直接保护两种截然不同的路径。财物否定说同虚拟财产的代码属性一脉相承，形成了通过保护"数据"进而间接保护虚拟财产的间接保护路径。而财物肯定说则希冀探寻虚拟财产的法律属性，通过将虚拟财产解释为"财物"，进而利用《刑法》第 2 编第 5 章的侵犯财产罪予以直接保护。值得注意的是，债权说将虚拟财产理解为一种财产性利益。根据通说，盗窃

---

① 参见杨立新、王中合：《论网络虚拟财产的物权属性及其基本规则》，载《国家检察官学院学报》2004 年第 6 期。

② 参见陈兴良：《虚拟财产的刑法数属性及其保护路径》，载《中国法学》2017 年第 2 期。

③ 参见刘明祥：《窃取网络虚拟财产行为定性探究》，载《法学》2016 年第 1 期。

罪的行为对象仅限于有体物，故而若采取债权说，则仍需论证盗窃罪行为对象规范化的问题。

三、直接与间接保护路径分歧的原因分析

会产生直接保护路径与间接保护路径的分歧，根本原因在于看待虚拟世界与现实世界关系的态度（虚实世界观）不同。换言之，若虚拟世界与现实世界完全无关，现实世界中保护财物的刑法规范则难以染指其中，刑法就需要创造并适用专属于虚拟世界的规范。若认为虚拟世界与现实世界别无二致、互联互通，则现实世界中保护财产的刑法规范可以直接作用于虚拟财产。

在学理上，对于虚拟世界与现实世界关系的理解有虚实世界同一说、虚实世界相对同一说与虚实世界分立说的不同观点。

虚实世界同一说（以下简称同一说）认为，虚拟世界是人运用数字化手段在现实世界的基础上，构建出的实实在在的以数字化信息形式存在着的客观世界，是人类进行虚拟实践的结果，二者并没有任何区别。虚拟世界本质上是对现实世界的誊写与描述，是对现实世界的反映。虚拟世界中的事物所具备的属性本质上皆来源于现实世界中的物质的属性与关系并相互呼应。例如，在游戏"坦克世界"中，玩家所驾驶的各类坦克，使用的各种工具、武器皆取材于现实世界并有迹可循。而且，人在虚拟世界中的行为及其功能后果的有效性，最终仍然需要在现实中加以验证与实现。因此，在规范层面，虚拟世界同现实世界别无二致，现实世界中的刑法规范可以直接适用于虚拟世界。

相对的虚实世界同一说（以下简称相对同一说）认为，虚拟世界与现实世界既有相同之处，又有不同之处。仅以物理属性而存在的事物是现实世界所独有的，虚拟世界永远无法予以构建。例如我们可以在虚拟世界中虚构出一杯马提尼的形态，但是却永远也无法虚构出能够喝的马提尼。但现实世界中并不以物理属性为充分必要条件而存在的事物，虚拟世界却可以完全予以复制，并成为与现实世界同一的存在之物。例如电子货币同现实中的纸币没有任何区别，二者同一；电子赌博同现实中在赌场中的赌博

也具有相同的毁灭性结果。① 由于本书赞同这种观点，为避免重复论证，故在下文予以详细论述。

而虚实世界分立说（以下简称分立说）则认为，虚拟世界同现实世界完全不同，前者独立于后者，二者各自有各自的规范。虚拟世界与现实世界构成的基本单位不同，前者是以数据为基础、以互联网为媒介而建构的图形化的三维世界，而后者则是以原子等物质为基础的真实的三维世界，二者不可混同。② 由于以 0/1 形式的二进制代码存在的数据只有通过硬件储存、代码编译等诸多步骤后才能够形成有意义的内容，因而体现出天然的中立性。这意味在代码层面，我们对数据的理解是纯粹描述性、价值无涉的，代码只描述客观事实且服从于预先设定好的代码规则。莱斯格（Lessig）教授即指出，在网络世界中，"代码即法律"（Code is the law）。国外学者用"魔圈"来隐喻虚拟世界与现实世界之间的关系，其认为虚拟世界发生的行为不属于现实，不受现实世界法律的制裁。③ 例如在网络游戏中，玩家所控制的角色相互厮杀，玩家可以攻击他人直至死亡，他人死亡后又会重生，杀人的玩家无需承担任何现实的法律责任。对于游戏装备而言，其效力不及于现实世界，其于现实世界毫无效用。据此，侯国云教授认为，让虚拟财产永远待在虚拟世界才是当前我们对待虚拟财产的正确态度。④

四、小结

本节对虚拟财产的概念、属性、保护路径及虚拟世界与现实世界的关系问题进行了系统性的梳理，基本反映了学界对虚拟财

---

① See Philip Brey, *The social ontology of virtual environments*, American Journal of Economics and Sociology, Vol. 62: 269, pp. 269-273（2003）.

② 参见冯鹏志：《从混沌走向共生——关于虚拟世界的本质及其与现实世界之关系的思考》，载《自然辩证法研究》2002 年第 7 期。

③ See J. A. T. Fairfield, The magic circle, Vand. J. Ent. & Tech. L., Vol. 11: 823, p. 823（2003）.

④ 参见侯国云：《论网络虚拟财产刑事保护的不当性——让虚拟财产永远待在虚拟世界》，载《中国人民公安大学学报（社会科学版）》2008 年第 3 期。

产的主流观点与态度。经过梳理可知，虚实世界观决定了虚拟财产的主要属性，进而影响到对虚拟财产适用刑法规范的选择。详言之，持虚实世界分立说的学者往往倾向于代码属性而将虚拟财产理解为"代码"，进而适用《刑法》中的数据犯罪予以规制。而持虚实世界同一说及相对的虚实世界同一说的学者倾向于法律属性而直接将虚拟财产理解为"财产"，进而适用《刑法》中的侵犯财产罪予以规制。其中，前者被称为间接保护路径，而后者则被称为直接保护路径。接下来，本书将对这两种路径进行评析并做出选择。

第二节 虚拟财产间接保护路径之否定

在对间接保护路径进行否定之前，有必要对评判的标准进行说明。评判一个路径是否具有合理性，除需考察路径本身的虚实世界观、虚拟财产的属性认定具有逻辑合理性外，对相应刑法规范的理解及其体系化思考亦是我们需要着重考察的内容。具言之，一方面，我们要对虚拟财产这一事实产生正确且真实的认识。另一方面，将虚拟财产涵摄于刑法规范的工作本身涉及解释者对刑法规范的理解，而这种理解既不能背离规范本身的语义范围，又不能造成刑法规范体系间的矛盾。

一、分立说同社会发展不符

间接保护路径在虚实世界观上采取虚实世界分立说。然而，这种虚实世界观未能看到虚拟世界与现实世界的融合，实际上是一种停留于前网络时代或 Web1.0 时代的旧观念。有学者将网络犯罪的历史划分为前网络时代、Web1.0、Web2.0 以及今天所处的 Web3.0 时代，通过对网络犯罪历史的梳理可以发现这种观念的不足。

在前网络时代，计算机尚未普及，计算机的操作系统仍然以代码命令操作的 DOS 系统等以为主，且尚未发展出鼠标等互动操作方式。Windows 系统出现之前，计算机仅用于尖端科学技术领域。在这种情况下，虚拟世界的概念尚未形成，但由代码所构成虚拟空间已初见端倪，此时虚拟空间同现实世界的界分是十分明显的。而在 Web1.0 时代，互联网的出现使得无数终端获得了相互连接的可能，无数的虚拟空间通过互联网实现了无缝对接，虚拟空间逐渐展现出延展性。但此时的虚拟空间尚属一片荒芜，仅存在零星人的痕迹，虽然初具虚拟世界的时空条件，却缺乏虚拟世界的内容。归根结底，"世界"从来都与人相关，解释世界与评价世界是人类的基本使命，设计世界是人的核心使命，而控制世界则是人的终极使命。[①] 换言之，没有人的"世界"是不完整且缺乏意义的，故而"虚拟世界"仍与现实世界区分明显，其缺乏意义而仅能以代码描述。

然而，随着 Web 2.0 时代的来临，PC 开始普及，"旧时王谢堂前燕，飞入寻常百姓家"。互联网的接入使得"虚拟世界"充满了人的气息，网络实践及网络活动逐渐增多，虚拟世界因人的存在而充满意义。因此，三层通信系统理论中的内容层所指的"真正有意义的东西"开始涌现。然而，由于计算机终端无法移动，故而人类在虚拟世界中的虚拟实践与活动仍然有限，但虚拟世界同现实世界已开始交融。

而到了 Web 3.0 时代，手机、传感器等移动终端的出现加强了人类在虚拟世界进行虚拟实践与活动的能力，现实世界中的大部分实践几乎都被复制于虚拟世界之中，并在现实世界中产生后果，且现实世界的实践亦作用于虚拟世界，并在虚拟世界中产生后果。由此，虚拟世界与现实世界不再分立，而是彼此交融、相互作用并彼此相互验证与实现后果。

可见，在前计算机时代与 Web 1.0 时代，虚拟财产因虚拟世界尚未成熟而仅具有代码属性，2001 年《网络犯罪公约》正是在这样的时代背景下产生，也因此，该公约着重保护在代码及其运行逻辑即"系统"。然而，在 Web 2.0 时代以后，虚拟财产因虚

[①] 参见常绍舜：《论人在与世界关系中的使命》，载《理论探讨》2016 年第 4 期。

拟世界与现实世界的不断交融而逐渐具有社会意义,代码属性成为虚拟财产的次要属性,而法律属性则因社会意义的产生成为虚拟财产的主要属性,此时若再以代码属性去理解虚拟财产,并适用数据犯罪加以保护则明显忽视了虚拟财产的社会意义。

事实上,将虚拟财产理解为二进制代码所构成的"数据"的背后实际上是一种在虚拟世界中的极端自然主义。纵观德国刑法发展史,以自然主义为方法论的古典犯罪论体系曾对构成要件提出了纯粹描述性的、价值中立的要求,而由此所得出的对构成要件的理解同分立说如出一辙。例如,侮辱罪的构成要件被认为是喉咙振动产生声波,并引起了对当事人耳膜的振动。这种无视社会价值、意义的做法也被后人证明是一种谬误。徐久生教授对此一语中的,在现实世界中,若一个人的钻戒失窃,则人们首先想到的是他丢失了巨额财产,但绝不会去想他丢失了一堆碳原子,法律作为一种社会治理工具,理应根据规制对象的社会性质作出回应。① 因此,间接保护路径的虚实世界观同时代发展不符,与之相对应的是,间接保护路径对虚拟财产本质的理解亦产生偏差。

二、间接保护路径对《刑法》第 285 条理解存在谬误

由于间接保护路径将虚拟财产理解为二进制代码所构成的数据,故而《刑法》第 285 条非法获取计算机信息系统数据罪成为保护虚拟财产的主要刑法规范。但正如上文所述,当前我国司法机关对作为本罪构成要件要素的"数据"采取一种实用主义的理解。实用主义以法律的实际运行效果作为法律合理性的关键,强调解释的结果,重视经验积累与实践的重要性。具言之,在司法机关看来,作为信息网络时代的新生事物,无论虚拟财产的法律属性为何,从盗取虚拟财产所造成的损害结果及社会诉求来看,其皆具有利用《刑法》予以规制的必要性。于此前提下,在学理与立法尚未对虚拟财产最终定性以前,司法机关能动地将作为

---

① 参见徐久生、管亚盟:《网络空间中盗窃虚拟财产行为的刑法规制》,载《安徽师范大学学报(人文社会科学版)》2020 年第 2 期。

《刑法》第 285 条行为对象的"数据"解释为 0/1 的二进制代码，并将虚拟财产涵摄其中并无违反罪刑法定原则的危险，且由于《刑法》第 285 条本身罪质较轻，法定最高刑仅为七年，相比于最高刑为无期徒刑的盗窃罪而言，被告人更容易认罪伏法，更容易达到法律效果与社会效果的统一。然而，将《刑法》第 285 条中的数据理解为二进制代码是否合理？本书对此持否定意见。

（一）立法初衷决定了本罪行为对象并非由二进制代码构成的数据

2009 年《刑法修正案（七）》设立本罪的初衷在于规制"不法分子利用技术手段非法侵入计算机系统，窃取账号、密码等信息"的行为①，而根据 2011 年最高人民法院检察院《计算机案件解释》第 1 条"情节严重"的规定，用于确认系统中的用户操作权限的"身份认证信息"才是本罪规制重点。有学者指出，数据的价值不在于计算机二进制存在本身，毋宁是数据所承载的信息内容。②我国台湾地区学者针对台湾地区"刑法"中无故取得电磁记录罪指出，电磁记录本身只是资料，用以呈现信息，电磁记录的取得即信息的取得。③因此，将本罪行为对象单纯理解为二进制代码违反立法初衷。

（二）将本罪行为对象理解为二进制代码违反罪刑法定的明确性原则

罪刑法定的明确性原则要求条文清楚、明确，具有准确界定罪与非罪、此罪与彼罪的功能，使得各个法定罪名之间能够保持清晰的界域，不至于相互混淆，这也是构成要件是对犯罪行为的类型化认识的原因。④然而，正如上文所述，0/1 二进制代码所构

---

① 参见高铭暄、赵秉志：《新中国刑法立法文献资料总览》，中国人民公安大学出版社 2015 版，第 821 页。
② 参见任颖：《数据立法转向：从数据权利入法到数据法益保护》，载《政治与法律》2020 年第 6 期。
③ 参见林孟皇：《妨害电脑罪章的无故取得电磁记录》，载《月旦裁判时报》2011 年第 12 期。
④ 参见马荣春：《犯罪认定：法体系协调性、主要矛盾性、类型化》，载《法治社会》2019 年第 5 期。

成的"数据"是虚拟世界的基本组成单位,相当于物理学中构成现实世界万物的原子甚至夸克。若我们将事物的基本组成单位作为认识与涵摄对象,那么就会导致虚拟世界中的一切事物皆可直接涵摄于《刑法》第285条之中,导致诸如侵犯公民个人信息罪、侵犯著作权罪等其他刑法规范丧失涵摄虚拟世界中有意义事物的可能。有学者通过实证分析指出,《刑法》第285条非法获取计算机信息系统数据罪存在严重的"口袋化"倾向,无论是表征人格利益的个人信息,表征财产利益的虚拟财产还是表征知识产权的作品、数据库抑或表征数据权的数据皆可因代码属性而落入本罪的"口袋"之中。因此,除非《刑法》明确列举,侵犯虚拟财产的行为不宜直接适用本罪。

网络犯罪的实体内容必须结合系统、网络、数据背后的社会性质来确定,而不能单纯以他们的物理性质和运行功能作为判断的全部内容。间接保护路径所秉持的虚实世界观固然维系了现实世界中刑法规范体系的完整性,但却造成了刑法规范于虚拟世界中的适用混乱,反而在整体上造成了刑法规范的体系矛盾,实属不可取。

三、法律解释并非单纯的涵摄过程

如上文所述,间接保护路径对直接保护路径所提出的质疑可以总结为二:一是对将虚拟财产解释为"财物"的方法论质疑;二是在赞同直接保护路径方法论的前提下,对虚拟财产能否具有"财物"的特征产生怀疑。对于后者,本书将于下一部分一并讨论,在此着重讨论虚拟财产认定的方法论问题。

否定论者指出,直接保护路径的方法论存在以"特征分析"取代"要素分析"、以"类推"代替"涵摄"的谬误。具言之,要素是事物内部固有的属性,而特征则是从不同角度对事物进行外部观察而得到的认知。然而,将法律解释的过程理解为一种单纯的涵摄过程是存在问题的。考夫曼(Kaufman)认为,每一个法律认识,每一个法律发现,每一个所谓的"涵摄",都显示出类推的结构。规范与事实并不相同,前者以概念方式存在于应然领域,而后者则存在于实然领域,法律解释的工作是确定实然与应然能否符合,探寻规范的法律意义,而这种法律意义并非固定于一成不变的法律概念之中,毋宁为探求法律意义而必须回到生活事实之中。由于生活事实具有历史性,故而法律意义并非一成不变,而是随着生活事实变化而变化,是处于生活事实与规范之间的东西。法律意义既不是自然主义下的事实概念,也不是纯粹抽象的规范概念,而是一种功能性概念。例如,硫酸如何能够被解释为"武器"?若从事实出发,硫酸与当时一般理解下的金属刀剑在形态、物质构成上并不相同;而从规范出发,"武器"一词语义本身难以囊括硫酸。唯一可能的出路便是"武器"具有对人体造成重大伤亡的功能,而硫酸亦具备这种功能。① 可见,法律解释并非单纯的涵摄过程,其本身就是一种类推,罪刑法定原则所坚持的"禁止类推"只不过是防止解释者对法律意义的探寻脱离生活世界中的生活事实,事实上,这种尊重生活事实的类推便是刑法学者所允许的类比或隐喻。

特征是人们从不同角度对同一事物所得到的认识,具有主观性,而功能作为事物对人所发挥的有效性,具有客观性。对特征与功能关系的理解需要区分不同事实,为方便行文,在此提前说明,即对于自然事实而言,二者并不同一,但对于制度事实而言,功能的产生本身就是集体主观意向性的结果,因此二者实际上是同一的。因此,若认为法律意义本质上是一种功能性概念,且能够证明"财产"是一种制度事实,那么肯定论者对虚拟财产进行财产概念的特征分析便是合理的。

综上所述,间接保护路径所秉持的虚实世界观并不符合时代发展,将虚拟财产理解为"数据"的做法反而导致《刑法》第285条非法获取计算机信息系统数据罪沦为"口袋罪",这种做法无疑是一波未平一波又起,反而引起刑法规范体系上的矛盾。事实上,法律解释从来都不是一个单纯涵摄的过程,类推思维贯彻

---

① 参见[德]考夫曼:《类推与"事物本质"》,吴从周译,学林文化事业有限公司1999年版,第89页。

始终，《刑法》中的法律概念是一种功能性概念，肯定说采用特征分析方法进而解释虚拟财产并不存在方法论谬误的。

第三节　虚拟财产直接保护路径之肯定

一、相对同一说符合哲学本体论的最新发展

相对同一说不仅符合生活事实，更符合当前科学哲学发展的最新观点。虚实世界观问题的本质在于能否承认虚拟世界中的事物属于同现实世界一样的存在（Ontology）。根据传统的唯物主义观点，世界是物质的，物质具有第一性，整个世界包括历史领域在内，其基础都不是以精神、主观意志为转移的客观实在。① 由于代码需要以现实世界中的计算机、服务器等硬件为支撑，故而虚拟财产在代码层面是"实"的，可以被承认为法律调整的"存在"，这也是分立说的理论根据。然而，随着哲学由近代到现代了出现了"语言学转向"，这一传统观点亦受到了挑战。美国哲学家约翰·塞尔（John Searle）于1995年《社会现实的建构》（The Construction of Social Reality）一书中提出了社会事实本体论，为相对同一说提供了本体论依据。相比于传统的唯物主义本体论，社会事实本体论不仅试图解释自然事实，更试图解释社会事实。

塞尔认为，事物可能完全独立于人类的解释或思想，但它们也可能通过人类的解释在不同程度上以不同的方式而构成。塞尔区分了自然事实与社会事实。自然事实是真正客观的，独立存在于我们对它们的陈述。例如，山、树木、西半球即便脱离了我们对他们的描绘依然存在于这个世界。而社会事实则是社会解释或建构的结果，例如婚姻、学位、女王、货币等等。社会事实皆被定义为制度、实践或人造品。人们存在这样一种直觉，即社会事实是客观且不以人的意志为转移的，他们与自然事实别无二致。

---

① 参见侯惠勤：《马克思的哲学变革与我们的哲学坚守》，载《思想理论教育导刊》2016第1期。

然而，社会事实必须依赖于主体的意识而存在。例如，"信用货币"是一个社会事实，制作纸币等信用货币的纸张本身并没有决定其成为货币的性质。只有人们开始代表（使用、接受、相信）像纸币一样的东西，这些纸张是"信用货币"才成为事实。由此，在传统唯物主义观点看来是悖论的观点产生了：如果自然事实在本体论上是客观且不依赖主体而存在的，在认识论上是非主观性的。那么一种依赖于主体而存在的社会事实，又如何能是非主观性、客观地存在着？塞尔给出的回答是：主体虽然在社会事实的存在中必不可少，但社会事实本身却是客观存在的，且是通过对某个客体、行为集体性的施加功能而存在的。

塞尔区分了两种不同的社会事实，他们因集体施加的功能不同而不同。一种是普通社会事实（Ordinary Fact），这种事实的特点在于其物理构造天生即可执行这些功能，只不过这种功能的履行需要人为地参与与设定，例如螺丝刀与螺丝便是如此。而另一种便是制度事实（institutional Fact），其构成完全依赖于人们赋予自然事实以"身份功能"（status fuction）。例如，对于"金钱"这一事实，金钱之所以是金钱，就是因为人们将纸、金属当作具有"金钱身份"的东西来使用，这种事实的存在完全依赖于"金钱"有"金钱"的身份。在塞尔看来，至少可以从集体意向性、功能归属、构成性规则来解释制度事实。[1]

第一，集体意向性（collective intentionlity）。作为现象学的重要概念，意向性主要是指某些东西是关于、指向或表征其他东西的，是意识（mind）最为重要的性质，将意识与外部世界相连。[2]在塞尔之前，哲学家们将个人意向性作为研究重心，否定集体意向性的独立意义。然而，塞尔则认为，除了个人意向性之外，还存在着无法还原为个人意向性的、独立的集体意向性。以合唱团为例，塞尔认为合唱团从来就不是多个独立个体声音偶然的累积，而是个体认识到"我们正在唱歌"，且相互配合、承担角色，进

---

[1] See J. Searle, *The Construction of Social Reality*, Cambridge: MIT Press, 1995.
[2] 参见陈波：《语言和意义的社会建构论》，载《中国社会科学》2014年第10期。

而产生和弦。因此，集体意向性具有独立性，制度事实所依赖的是集体意向性而非个人意向性。以货币为例，并不是因为原子个人将纸视为货币，而是社会集体承认其为货币。

第二，功能归属（assignment of fuction）。塞尔的功能概念与传统社会学中的功能概念不同，这里的功能是指人们对对象的某种定位与认知①，这也是区分制度事实与自然事实的标准。当集体意向性同自然事实相关联时，功能即产生。离开集体意向性，制度事实即不复存在。对于制度事实而言，作为载体的自然事实并不重要，重要的是某一自然事实是否被集体性地赋予某种功能。因此，人们在认识制度事实时，往往呈现出一种功能导向的概念涵摄，这恰好解释了为何刑法学者在论证虚拟财产的财产性质时皆从虚拟财产的特征入手。

第三，构成性规则（constitutive rule）。构成性规则是理解制度事实的核心工具。在塞尔看来，规则可以区分为调整性规则与构成性规则，前者调整当下的活动，规则产生于活动之后，且规则本身便源于活动之中。例如，对于交通行驶方向，无论是靠右还是靠左，这一规则本身便源于汽车可以靠右行驶或靠左行驶。而构成性规则则是产生于活动之前，只有遵循规则，才算一种活动。例如围棋这一活动是先有规则，否则便是棋子的无序放置。构成性规则形成了"X 在 C 中算作 Y"的公式，X 代指自然事实，而 C 则代指将自然事实转化为制度事实的情境或时空条件，Y 则代指制度事实。在构成性规则中，自然事实 X 便因集体意向性而在特定情境 C 中被赋予一定地位功能（status fuction）而成了制度事实 Y。值得注意的是，制度事实 Y 可以被迭代（interated），进而在公式中产生新的制度事实。②

塞尔的社会事实本体论区分了自然事实与制度事实，不再如

---

① 正如上文所述，塞尔的功能概念实际上是一种集体意向性的结果，是集体认识的同一，因此实际上是一种客观性的主观认识，在此意义上，功能与特征是同一的。

② See L. Strikwerda, *Theft of virtual items in online multiplayer computer games: an ontological and moral analysis*, Ethics and information technology, Vol. 14: 89, pp. 95-97 (2012).

传统唯物主义本体论一般将存在仅仅局限于自然事实，对制度事实的证成为贯通现实世界与虚拟世界提供了可能。科技哲学家菲利普·布瑞（Philip Brey）在此基础上指出，现实世界中的自然事实因其自然属性无法被计算机模仿，因而永远也不可能被复制到虚拟世界之中来。对于诸如螺丝刀与螺丝等一般社会事实而言，尽管有人的意志参与，但其存在仍依赖于自然属性，因而亦无法被复制到虚拟世界之中。然而，对于制度事实而言，所有的制度事实皆可在虚拟世界之中予以复制，原因在于制度事实在本体论上是通过功能归属而形成的。原则上，只要存在集体意向性，地位功能可以被赋予包括二进制代码在内的任何事物。最极端的例子如人们可以集体性地授予宠物以结婚的权力，这意味着可以存在宠物配偶。①

行文至此，塞尔的社会事实本体论为论证虚拟财产直接保护路径提供了本体论的支持。正如上文所述，虚拟财产直接保护路径的核心在于论证虚拟财产能够为"财产"所涵摄。因此，只有证明"财产"是制度事实，并进一步论证虚拟财产符合"财产"中某一具体类型的特征，我们才能证成虚拟财产直接保护路径的合理性。

二、"财产"作为制度事实的证成

上文区分了自然事实与制度事实，并引用了哲学本体论的最新观点，但由于虚拟财产的刑法规制问题隶属法律科学，因此仍然要回到刑法规范之中予以讨论，故待证问题便成为：《刑法》中的"财产"是自然事实还是制度事实，抑或二者皆有？如若为制度事实，那么在何种情境下被赋予何种地位功能可以被认为是"财产"？从分类上看，我国《刑法》第92条中的"财产"包括合法收入、储蓄、房屋等生活资料，耕畜、机器、工厂等生产资料，股份、股票、债权等其他财产三类。作为种概念，"财产"

---

① See Philip Brey, *The social ontology of virtual environments*, American Journal of Economics and Sociology, Vol. 62: 269, pp. 269-282 (2003).

一词的外延理应能够囊括这三类财产。

回溯财产历史,近现代意义的财产伴随着国家支撑的私有制的产生而产生。在农业社会,"财产"这一概念以自然事实为主,耕地、耕具、奴隶成为这一时期财产的主要形式,物品货币虽然已产生雏形,但因市场经济的低迷而缺乏代表性。在工业社会,"财产"这一概念随着工业革命的兴起、资本主义的发达而具有多样化、资本化的特征。一方面,工业革命提升了人类改造客观世界的能力,汽车、火车、机器等虽然取材于自然但为人类所改造并赋予功能的普通社会事实出现,推进了财产的多样性。另一方面,财产的资本化意味着财产的实物形态仅具有载体意义而被抽象为货币,货币的地位空前提高,成为了财产的主要类型。由于自然稀缺的物品货币无法支持财产资本化的大潮,故而以纸为载体的信用货币应运而生,财产因信用货币的产生而制度事实化。以纸币为代表的信用货币是一种制度事实,原因在于信用货币并非凭借其物理结构来执行钱的功能,而是因为我们集体接受它为钱。

在信息社会,信用货币作为资本积累方式取得了支配性地位,资本积累日趋货币化,形成了一种以价值系统占主导地位的积累方式。国家、组织、个人的财产逐渐转换为货币及各种金融有价证券的形式。人们除依靠劳动、物质生产积累财富外,更热衷于在市场上炒作价值来获取财富。由此,以货币为基础的大量财产,如股票、债券等有价证券产生。一般认为,有价证券是在法律上证明持票人有权取得一定收入(商品、货币、股票、债权)的权利凭证,其属于一种制度事实。详言之,有价证券作为一张纸或一段代码本身不具备兑换收入的功能,这一功能同纸币一样是集体意向性的结果。至此,财产正式成为兼具自然事实与制度事实的概念。换言之,在物债二分的财产权利体系中,物必有体、物权法定的原则决定了物权体系的客体为自然事实与一般社会事实,而债权客体一般为给付行为,但这一给付行为以债权凭证为载体,因此债权客体一般为制度事实①。可见，《刑法》第 92 条第 1 项所列举的以货币为内容的收入、储蓄，第 4 项所列举的股份、股票、债券等有价证券皆为制度事实。根据布瑞的观点，现实世界的制度事实可以被复制于虚拟世界之中，二者具有同一性，理应适用相同的规范。

三、虚拟财产作为物权客体的证伪

关于刑法与民法之间的关系，尽管素有从属性与独立性的分野，但经过多年的学理论证，相对从属性说被认为更具有合理性。根据相对从属性说，构成要件要素应根据刑法与民法的规范保护目的进行解释，若保护目的相同，则作同一解释，若保护目的不同，则应作不同解释。②本书认为，对于财产这一种概念及其下的具体概念而言，民法与刑法的基本规范保护目的同一，相同概念及其认定在两门法律中理应保持一致。换言之，民法及其他前置法，对某一用语存在明确规定或法定解释，刑法原则上应当与其保持一致，若存在不一致，刑法理应对此具有明文规定，这样才能保证法秩序的基本统一，不至于使得整个规范体系因"相对性"而陷入怀疑论的泥沼。因此，对虚拟财产法律属性的确定仍然需要借法于民法基本理论，我们认为，物权说在规范基础、概念特征、现实情况三个方面存在问题。

（一）物权说有违《民法典》中有关物的定义及其基本原则

正如前文所述，物权说的核心在于论证虚拟财产属于物权的客体，其基本理论在于论证"物"的概念是随着历史发展与观念更新不断扩张的，通过对无体物进行扩大解释可以将网络财产纳入物的范围。但问题在于，这种解释有违《民法典》物权编关于

---

① 在此需要说明的是，根据民法通说，货币被认定为是一种"特殊动产"，适用"占有即所有"的规则。但另有学者认为，现代信用货币是由中央银行或商业银行发行的一种特殊债权凭证或特殊证券，只不过这一债权凭证不能向银行请求实现。因此，货币虽然是一种制度事实，但只不过学理上因其特殊性将其归结至物权体系之中。参见范建军：《当前货币政策需要澄清的几个问题》，载《发展研究》2019 年第 1 期。

② 参见于改之：《法域冲突的排除：立场、规则与适用》，载《中国法学》2018 第 4 期。

物的定义以及物权法定①的基本原则。《民法典》第 115 条明确规定物包括不动产与动产在内的有体物以及法律规定作为物权客体的权利,这意味着我国的物权体系主要围绕着有体物进行规则设定。

尽管有学者认为,物权法定原则随着社会生活的发展、新兴事物的产生而早已不合时宜,该原则的滞后性使得诸多新兴物权无法得到有效保护,但这一原则的存在着实具有实际意义。将有体物作为物权客体,原因在于:一方面,物权属绝对权,具有排他的效力。绝对权必须建立在一个外在的、可归属于权利主体的客体之上,唯有如此,他人的自由才不会受到无休止的限制。另一方面,物权客体的天然稀缺性是物权创设的根本原因,物权客体的天然稀缺性表现为客体如果被某主体占有和使用,则天然地不能被其他主体占有和使用,这导致物权客体与附着于客体之上的权利不可分离,主体才可以对物权客体产生直接且绝对排他的效力。② 因此,物权客体一定是作为自然事实或一般社会事实的有体物。换言之,网络游戏中的屠龙刀在感官上再像一把刀,也不具备刀的自然属性,它只是刀的模拟,并非实体,对于这一点,财产否定论者可谓是切中要害。有学者认为,代码因记录于服务器硬盘之上而具有物理性,是一种有体物。但这一观点明显忽略了代码亦是制度事实,只不过以硬盘为载体,其同纸上铅笔文字一般,可以反复擦写。可见,代码缺乏作为物权逻辑起点的天然稀缺性,难以成为物权客体。

(二) 虚拟财产缺乏物权绝对排他性、支配性的特征

有学者认为,玩家可以通过账号实现对虚拟财产的控制。这种观点不但忽视了虚拟财产对网络运营商的依赖性,也忽视了账

---

① 物权法定原则,亦称为物权法定主义,是指物权的种类及其内容由法律直接规定,当事人不得创设法律没有明确规定的物权(类型强制),也不得以特别约定变更法律明确规定的物权内容(内容固定),最早起源于罗马法,以后逐渐为大陆各国所采纳。参见杨代雄:《物权法定原则批判》,载《法治与社会发展》2007 年第 4 期。

② See Boudewijn Bouckaert, *What Is Property*, Harvard Journal of Law & Public Policy, Vol. 13: 775, pp. 797-799 (1990).

号同中心服务器的运作机理。在实践中，游戏服务器出现 BUG 进而导致某些装备生成机制错误，服务器进行"回档"的事件屡见不鲜，这说明玩家对虚拟财产的支配并不排他，仍需受到运营商的控制。① 以《腾讯游戏许可及服务协议》（以下简称《腾讯协议》）6.5 条为例，用户在存在违背服务协议中约定的用户行为规范时，游戏公司有权删除或禁止用户的游戏账号、游戏数据及其他游戏相关信息，暂时或永久性地禁止用户游戏账号登录游戏（也就是"封号"）等使用户丧失游戏装备的处理措施。一言以蔽之，由于虚拟财产始终需要以服务器中的代码为前提，故而用户始终无法对其进行有体物意义上的事实占有，只能通过电脑根据代码规则以进行电子操作即规范性占有。

（三）物权说缺乏现实基础

无论物权说如何在原有理论体系上设定例外以求为虚拟财产寻找立足之地，都无法解释为什么玩家在进入游戏前都要反复同意、遵守服务协议所规定的权利与义务。事实上，物权说建立在直觉之上，虚拟财产的所有权在产生、交换、价值判定中，都仅仅是一种逻辑上"属于"使用者，但却从未真正属于使用者，真正的所有权人、知识产权人是网络运营商。例如《腾讯协议》2.6 条规定，"游戏账号是腾讯按照本协议授权您用于登录、使用腾讯游戏及相关服务的标识和凭证，其所有权属于腾讯"，以及 7.3 条规定，"您在使用腾讯游戏服务中产生的游戏数据的所有权和知识产权归腾讯所有"。无疑，物权说的解释与尝试无意中偏离了虚拟财产的"真相"，背离了虚拟财产运作的现实机理。

四、虚拟财产作为不记名债权凭证的证成

（一）虚拟财产应属债权凭证

正如上文所述，虚拟财产在代码层面表现为储存在服务器账号日志中的授权文件代码。这个代码实际上就是网络运营商为玩

---

① 参见高郦梅：《网络虚拟财产保护的解释路径》，载《清华法学》2021 年第 3 期。

家提供相应服务的权利凭证。值得注意的是，网络运营商同玩家服务的合同签订、网络游戏服务的请求与履行具有自动性（self-executing），即网络运营商事先架构代码规则，服务器安装好自动化程序后就完全脱离运营商进行自我控制，凡符合程序访问条件的用户，皆可自动允许访问并给予响应。玩家取得屠龙刀的本质是玩家从服务器哪里取得了屠龙刀的授权，玩家对游戏供应商享有相应请求权。当玩家使用、交易屠龙刀时，实际上是玩家向服务器发送使用、交易屠龙刀的代码请求，服务器在验证授权代码后，按照事先设定好的游戏规则予以提供使用、交易的服务。当前网络运营商同玩家所签订的服务协议内容亦可支撑本书观点，例如《腾讯协议》4.8条规定，游戏装备、游戏币及其他游戏道具等是腾讯游戏服务的一部分。

可见，储存于服务器玩家账号的虚拟财产（代码）具有票据一般的性质，是证明债权的拟制物，它内含网络运营商对服务器事先设定的具体规则与权限，谁的账号文件中拥有这种表征债权的代码，谁就有权利向服务器发送请求，享受服务器所给予的服务。换言之，虚拟财产宜理解为代表债权的权利凭证，这一债权源于玩家在登录游戏时同网络运营商所签订的服务合同，并在后续游戏的实际体验中不断对这一服务合同予以补充，但由于服务器的自动化设置，补充合同无显性的格式文本，而是隐性地通过客户端与服务端无数次的"请求—响应"达成。正如上文所述，债权属于典型的制度事实，根据塞尔的社会事实本体论，制度事实不仅可以以自然事实为载体，也可以以其他制度事实为载体，虚拟财产所表征的债权以服务器账号文件代码为载体，而服务器账号文件代码本身也是一种制度事实，其以服务器硬盘中磁头与磁盘的刻痕为载体。因此，刑法亟需评价的对象不是屠龙刀本身，而是服务器对客户端能否操作屠龙刀的授权服务。根据布瑞的虚实世界观，制度事实在现实世界与虚拟世界皆为同一的存在，故而虚拟财产作为一种债权凭证，理应直接适用现实世界中的法律。

此外，将虚拟财产理解为一种债权凭证，更可以解释虚拟财产的稀缺性问题。无论是刑法学者还是民法学者，皆从代码的可复制性、无限性出发，否认虚拟财产的稀缺性，进而否认虚拟财产可以成为物权客体，这一观点确有可取之处，但未免过于笼统。从法律经济学上看，稀缺性可以划分为"自然稀缺性"与"人为稀缺性"，前者是创造物权的前提，而后者则是成立债权的基础。① 尽管代码可以无限复制，但根据运营策略，游戏运营商会人为营造装备、皮肤等虚拟财产使用价值的稀缺性。② 资本化的游戏产业会让玩家相信这些代码是稀有且有意义的，而玩家也一定会相信。因为所谓运营策略，本质上就是网络运营商为玩家所提供的服务内容，网络运营商与玩家"一个愿打，一个愿挨"。因此，虚拟财产更符合债权人为稀缺性的特征。

事实上，稀缺性同价值性一体两面。根据经济学原理，交换价值受供求关系影响，越稀缺的东西交换价值越高。国内学者③与国外学者④皆亦敏锐地认识到，"交易市场流通性"是虚拟财产价值生成的基本原理。在人为创设的稀缺性与玩家的多方交互下，虚拟世界中的虚拟经济系统会自生自发地形成与运作，并且在玩家的集体意向性下，虚拟经济系统会同现实经济系统对接，由此，虚拟财产能够在真实市场中进行交易，其交换价值亦受供求关系影响。有学者认为，虚拟财产价格并不稳定，其起伏无常，波动极大⑤，这种看法显然对网络游戏缺乏了解。从既有的网络游戏运营看，虚拟财产价格波动往往同网络运营商所提供的新版本（新服务）有关，新的版本意味着服务商会为玩家提供新的服务。网络运营商更新的新版本使得玩家属性直接大幅提高，间接降低了旧版本虚拟财产的人为稀缺性。而与之相对，大多数玩家在旧版

---

① See Boudewijn Bouckaert, *What Is Property*, Harvard Journal of Law & Public Policy, Vol. 13: 775, pp. 797-799（1990）.

② 参见付琳：《虚拟财产的内生逻辑及其权属矛盾》，载《社会科学家》2021年第2期。

③ 同上注。

④ See Meechan, M, *Virtual property: Protecting Bits in Context*, Richmond Journal of Law and Technology, Vol. 13: 01, pp. 7-8（2006）.

⑤ 参见侯国云：《论网络虚拟财产刑事保护的不当性——让虚拟财产永远待在虚拟世界》，载《中国人民公安大学学报（社会科学版）》2008年第3期。

本中也不再有快乐、愉悦等游戏体验，玩家对旧版本虚拟财产需求必然会大幅降低，旧版本虚拟财产交换价值会因为供过于求而降低。但这属于网络运营商对服务推陈出新的运营策略，符合市场规律。奥特莱斯商场对过季商品半价甚至一、二折销售并不少见，20世纪90年代年轻人穿的喇叭裤放到今天可能一文不值，这都是正常社会现象。

（二）虚拟财产应属不记名债权凭证

值得注意的是，债权凭证与债权之间的关系会根据债权凭证是否记名而不同。记名的债权凭证仅仅是债权存在的证据，取得该凭证的人到底是债权人抑或是行为人，并不影响债权人对凭证上记载债权的支配，债权人可以通过挂失、冻结等方式追回财物。而不记名债权凭证同债权二者同一，由于秉持着"见票即付，认票不认人"的原则，债权凭证一旦丢失或毁灭，债权即告消失。最高人民法院、最高人民检察院《关于办理盗窃刑事案件适用法律若干问题的解释》第5条亦指出，对于窃取被害人名下银行卡、信用卡、存折等有价记名债权凭证的案件，若行为人没有兑现等使用行为，且未给失主造成实际损失，则债权凭证所记载的债权不予以计算。而对于不记名、不挂失的有价债权凭证，盗窃数额以票面数额、孳息等可得收益一并计算。上文已论证虚拟财产属于债权凭证，但具体属于那种类型的债权凭证呢？本书认为，为了最大程度对虚拟财产进行保护，所有的虚拟财产皆宜理解为不记名有价债权凭证，下面拟对不同类别的虚拟财产分别予以讨论。

1. 物品类与货币类虚拟财产为不记名有价债权凭证

尽管二者的服务器代码皆储存于账号日志之中，但对于代码本身而言，是不存在记名与否的，只要账户日志中包含虚拟财产代码，则该账户可以享受与之对应的虚拟财产服务，玩家之间进行虚拟财产交易时并不需要变更登记，而是直接交付。因此，将物品类与货币类虚拟财产认定为不记名有价债权凭证并无争议。

2. 账号类虚拟财产亦应为不记名债权凭证

有学者认为，当前我国网络游戏皆要求实名制，这意味着账号同身份信息相绑定，故而账号属于记名有价债权凭证。① 本书对此观点持否定态度，并认为账号类虚拟财产属不记名有价债权凭证。

首先，对于记名有价债权凭证而言，记名的规范目的在于彰显该凭证上债权为记名之人所设立，也因此债务人负有核实、核验债权人身份的职责。简言之，记名与债权之间需有因果关系。尽管当前我国网络账号皆需实名，但网络账号实名制的规范基础及目的同债权之间毫无关系。对于社交账号而言，其实名的规范基础为国家互联网信息办公室出台的《互联网用户账号名称管理规定》，目的在于防止虚假、违法信息传播并方便事后追责，这类账号是公民人格的延伸，因此宜认定为个人信息，并不在讨论范围之内。而对于游戏账号而言，其实名的规范基础为《未成年人保护法》。早在 2005 年，文化部等部门联合下发《关于网络游戏发展与管理的若干意见》便指出，对于 PK 类练级游戏需实名，以防止未成年人登录。2020 年修订的《未成年人保护法》第 75 条规定，网络运营商需要求未成年人实名注册。可见，游戏账号实名制的规范目的在于对未成年人与成年人进行区分，防止未成年人沉迷游戏，并非彰显相应债权，二者缺乏因果关系。

其次，由于服务器的自动性，服务器仅对账号、密码作形式审查，只要账号与密码相匹配，则自动为客户端提供服务，因此未成年人借父母、祖父母身份信息"假实名"之事屡见不鲜。此外，由于记名是记名债权凭证的核心，故而记名之人可以对债权凭证行使挂失、冻结、宣告无效、重新制作等权利，但游戏账号在丢失之后，身份证件信息并非游戏账号找回的充分条件。例如《腾讯 QQ 账号申诉服务协议》3.5 条规定，游戏运营商会综合考量账号常登录 IP 地址、历史密码、联系邮箱、好友信息等信息决定申请人是否找回成功。因此，玩家无法利用实名制去行使相应的权利。

---

① 参见徐彰：《盗窃网络虚拟财产不构成盗窃罪的刑民思考》，载《法学论坛》2016 年第 2 期。

最后，尽管已有学者指出，在应然层面，从公平原则下的利益平衡及现实基础①出发，虚拟财产的所有权理应归属于用户。但在实然层面，绝大多数网络运营商仍坚持服务合同中"用户仅具有使用权而非所有权"的格式条款，故而没有为玩家提供交易渠道。② 在现实世界中，账号类以及账号绑定的物品类虚拟财产都是私下交易，网络服务商对此并不知情，更无意对此类交易提供诸如用户名变更、身份信息变更等"记名变更"服务，故而在实践中实际上存在着海量游戏账号"记名"与实际账号控制人不一致的情况。据统计，2019 年 7 月，手游"航海王：燃烧意志""王者荣耀"的游戏账号的交易量分别为 21,517 笔与 14,425 笔。③可见，从现实出发，账号类虚拟财产并不符合记名债权凭证所要求的强烈的个人身份关联性，并不能因为"实名制"而将账号类虚拟财产直接认定为记名债权凭证。

值得注意的是，本书坚持直接保护路径，这意味着窃取、骗取、侵占账号类虚拟财产等行为构成相应侵犯财产罪。由于骗取、侵占等犯罪行为因要求行为人同被害人存在交互性，因而无法利用计算机大规模、自动化实行。然而，盗窃行为却可以具有自动性特征，行为人可利用木马、病毒轻易窃取数以万计的他人游戏账号。又由于侵犯财产犯罪皆属数额犯，数额是犯罪成立的构成要件要素之一，具有决定罪与非罪、罪重与罪轻的功能。若按照本书理路，结合传统理论，行为人一旦对账号进行占有，则意味着以万计游戏账号内账号绑定的物品、货币类虚拟财产的价值皆予以计算，极易达到"数额特别巨大"。对此，随着虚拟财产市场交易的成熟，未来国家出台更为精细的虚拟财产价格评估体系

---

① 具言之，虚拟财产的价值主要在用户之间，用户需求决定虚拟财产价值的存在，因此虚拟财产归用户所有更能平衡运营商与用户利益。此外，虚拟财产交易产业的生成以及网络运营商的默认已经在客观上证明了用户拥有所有权。

② 参见王云霞：《QQ 号码等虚拟财产归属及流转问题再思考——以电子格式条款的法律规制为视角》，载《云南大学学报（法学版）》2012 年第 1 期。

③ 参见游戏茶馆：《7月份手游账号交易数据公布，腾讯（00700）的"王者荣耀"遥遥领先》，载公众号"游戏茶馆"2019 年 8 月 16 日，https：//finance.ifeng.com/c/7pByn37bSiG。

与标准无疑是解决之道。但在这一期望尚未实现的前提下,通过对虚拟财产的占有进行讨论可以有效解决这一问题,换言之,若行为人获得他人账号的行为无法评价为"转移占有",则此时的行为仅能评价为犯罪预备。此外,正如上文所述,基于罪刑法定的明确性要求,对于《刑法》明确列举的虚拟财产,可以适用《刑法》第285条非法获取计算机信息系统数据罪。最高法、最高检《计算机案件解释》第1条明确将身份认证信息①即账号、密码组合认定为"数据",故而行为人窃取游戏账号的行为可能成立盗窃罪预备与非法获取计算机信息系统数据罪的竞合。

五、虚拟财产的"占有"及其判断规则

(一) 规范性占有作为真命题之证成

由于本书将虚拟财产界定为不记名债权凭证,而盗窃行为又是虚拟财产犯罪中的重要组成部分,由此必须回答盗窃不记名债权凭证作为一种财产性利益被盗窃如何成立,即占有能否规范化的问题。传统观点认为,盗窃罪的对象仅限定于有体物,这里的有体物实际上指代的便是物权客体,正如上文所述,物权坚持物必有体的意义在于形成并维持现实世界物质财产占有秩序,防止自然稀缺物的无序分配,盗窃罪旨在保护这一占有秩序。然而,本书认为民法为维持物权体系贯通、逻辑自洽与功能自足,坚持物权体系的封闭性具有合理性,但刑法作为民法的"二次保护法",将盗窃罪的行为对象同物权客体作同一处理并无必要。

首先,从文义解释上看,我国《刑法》第92条对"财物"的规定并未局限于有体物,《刑法》第264条盗窃罪所使用的亦为"公私财物",二者具有一致性。我国刑法并未如德日一般以明文规定将盗窃罪的行为对象限定在有体物。

---

① 本书认为,从体系解释出发,为避免同侵犯公民个人信息罪发生体系解释矛盾,应当将"身份认证信息"理解为计算机访问权限信息,此类信息用于计算机信息系统识别用户权限,一般不具有个人信息的可识别性,即便用户在申请时使用的手机号、身份证号、姓名等个人信息都是虚假信息,依然不会影响服务器对用户身份的认证。

其次，规范性占有在占有认定规则中早已初见端倪。在盗窃停于楼下的自行车、具有归家习性的赛鸽、无人看管的自助摊位等特别案件中，占有人明显缺乏对客体绝对性的物理控制，而在行为人帮店主看店过程中偷取店内物品的案件中，行为人对店内财产具有绝对性物理控制，但按照通说，这一行为并不构成对店内财产的占有，可见绝对性的物理控制并非占有的全部内容。① 对此，有学者提出了"缓和的事实占有论"，认为在历史形成的社会关系与观念中存在一种作为绝对性事实占有例外的"推定的事实占有"② 或"隐性的事实占有"③。然而，这种场景列举式的例外并不符合教义学体系贯通、逻辑自洽、功能自足的要求，理应形成一套具有明确性且普适的规则，这套规则便是规范性占有。

最后，反对论者对规范性占有予以否认的核心理由在于绝对性的事实占有可以维系盗窃罪行为要件的明确性、定型性，防止盗窃罪沦为财产止损行为兜底的"口袋"。这意味着若能够形成适合于财产性利益且符合"打破—重建"占有的明确性、定型性的行为判断规则，则规范性占有可以在整个占有规则体系中寻有一席之地。

（二）侵犯虚拟财产案件中规范性占有的具体判断规则

值得注意的是，坚持规范性占有肯定说的学者针对规范性占有的判断规则提出了具有建设性的观点。基于财产犯罪取得对象与财产损失相对应的特征，张明楷教授指出当行为人取得利益与被害人受损利益具有同一性时，可以盗窃罪论处。④ 马寅翔博士则指出，财产性利益盗窃的实行行为表现为侵入他人权利领域（禁忌领域），消灭他人财产性利益，并为行为人自己或第三人创设新

---

① 参见史雯：《数字化时代刑法占有理论的应然转向：从封闭的一元论到开放的二元论》，载《西北民族大学学报（哲学社会科学版）》2021年第4期。
② 参见西田典之：《日本刑法各论》，刘明祥、王昭武译，武汉大学出版社2005年版，第101页。
③ 参见梁云宝：《财产罪占有之立场：缓和的事实性占有概念》，载《中国法学》2016年第3期。
④ 参见张明楷：《刑法学》（第5版），法律出版社2016年版，第950页。

的财产性利益，这一过程表现为权利的消灭与再造。① 张忆然博士基于以上观点，指出盗窃财产性利益除上述要件外，还需使原权利人丧失债权实现可能性。若原权利人仍具有债权实现可能性，则属于行为人同权利人对债权的共同支配，无法满足盗窃罪"打破—重建"占有的特征。② 回到虚拟财产问题中，若虚拟财产是债权凭证，表征玩家对网络运营商的债权，那么对于盗窃虚拟财产的行为，应当如何涵摄于规范性占有具体判断规则之中呢？

1. 账号划分并指代了玩家的权利领域

屠龙刀、倚天剑等虚拟财产的构成代码及贴图皆实现储存于客户端，服务器同客户端是"请求—响应"的关系。客户端所请求的是相应代码运行服务的授权，而服务器在收到请求后根据内含玩家角色等级、装备等一切信息账号日志文件的内容决定是否同意客户端代码运行。无数玩家对网络运营商的债权以无数账号日志文件的方式储存于服务器中，与之相对应，中心服务器在其内部通过设立账号日志文件的方式创造了无数的权利领域，彼此之间互不交叉，但可以通过指定的游戏规则发生关系。美国著名网络刑法学者柯尔（Kerr）指出，决定互联网功能的 RFC1945、RFC2616 协议奠定了互联网的开放性，原则上服务器与客户端之间并不需要任何验证即可双向传输数据，因此网络空间宜理解为一个没有任何授权规范的"公共广场"。然而，虽然互联网底层技术是开放的，但互联网企业依然可以通过严格的身份认证措施圈划"私密空间"。当用户访问数据，但网站要求用户提供账号、密码、U 盾等身份识别时，访客必须注册并取得身份认证凭据，提供身份识别信息，没有身份认证凭据的人将会被阻止访问，这意味着除了账户持有人以外，所有的其他访问者都会被阻挡在这一"封闭空间"之外，身份认证措施实际上为账户持有人圈划了

---

① 参见马寅翔：《占有概念的规范本质及其展开》，载《中外法学》2015 年第 3 期。
② 参见张忆然：《"虚拟财产"的概念限缩与刑法保护路径重构——以数据的三重权利体系为参照》，载《湖南科技大学学报（社会科学版）》2021 年第 2 期。

权利领域。①

2. 服务器的中心性与自动性决定了权利的消灭与再造

服务器的自动性表现在服务器在录入相应游戏规则后即按照游戏规则自行运行，而中心性则表现为服务器具有对其内部账号日志文件的绝对权力，包括新增、修改、删除代码等权力，行为人窃取物品类虚拟财产主要是利用游戏规则与服务器的中心性与自动性来实现的。具体而言，在内容层面，行为人登录被害人账户，将账户内的物品类虚拟财产通过游戏规则（交易、拍卖、邮寄、扔掷等）转移至自己角色中。而在代码层面，则表现为被害人账户日志中相应代码的删除与行为人账户日志中相应代码的增加，这一切皆由服务器自动完成。由于机器不能被骗，故而一般的虚拟财产盗窃可被评价为行为人利用具有中心性与自动性的服务器这一"工具"所实施的盗窃行为。

而对于账号类虚拟财产则表现为行为人通过修改密码、绑定手机等方式使得被害人失去权利领域的支配，这一过程基本同物品类虚拟财产相似，不再赘言。但值得注意的是，部分游戏账号的找回采取人工审核方式，例如 QQ 号、战网账号的找回申诉皆为人工客服根据申请人所提供的基本身份信息，结合历史密码、常用 IP 等账号信息判断是否同意找回。对于行为人向人工客服申诉找回账号后修改的行为，理应评价为诈骗行为，而后若再利用服务器中心性与自动性实施账号内物品类虚拟财产清洗（俗称"洗信"），则应评价为诈骗罪与盗窃罪的数罪并罚。

3. 服务商服务合同内容及客观履行决定了债权实现可能性的消灭

一方面，服务商服务规则本身决定了债权无法实现。由于虚拟财产遭受不法行为侵害极其影响玩家体验，间接影响到网络运营商的营利与名誉，因此网络运营商皆推出虚拟财产找回制度。当玩家的虚拟财产遭受不法行为侵害后，玩家可以向服务器提出

---

① See Orin S. Kerr, *Norms of Computer trespass*, Columbia Law Review, Vol.116: 1143, pp.1143-1183（2016）.

恢复相应虚拟财产的申请,服务器在审核通过后根据玩家特定日期的玩家日志对当前玩家日志缺失的虚拟财产代码予以恢复。但这种恢复无法"恢复原状",受制于服务器代码架构规则,对于一些情形(如丢弃、交易、分解)及类型(货币类、材料等物品类)的虚拟财产无法予以恢复。此外,在现实中,网络游戏的经营策略早已从以装备的稀有为主转向装备的强化/增幅为主。换言之,网络运营商会给予玩家诸多渠道去获取装备,但玩家在获取装备后的增幅与强化才是网络运营商营利的主要方式。然而,玩家游戏账号中的游戏装备若被盗或被毁损,网络运营商仅会为玩家找回装备(俗称"白板"),其上的增幅与强化并不会找回。例如,网络游戏知名主播旭旭宝宝,其账号内装备强化打造花费近千万,然而被盗后找回装备上的强化与增幅并未恢复。

另一方面,债权本身决定了玩家寻求司法救济困难。有学者敏锐地看到了玩家直觉上拥有的"所有权"与实然拥有的债权在被不法行为侵犯后救济手段的差异及所面临的困境。债权的救济方式为"请求权",这意味着玩家对网络运营商持有请求权,在不违反双方协议的前提下,可以申请向平台作为或不作为,而非直接向司法机关请求司法救济。然而,由于游戏运营商与玩家存在信息不对称且缺乏沟通渠道,故而当虚拟财产被盗后,玩家第一反应是向司法机关寻求救济。然而,由于民事诉讼需要代码等相应证据予以支持,玩家为获取相应证据需要网络运营商予以配合,但从网络运营商的视野看,虚拟财产仅仅是储存在中心服务器的代码而已,除非出现重大技术漏洞,导致大量虚拟财产丢失或账号被盗,影响网络游戏运营与本公司名誉并造成损失,否则网络运营商不会因为玩家的虚拟财产损失主动配合。① 这直接导致玩家因举证不能而丧失了债权实现的可能性。

因此,网络服务商服务合同规则本身导致虚拟财产被盗后这一债权实现缺乏可能性,对于常人而言,即便装备可以找回,其

---

① 参见付琳:《虚拟财产的内生逻辑及其权属矛盾》,载《社会科学家》2021年第2期。

所付出的成本几乎可以认定为失去了债权实现可能性。尽管有学者指出，在虚实同构的社会中，应当由用户拥有全部所有权和使用权，拥有交易和收益的权益，并由个体承担法律所规定的义务，进而可以解决权利关系中的困境，但在民事法律尚未变革之前，刑法作为二次法，仍然需要以这种法律关系为前提，即便这种权利关系相当畸形，但我们完全可以在解释论上通过上文的努力实现保护。

综上，盗窃虚拟财产的行为满足转移规范性占有的全部构成要件。登录他人账号（侵入权利领域），利用游戏规则及服务器的中心性与自动性（权利的消灭与再造）进而使被害人丧失债权实现可能性即实行行为。至此，我们可以对上文行为人利用木马、病毒盗窃数以千计账号类虚拟财产的行为定性。在此类案件中，行为人虽然记录了大量游戏账户及密码，但尚未利用游戏规则或欺骗客服人员，进而使被害人失去债权实现可能性。被害人即账号持有者并未丧失对账号的控制权，其依然可以享受网络运营商为其提供的游戏服务，二者形成共同支配。因此，这一过程宜隐喻为在现实世界中，行为人为入室盗窃提前偷配被害人钥匙的行为，属于"为犯罪创造条件或准备工具"，即犯罪预备，而账号本身又可以被刑法第 285 条非法获取计算机信息系统数据罪评价为"数据"，因此这一行为成立盗窃罪预备与非法获取计算机信息系统数据罪的想象竞合，并从一重处。

第四节　结　论

在本章节我们在代码层面对虚拟财产的本体构造及运行机理进行了探究，并介绍了虚拟财产保护的现实困境及其主要争议。本书认为，虚拟财产间接保护路径同时代发展不符，未能回应信息数字时代公民对新兴事物的利益渴求，造成刑法体系解释谬误，使得《刑法》第 285 条沦为名副其实的"口袋罪"，实不足取。虚拟财产直接保护路径符合科技哲学本体论的最新发展，顺应了"财产"这一概念发展的历史洪流。虚拟财产宜评价为债权凭证而非无体物，其表征玩家同网络运营商的债权，属刑法上的财产性利益，因此可以成为侵犯财产犯罪的行为对象。

对于将虚拟财产理解为财产性利益后难以成为盗窃罪犯罪对象的质疑，本书坚持盗窃罪犯罪客体无需固守于有体物，其行为方式亦不必锁死于"打破—重建"事实性占有，财产性利益同一、权利消除与重建、债权实现不可能三个要件完全可以使得财产性利益具有相对的定型性以满足罪刑法定明确性的需要。在现实中，网络运营商所提供的服务内容及其规则并不相同，司法机关应紧紧把握规范性占有的三个特征，进而对盗窃、骗取虚拟财产等侵犯财产犯罪行为进行判断。

第十章 妨害社会管理秩序的网络犯罪

所谓妨害社会管理秩序罪，一般是指故意或者过失妨害国家机关或其他有关机构对社会的管理活动，破坏社会管理秩序，情节严重的行为。社会管理秩序是社会秩序的重要型构要素，代表着社会秩序中自上而下的建构性一面，与自下而上的自生自发秩序相互调适、融合，一并形成了社会秩序。本章各罪所保护的法益主要是社会管理秩序，即"由社会生活所必须遵守的行为准则与国家管理活动所调整的社会模式、结果体系和社会关系的有序性、稳定性与连续性"。[①] 刑法作为最严酷的手段，必须恪守谦抑性，其对社会管理秩序仅限于事后的保障而非直接的创设，后者主要是行政法律的任务。本章将重点讨论网络型扰乱公共秩序罪与网络型制作、贩卖、传播淫秽物品罪，并按照纯正型和非纯正型分为两节。

第一节 纯正型网络妨害社会管理秩序罪

纯正型网络妨害社会管理秩序犯罪主要包括

[①] 参见张明楷：《刑法学》（第5版），法律出版社2016年版，第1030页。

两种类型：一是表现为作为犯的危害计算机信息系统安全的网络犯罪，即以计算机信息系统及其数据为对象的网络犯罪；二是《刑法修正案（九）》新增的表现为不作为犯的拒不履行信息网络安全管理义务罪。与第二类犯罪只包含一个罪名不同，第一类犯罪则分别规定在我国《刑法》第 285 条及第 286 条，涉及非法侵入计算机信息系统罪，非法获取计算机信息系统数据、非法控制计算机信息系统罪，提供侵入、非法控制计算机信息系统程序、工具罪，破坏计算机信息系统罪这四个罪名。以上罪名，除非法侵入计算机信息系统罪属于抽象危险犯之外，其他均需要情节严重或后果严重才构成。为了统一司法适用，2011 年 8 月 1 日最高人民法院、最高人民检察院印发了《计算机案件解释》，对"情节严重""情节特别严重""后果严重"和"后果特别严重"的情形从涉及的计算机信息系统数量、造成的经济损失、违法所得等方面予以具体化。上述司法解释的颁行虽然有利于司法标砖的具体化和统一化，但仍存在诸多实践问题需要进一步研究。本节将以非法获取计算机信息系统数据和拒不履行信息网络安全管理义务罪为例进行说明。

一、非法获取计算机信息系统数据罪

非法获取计算机信息系统数据罪属于纯正性网络犯罪的补充性罪名，正如后文所言，这一补充属性也成为造成本罪司法适用问题渊薮。所谓补充性，指的是本罪作为破坏计算机信息系统罪、非法侵入计算机信息系统罪等补充，构成了对侵犯计算机信息系统及数据的周延保护。但是，这一补充属性价值数据的形式属性，使得补充性异化为口袋罪式的兜底性，既为本罪在实务中的司法滥用客观上提供了条件，又为限制本罪的司法适用提供了学理上的课题。

（一）如何理解非法"获取"

1. 获取的方式

根据刑法的规定，获取计算机信息系统数据包括两种方式，即非法侵入计算机信息系统以及采用其他技术手段获取等。非法侵入行为主要是通过木马病毒等方式植入计算机信息系统以获取数据，属于典型的网络黑客型犯罪。然而，随着网络技术的迅猛发展，非法获取计算机信息系统数据的技术手段也水涨船高，在传统的侵入式获取之外，也出现了其他多种技术手段。

【案例10-1】2015年1月左右，被告人叶某编写了"小黄伞"软件供他人使用，并绑定其开发的验证码识别（俗称打码）平台，该"小黄伞"软件结合打码平台即可通过撞库方式实现淘宝账号、密码批量验证并登录。被告人叶某通过让他人在其开设的"小诚商铺"淘宝店上购买验证码充值卡方可使用其打码平台对图片验证码进行识别而获利，并将打码业务交由被告人张某协助完成。被告人张某在明知被告人叶某的打码平台用于批量登录淘宝账号的情况下，组织多名码工帮助被告人叶某打码，并从被告人叶某处收取好处费。

2015年1月左右至9月期间，被告人谭某通过下载使用被告人叶某编写的"小黄伞"软件、购买验证码充值卡，在被告人张某帮助打码的情况下，成功获取淘宝账号、密码2万余组，并将非法获取的淘宝账号、密码出售给他人，获取违法所得人民币25万余元。被告人叶某、张某通过向被告人谭某出售验证码充值卡，获取违法所得人民币49,050元。①

【案例10-2】2015年5—6月至2015年11月间，被告人姚某大批量购进邮箱用户名和密码信息，并租用阿里云、VPS服务器，通过被告人许某编写了"淘宝存不存在""支付宝存不存在""淘宝碰密"等软件及"破解UA"程序，并雇佣了被告人钱某、吕某，在被告人姚某位于浙江省桐乡市濮院镇阳光花城的住所，使用上述软件对购进的邮箱用户名和密码信息在淘宝网站上进行批量筛选、测试，非法获取邮箱用户名与密码匹配的淘宝网身份认证信息5800余组。②

在上述两个案例中，行为人获取计算机信息系统数据的行为

---

① 参见浙江省杭州市余杭区人民法院刑事判决书（2017）浙0110刑初664号。
② 参见浙江省桐乡市人民法院刑事判决书（2016）浙0483刑初959号。

均非典型的侵入式获取，而是通过数据筛选等软件进行"撞库"所得。这样的一种撞库行为就属于本罪中的"其他技术手段"。如果行为人既没有非法侵入计算机信息系统，也没有采取其他技术手段而获得数据，则不宜认定为本罪。像下述案例中，被告人虽然通过购买等手段获取计算机信息系统数据，但这里的购买并不属于本罪所规制的行为类型，不宜认定为非法获取计算机信息系统数据罪。

【案例10-3】2012年10月至2013年4月间，在泗洪县青阳镇佳和世纪城某单元房内，被告人岳某及王某（另案处理）购买上线张某（另案处理）非法获取的网络游戏"魔兽世界"的账号和密码，雇佣被告人张某、谢某、陈某及岳某等人，非法登录该游戏账号窃取其中的"金币"，并将窃得的"金币"通过其在5173网站上注册的账户进行出售。被告人岳曾伟等人在该网站共交易1.1万余次，销售金额72万余元。①

2. 获取与破坏的区别

如前所述，本罪是破坏计算机信息系统罪的补充罪名，前者规制的是非法获取计算机信息系统数据的行为，后者规制的是对计算机信息系统功能进行删除、修改、增加、干扰，造成计算机信息系统不能正常运行的行为。然而，在实务中两罪之间的行为类型并非泾渭分明，通过下述两个案例即可窥见一斑。

【案例10-4】上诉人肖某原系福建网龙计算机网络信息技术有限公司运维部工作人员，其于2017年12月2日、2018年1月4日、9月2日，在福州市鼓楼区内，没有经过公司审批的情况下，利用之前管理维护公司计算机时获取的CD-KEY指令，擅自通过公司电脑进入公司开发的"英魂之刃"手游版游戏系统后台数据库，编辑程序指令（CD-KEY），给自己的游戏账户（名为"弹指一挥间"）充入需要付费购买的游戏币"魔石""钻石"，再进入本人游戏账户领取，先后非法获得"英魂之刃"手游版内的300,147"金币"、微信周末礼包1个、随机英雄三日体验包一个；

---

① 参见江苏省宿迁市中级人民法院刑事判决书（2014）宿中刑终字第55号。

"英魂之刃"手游版内的专属积分大礼包20,000份;"英魂之刃"手游版游戏内的2,097,152点的"魔石",专属积分大礼包2份,27,775"钻石"。福建网龙计算机网络信息技术有限公司发现后,于2018年9月18日冻结上诉人肖某的游戏账号"弹指一挥间"内剩余的1,319,092点"魔石",并于2019年10月15日向公安机关报案。截至案发,上诉人肖某共计消耗了774,795点"魔石"。根据福建网龙计算机网络信息技术有限公司针对"魔石"在网络上提供9档的充值比例,以最高赠送额度计,被告人肖某消耗的774,795点"魔石"给被害单位造成的经济损失为人民币73,102.38元。原审法院认定,被告人肖某违反国家规定,破坏计算机信息系统中存储的数据,造成被害单位经济损失73,102.38元,其行为已构成破坏计算机信息系统罪,且后果特别严重。被告人提起上诉,案件进入二审。辩护人认为,上诉人的行为不属于对计算机信息系统中存储、处理或者传输的数据和应用程序进行删除、修改、增加的操作,而仅仅是非法"获取"存储数据,供本人游戏使用。因此,上诉人的行为不构成破坏计算机信息系统罪,应构成非法获取计算机信息系统数据罪。二审法院采纳了辩护人的上述辩护意见,最终认定上诉人肖某犯非法获取计算机信息系统数据罪,判处有期徒刑1年6个月。①

本案中一审和二审判决认定的罪名不一,原因之一在于如何区分获取和破坏,后者包括《刑法》第286条规定的删除、修改和增加等行为。就本案而言,行为人擅自编辑程序指令,给自己的游戏账户充入需要付费购买的游戏币,该行为不属于对已然存在的数据之获取,但也并未达到破坏计算机信息系统数据罪所要求的造成计算机系统不能正常运行的程度。本案中被告人的行为对该计算机系统的正常运行并无任何影响,相反是利用该计算机系统的运作方式,在不存在购买行为的情形下虚构了指令程序。也就是说,该虚构行为所依赖的正是计算机系统的正常运行。正如有学者指出的,"行为人并没有获取计算机信息系统中已经存在

---

① 参见福州市中级人民法院刑事判决书(2019)闽01刑终1259号。

的数据,没有针对已经存在的数据的机密性或可用性进行侵害,这与获得他人账号密码转走其系统中已然存在的设备、物品等数据的行为是不同的,因此该案中的行为难以认定为非法获取计算机信息系统数据罪。"① 为了处理罪名认定的上分歧,最高人民法院研究室就关于利用计算机窃取他人游戏币的行为指出,"采用技术手段非法获取包括虚拟财产在内的计算机信息系统数据的行为应当以非法获取计算机信息系统数据罪论处。"② 但如下所述,我们认为,此类案例认定为非法控制计算机信息系统罪更为合适。

3. 非法获取与非法控制的区别

司法解释将上述案例认定为非法获取计算机信息系统数据罪,意味着行为人所获得的数据不再需要是预先存储在系统或正在系统中处理、传输的数据。易言之,行为人通过侵入系统非法操作、修改系统数据的行为也可以被解释为"获取"。但这样一种扩大解释,实质上是在某种条件下将破坏计算机信息系统罪中的"破坏"作为"获取"的一种类型。这里的某种条件,即行为人通过删除、修改、增加等破坏计算机信息系统的行为尚未导致系统不能正常运行。此种情形下,为了保护范围更加周延,将其作为非法获取计算机信息系统罪定罪处刑。

然而,这样一种解释方式,与其说是扩大解释,不如说是类推解释。尤其是在当前的司法实务中非法获取计算机信息系统罪"已成为当前网络犯罪的新'口袋罪'"③ 的背景下,挣脱"获取"的文义而扩大其涵摄范围,将进一步增强该罪被滥用的趋势。在本书看来,破坏计算机信息系统但尚未致系统不能正常运行的,其危害性并不亚于非法获取系统数据行为,因此,具有刑事处罚必要性,可以非法控制计算机信息系统罪来定罪处刑。所谓非法

---

① 参见郭旨龙:《非法获取计算机信息系统数据罪的规范结构与罪名功能——基于案例与比较法的反思》,载《政治与法律》2021 年第 1 期。

② 参见喻海松:《最高人民法院研究室关于利用计算机窃取他人游戏币非法销售获利如何定性问题的研究意见》,载张军主编:《司法研究与指导》(总第 2 辑),人民法院出版社 2012 年版,第 127 页。

③ 参见杨志琼:《非法获取计算机信息系统数据罪"口袋化"的实证分析及其处理路径》,载《法学评论》2018 年第 6 期。

控制，指的是通过非法侵入或者其他技术手段，违法他人意志，完全控制或者部分控制他人计算机信息系统的（能够接受行为发出的指令，完成相应的操作）的行为。① 也就是说，这里的控制并非排他的独占对系统的支配权，只要未经合法授权而操作、利用系统即可。这样一种解释方式，形成了非法侵入型、非法获取型、非法控制型、破坏型四种层次分明的涉及计算机信息系统及数据的刑法规制体系。

(二) 非法获取计算机信息系统罪保护的法益

通过上述关于本罪构成要件的分析可知，本罪规制的是非法通过侵入等技术手段非法获取计算机信息系统数据等破坏数据存储、处理和传输的机密性，因此，数据机密性作为本罪保护的法益一般并无争议。"非法获取计算机信息系统数据罪保护的法益主要是计算机信息系统内数据的机密性，使得系统数据能够按照权利主体的意志保持私密的状态，不被非法获知、复制、下载，不被他人所知晓。"② 但是，除了数据的机密性之外，数据的可用性是否也是本罪保护的法益，则不无疑问。有学者主张，本罪既保护数据的机密性不受非法侵犯，也保护数据的可用性不受非法侵害。③ 易言之，数据的可用性作为独立的法益也属于本罪的保护范围。

【案例 10-5】被告人唐某系成都健椿科技有限公司电信事业部副总经理，其职责范围包括人员管理、电信业务开展、电信经费的决算等。同时该公司属于电信公司的二级代理公司，可以进入电信公司内部网络开展业务活动。被告人唐某在清理欠费号码时发现其中五个电信手机号码已欠费两年，且未实名登记也无通话记录，于是被告人唐某产生了获取这些电话号码获利的念头，被告人唐某多次找其下属员工袁某谎称要用其工号查询中国电信业务，在袁某辞职不知真相的情况下，将其未注销的工号、密码及验证码提供给被告人唐某，被告人唐某于 2012 年 5 月期间多次

---

① 参见张明楷：《刑法学》（第 5 版），法律出版社 2016 年版，第 1047 页。
② 参见郭旨龙：《非法获取计算机信息系统数据罪的规范结构与罪名功能——基于案例与比较法的反思》，载《政治与法律》2021 年第 1 期。
③ 同上注。

使用袁某未注销的该工号进入中国电信成都公司综合营账系统，采用修改系统信息的方式，获取计算机系统中存储的数据，并将获取的5个手机号码过户到吴某、刘某、罗某以及刘某的名下。之后，又将上述手机号码转入他人名下并销售，分别从方某，卢某处共收取现金人民币40,400元及两台电信版iPhone4s手机（价值人民币8600元）。

四川省成都市武侯区人民法院经审理认为：被告人唐某单独或者伙同被告人熊某违反国家规定，采取骗取单位工作人员工号权限的方式，非法侵入中国电信的内部计算机网络信息系统，获取该计算机信息系统中未销售的特殊手机号码信息，私自变更其信息并将其出售，从中牟利，情节特别严重，其行为均已构成非法获取计算机信息系统数据罪。①

上述案件所涉及的计算机信息系统数据主要是电话号码数据，并非机密性的数据。即使非电信行业的工作人员，即使是普通人也可以通过现实的拨打行为而确认存在，其机密性既不能也没必要特别保护。但是，本罪仍然认定为了非法获取计算机信息系统数据罪。有学者指出，本罪法益侵害在于该数据的可用性被侵害了。"如果该号码已经为其他用户所有，那么，该用户对该号码数据的可用性利益将受到损害。如果该号码还未为其他用户所使用，那么是运营商对该号码的可用性受到了损害"。②

但如上所述，此种非法侵入计算机信息系统从而修改、变更系统数据的行为，属于非法控制型而非获取型。易言之，数据的可用性并非非法获取计算机信息系统罪保护的法益，而属于非法控制计算机信息系统罪保护的法益。因此，本罪所保护的法益仅限于数据的机密性。

（三）非法获取计算机信息系统数据罪口袋化及其限制

1. 非法获取计算机信息系统数据罪口袋化的成因

非法获取计算机信息系统数据罪日益成为网络犯罪中的"口

---

① 参见四川省成都市武侯区人民法院刑事判决书（2013）武侯刑初字第691号。
② 参见郭旨龙：《非法获取计算机信息系统数据罪的规范结构与罪名功能——基于案例与比较法的反思》，载《政治与法律》2021年第1期。

袋罪"已然成为学界和司法实务的共识。正如有学者指出的，该罪的适用范围，"既包括了隶属于人身权利的个人信息，也涵盖了隶属于财产权利的网络虚拟财产、网络财产性利益，还涉及表征知识产权和数据权的其他数据。似乎所有能储存于电脑系统中的权利客体都可以称为'数据'，对其非法获取行为都可能构成非法获取计算机信息系统数据罪，使得该罪成为名副其实的'口袋罪'。"[1]

造成本罪沦为口袋罪的因素既包括本罪作为情节犯的因素，尤其是司法解释在对情节严重的情形进行列举之后，又兜底性的规定了"其他情节严重的情形"；也包括司法惰性的因素，未准确理性非法侵入型、非法获取型、非法控制型和破坏型的界限，致使彼罪作此罪处理。除上述因素之外，对本罪法益的扩大化解释以及作为本罪行为对象的数据的形式性，也是重要的原因。

对法益的扩大化解释即如前文所述，将数据的机密性与可用性均作为本罪所保护的法益类型。这样，既不当地扩张了非法获取计算机信息系统数据罪的适用，又不当限缩了非法控制计算机信息系统罪的适用，致使宽严皆误。数据的形式性，指的是数据作为信息的意义并非自给的，而是依赖于外部的观察系统。在二进制的运算逻辑下，所有的计算机数据可化约为自身并无意义的 0 和 1。但正是 0 和 1 无穷的排列组合，使数据可以表达多种多样的信息类型。这些信息即包括财产信息、身份信息、知识产权信息等，不一而足。易言之，不同于物理空间中的物质实体作为利益的载体，在网络空间中，形式化的数据可以承载任何的信息作为利益的载体。也正是如此，非法获取计算机信息系统数据罪不仅是侵犯计算机信息系统及数据的补充性罪名，同时渐趋沦为包括网络财产犯罪、网络知识产权犯罪等网络犯罪的补充性罪名，最终导致了本罪的"口袋化"。

---

[1] 参见杨志琼：《非法获取计算机信息系统数据罪"口袋化"的实证分析及其处理路径》，载《法学评论》2018 年第 6 期。

2. 非法获取计算机信息系统数据罪口袋化的限制

如何限制本罪日益严重的口袋化，有学者建议："对非法获取计算机信息系统数据罪去'口袋化'的主要路径是将侵犯传统法益的犯罪从中分离出去，归入其他罪名。从本罪判决样本来看，实务中以数据为媒介、工具侵犯传统法益的网络犯罪主要包括侵犯公民个人信息、网络虚拟财产和网络知识产权的行为。"[①] 不过，有学者指出，这种限制方式与司法实践的情况并不相符，司法实践中对本罪的适用及包括已经保护的个人信息、财产和知识产权，同时也包括刑法未能提供保护的以数据形式表现的财产利益、知识产权利益和秘密利益。[②] 但是，我们认为，对本罪口袋化的限制就意味着对实践经验的纠偏和修正，不宜以实践的标准来衡量限制方案的可行性。而且，优先考虑传统罪名，并不妨碍将传统犯罪未保护的人身、财产、知识产权利益纳入本罪的保护范围，与司法实践并无严重的冲突。

然而，单纯地将本罪的适用后置并非完整的限制策略。通过上述成因分析可知，在目前的司法实践中，所谓非法获取计算机信息系统数据罪的口袋化，主要指的罪名适用不当的问题。比如，误将非法控制计算机信息系统的行为认定为本罪，或将通过网络盗窃财产性利益或个人信息的行为认定为本罪等。因此，与其研究本罪的"去口袋化"，不如研究本罪的法益、构成要件及此罪与彼罪的界限。只有将本罪的法益限制为数据的机密性，对本罪构成要件尤其是情节严重的类型进一步细化，同时附加本罪与传统罪名适用的先后关系，才能完整、有效地对"口袋化"现象进行限制。同时需要补充的是，随着司法实践对本罪适用情况的变化，当普遍出现将不具有刑事处罚必要性的网络行为也作为本罪处理的现象时，对于此种口袋化的情形，也需要后续研究进一步限制的路径。

---

① 参见杨志琼：《非法获取计算机信息系统数据罪"口袋化"的实证分析及其处理路径》，载《法学评论》2018年第6期。

② 参见郭旨龙：《非法获取计算机信息系统数据罪的规范结构与罪名功能——基于案例与比较法的反思》，载《政治与法律》2021年第1期。

二、拒不履行信息网络安全管理义务罪

拒不履行信息网络安全管理义务罪所规制的是网络平台不履行监管义务的行为，属于典型的不作为犯。在 Web 3.0 网络生态中，网络服务提供者是网络生态最重要的建构性因素，其不仅是网络数据的集聚之地、网络技术的应用场所，同时也是多数网络行为的空间场域。但是，正是因为网络服务提供者在数据、技术和沟通方面具有不可替代的作用以及由此衍生的巨大利益，加之网络服务提供者对网络技术可及性和监管的便宜和便利性，刑法特赋予网络服务提供者对所提供服务的安全管理义务。关于本罪，理论和实务中集中的争论即本罪的责任行为为何？

（一）本罪责任形式的聚讼

为了全面、有效打击网络犯罪行为，刑法对网络服务平台进行了专门规定，《刑法修正案（九）》专门增设了拒不履行信息网络安全管理义务罪，即网络服务提供者不履行法律、行政法规规定的信息网络安全管理义务，经监管部门责令采取改正措施而拒不改正，情节严重的行为。这一规定被视为在刑法层面对平台责任予以了强化。本罪在司法适用中的核心问题是，如何理解本罪的责任形式。这一问题不仅决定了本罪的适用范围，还约定了本罪与帮助信息网络犯罪活动罪的关系结构。

通说认为，本罪的责任形式是故意[①]，但并没有进一步区分是直接故意还是间接故意，抑或二者均可。有学者认为，本罪的心理要素只能由直接故意构成，罪状中的"拒不改正"就说明了行为人积极追求结果发生。[②] 但是，也有学者认为本罪的责任形式不包括直接故意。

除通说外，有学者指出，本罪的责任形式是过失，具体而言

---

① 参见高铭暄、马克昌主编：《刑法学》（第9版），北京大学出版社、高等教育出版社2019年版；张明楷：《刑法学》（第5版），法律出版社2016年版，第1050页；周光权：《刑法各论》（第3版），中国人民大学出版社2016年版，第355页。

② 参见谢望原：《论拒不履行信息网络安全管理义务罪》，载《中国法学》2017年第2期。

是监督过失。"如果网络服务提供者在对危害结果具有预见可能性和回避可能性的情况下，实施了不作为的监督过失行为，该行为与危害结果之间具有因果关系，那么网络服务提供者就应当承担刑事责任。"① 但也有学者认为，本罪的责任形式不包括疏忽大意的过失。② 原因在于，既然已经经监管部门责令改正，那么就不能排除行为人对后果的预见可能性，当然不成立疏忽大意的过失。

在故意/过失的区分图式之外，还有模糊罪过说和轻率说，二者的相同点在于认为本罪的责任形式既包括故意又包括过失，区别在于：前者认为，行为人对于拒不履行虽然以故意的心理为之，但对于严重后果的心态则既可以是放任、希望，也可以是疏忽大意、过于自信。也就是说，对于严重后果，只要存在本罪即可成立，不要具有预见可能性，不需要明确本罪的罪过形式。③ 后者认为，本罪仅包括过于自信的过失和间接故意，即英美法系中所谓的"轻率"。

（二）本书的主张

从以上观点可知，关于本罪责任形式的讨论几乎囊括了所有责任形式的可能性，聚讼纷纭，难以定论。我们将结合司法案例，参考上述观点，提出我们的看法，以供参考。

【案例10-6】2012年，被告人朱某注册成立了荆州市某网络科技有限公司。2016年开始，朱某为牟利，在该公司经营地荆州市荆州区，创建www.osicp.com、www.un-idc.com、www.vpnadsl.cc等网站用于推广销售其代理的VPN软件。用户购买该软件后，可以访问国内IP不能访问的境外互联网网站。2017年6月，朱某租用境内外服务器建立了自己的VPN平台，为他人提供通道在网上予以出售。用户购买该VPN通道后，可以访问国

---

① 陆旭：《网络服务提供者的刑事责任及展开——兼评〈刑法修正案（6）〉的相关规定》，载《法治研究》2015年第6期。

② 参见赵秉志、詹奇伟：《论拒不履行信息网络安全管理义务罪的罪过形式》，载《贵州社会科学》2019年第12期。

③ 参见陈洪兵：《论拒不履行信息网络安全管理义务罪的适用空间》，载《政治与法律》2017年第12期。

内 IP 不能访问的境外互联网网站。2017 年 7 月，朱某在接到荆州市公安局关停 VPN 业务的通知后，仍未停止经营，直至同年 9 月 27 日案发。经鉴定，2017 年 8 月 1 日至同年 9 月 27 日产生连接境外 IP 记录的会员账号数量为 478 个，朱某的支付宝交易记录收入共计人民币 40,350 元。公诉机关认为，被告人朱某的行为构成了提供侵入、非法控制计算机信息系统的程序、工具罪，应予以追求相应的刑事责任。但经法院审理认为，被告人朱某身为网络服务的提供者不履行法律、行政法规规定的信息网络安全管理义务，经监管部门责令采取改正措施而拒不改正，公诉机关指控其行为构成提供侵入、非法控制计算机信息系统的程序、工具罪的罪名不当，应当以拒不履行信息网络安全管理义务罪，予以处罚。①

首先，我们将考察本罪的责任形式能否包括过失。过失包括疏忽大意的过失和过于自信的过失，二者在认识因素方面的差异在于是否已经预见到危害结果。前者是应当预见而没有预见，后者是已经预见而轻信能够避免。不过，行为人是否预见本身属于心理事实，除行为人自身的供述外，无法直接探得。一般需要通过间接的事实推定行为人是否已经预见，即是否"明知"。为了进一步规范"明知"的推定，司法解释对推定的依据进行了进一步的明确。根据 2019 年 10 月 21 日最高人民法院、最高人民检察院发布的《利用、帮助信息网络犯罪解释》第 11 条规定，经监管部门告知后仍然实施有关行为的可以认定为"明知"，除非有相反证据可以证明。2010 年 2 月 2 日最高人民法院、最高人民检察院印发的《淫秽电子信息解释（二）》第 8 条，2010 年最高人民法院、最高人民检察院、公安部发布的《关于办理网络赌博犯罪案件适用法律若干问题的意见》（以下简称《网络赌博案件意

---

① 参见湖北省荆州市荆州区人民法院刑事判决书（2018）鄂 1003 刑初 150 号。我们在中国裁判文书网上供收录了两篇拒不履行信息网络安全管理义务罪的判决书（截至 2022 年 7 月 28 日），另一篇是《胡某拒不履行信息网络安全管理义务一审刑事判决书》[（2018）沪 0115 刑初 2974 号]。这两篇判决书涉及的犯罪事实高度类似，因此，正文中仅举一例。

见》)第 2 条,还有 2013 年 10 月 18 日江苏省高级人民法院、江苏省人民检察院、江苏省公安厅《关于知识产权刑事案件适用法律若干问题的讨论纪要》第 11 条均包括类似的规定。由此可知,依据行政主管机关的告知行为与行为人拒不改正的行为足以推定行为人预见到了相关行为的危害后果,即"明知"。就本罪而言,"经监管部门责令采取改正措施而拒不改正"作为本罪的构成要件,意味着行为人在符合该构成要件时已经推定预见到了危害结果。因此,本罪不能由疏忽大意的过失构成。

其次,本罪的责任形式是否包括过于自信的过失。我们持肯定回答。理由如下:(1)从行为结构角度,本罪与消防责任事故罪的行为结构一致,而后者是公认的过失犯。根据《刑法》第 139 条的规定,消防责任事故罪指的是违反消防管理法规,经消防监督机构通知采取改正措施而拒绝执行,造成严重后果的行为。而本罪指的是违反信息网络安全管理义务,经监管部门责令采取改正措施而拒不改正,造成严重后果的行为。就此而言,本罪的罪状并没有否定过失。(2)从罪状的表述角度,拒不采取改正措施的行为与严重后果间的关系是"致使"。在刑法典中,多次在罪状描述中使用了"致使"一词,如玩忽职守罪、失职致使在押人员脱逃罪、履行合同失职被骗罪、环境监管失职罪等,而这些罪名一般也认为属于过失犯罪。《刑法》对"致使"的使用,更多的是在结果加重犯的表述中。典型的有强奸罪的结果加重犯"致使被害人重伤、死亡或者造成其他严重后果的",以及虐待罪中"致使被害人重伤、死亡的"等。通说认为,对于加重结果,行为人至少应当具有过失。因此,本罪罪状中使用的"致使"也并没有否定过失。(3)故意和过失均是针对结果要素而言的。罪状中的"拒不改正"固然是一种积极的行为,但并不能由此排除行为人对结果可以是过于自信而轻信能够避免。(4)对严重后果的过失同样具有刑事可罚性。信息网络服务提供者主要提供网络技术服务,而并不直接实施传播违法信息、泄露用户信息等行为。而且,信息网络服务提供者所服务的对象不可胜计,要是其对每个用户的网络行为进行监管既不可能也无必要。因此,在民事法律中，对于信息网络服务提供者的责任规定了"避风港原则"，即网络服务提供者收到了权利人或监管部门的通知后采取了移除行为，即"通知+移除"（notice-take down procedure）就可豁免民事赔偿责任。本罪其实是在刑事领域认可了网络服务提供者承担刑事责任的"避风港原则"。通知和移除缺一不可，若行为人接收通知而并不移除，当然具有可罚性。当拒绝移除的行为导致了《刑法》规定的严重后果时，该可罚性则上升为刑事可罚性。综上，本罪的责任形式可以是过于自信的过失。

再次，既然本罪的责任刑事包括过于自信的过失，同时也意味着当对严重后果持放任和希望的态度时，同样具有刑事可罚性。比如，上述案例10-4 中，被告人对提供 VPN 服务导致违法信息大量传播具有放任乃至希望的态度。这也意味着本罪的责任形式包括故意。对于间接故意的责任形式，一般不存在异议，问题的焦点是本罪的责任形式是否包括直接故意。否定直接故意的理由在于，如果网络服务提供者对于严重后果持积极追求的意志，则应当成立相应的传播型犯罪、泄露信息犯罪、妨害司法犯罪，而从拒不履行信息网络安全管理义务罪较轻的法定刑设置来看，显然也不是用于制裁积极追求严重后果的直接故意犯罪。但是，这种说法值得怀疑。就以传播型犯罪为例，编造、故意传播虚假恐怖信息罪及编造、故意传播虚假信息罪其法定最高刑均远高于本罪，但这并不意味着网络服务提供者对违法信息大量传播这一结果持积极的希望态度就必然构成上述传播型犯罪。原因有二：（1）本罪中"违法信息"与我国《电信条例》第 56 条规定的信息范围相一致，① 远远超过刑法传播型犯罪中的违法信息。因此，

---

① 参见雷建斌：《〈中华人民共和国刑法修正案（九）〉释解与适用》，人民法院出版社 2015 年版，第 155 页。我国《电信条例》第 56 条规定："任何组织或者个人不得利用电信网络制作、复制、发布、传播含有下列内容的信息：（一）反对宪法所确定的基本原则的；（二）危害国家安全，泄露国家秘密，颠覆国家政权，破坏国家统一的；（三）损害国家荣誉和利益的；（四）煽动民族仇恨、民族歧视，破坏民族团结的；（五）破坏国家宗教政策，宣扬邪教和封建迷信的；（六）散布谣言，扰乱社会秩序，破坏社会稳定的；（七）散布淫秽、色情、赌博、暴力、凶杀、恐怖或者教唆犯罪的；（八）侮辱或者诽谤他人，侵害他人合法权益的；（九）含有法律、行政法规禁止的其他内容的。"

即使网络服务提供者对违法信息的传播是直接故意,也无相应的传播型犯罪予以对应。此时,已然承认了过失犯的可罚性,若不处罚直接故意,必然造成刑法规制真空,有失公允。(2)上述传播型犯罪之所以设置了较高的法定刑,原因在于成立此类犯罪不仅要求传播此类信息,还要求具有严重扰乱社会秩序的结果要件。而这一结果要件并非本罪之必需。本罪的较轻法定刑不能说明排除直接故意。易言之,本罪的责任形式可以包括故意。

最后,为了进一步明确本书的观点,还需要补充说明两点:(1)如果认为本罪的责任形式包括故意,是否意味着本罪与帮助信息网络罪存在重合之处。我们认为,不排除实务中出现两罪交叉竞合的情形。此时,同时构成其他犯罪的,依照处罚较重的规定定罪处罚即可。但两罪的构成要件在主体、行为和结果方面均存在较大差异,《利用、帮助信息网络犯罪解释》对此已经作出了明确规定。(2)我们将本罪的责任形式理解为过于自信的过失和故意,但其前提是网络服务提供者对严重后果需要具有预见可能性和结果回避可能性——这两个条件是任何责任形式的逻辑前提。预见可能性无需赘言,这里简单讨论下结果回避可能性。有持故意说的学者认为,"由于技术条件限制或者违法信息数量太大,网络服务提供者在接到监管部门责令采取改正措施的指令后予以改正,但违法信息仍然大量传播,或者用户信息被泄露或导致刑事案件证据灭失的,欠缺本罪故意。"① 我们认为,这并非仅仅欠缺故意,更准确的是欠缺结果避免可能性,即不仅欠缺故意,还欠缺过失。也就是说,若行为人已经采取了改正措施,但违法信息仍大量传播,此时就可以适用避风港原则,无论网络服务提供者对该违法信息大量传播持何种心理,均不具有可罚性。因此,认为过失说"给网络服务提供者带来了太过沉重的运营负担"②,不当地扩大处罚范围的理由,并不成立。

---

① 参见周光权:《刑法各论》(第3版),中国人民大学出版社2016年版,第355页。
② 参见赵秉志、詹奇伟:《论拒不履行信息网络安全管理义务罪的罪过形式》,载《贵州社会科学》2019年第12期。

概言之，本罪的责任形式类似于结果加重犯的责任形式——至少是过失。不过，由于本罪的构成要件包括了网络服务者符合推定明知的要件，因此只需要将疏忽大意的过失排除在外即可。

第二节　非纯正型网络妨害社会管理秩序罪

一、网络型寻衅滋事罪

网络空间不是法外空间，网络秩序属于社会秩序的重要组成部分，利用信息网络或在信息网络空间实施寻衅滋事行为，破坏社会秩序的，亦成立寻衅滋事罪。对此，《网络诽谤解释》第5条明确规定，利用信息网络侮辱、恐吓他人，情节恶劣，破坏社会秩序的；以及编造虚假信息，或者明知是编造的虚假信息，在信息网络上散布，或者组织、指使人员在信息网络上散布，起哄闹事，造成公共秩序严重混乱的，均以寻衅滋事罪定罪处罚。由此可知，网络型寻衅滋事罪主要包括两个类型：侮辱、恐吓型与起哄闹事型。

（一）侮辱、恐吓型的网络寻衅滋事罪

侮辱、恐吓型网络寻衅滋事罪涉及的主要问题是言论自由的界限问题，属于典型的"因言获罪"。我们可结合下述两个案例加以分析。

【案例10-7】2018年8月6日，仁寿县公安局富加派出所所长王某、辅警廖某为保护人民群众生命安全而牺牲后，在仁寿县公安局、眉山市公安局及时发声，通报案情经过时，被告人黄某某在未了解事情真相的情况下，在自己昵称为"高山流水，川流不息"所在的有497人的"和谐中铁"微信群中发表不当言论"我支持，要整就整这些人，拿了本本的土匪，一天到晚要不完的样子，不把老百姓当回事""中铁久攻不下，就是因为这种假公济私诈骗的一批干部，就应该遇到这种人收拾一哈""被现在的领导压迫的原因，社会积怨太多，这种事情以后只会越来越多""我都希望中铁能出这样的好汉、英雄""谁把我逼上绝路，同样能干出这样的事"等言论。该言论在微信群中发表后,遭到部分人员反驳,也有部分人员给予点赞,在社会上造成了恶劣影响。法院经审理认为,被告人黄某某利用信息网络随意辱骂人民警察为拿了本本的土匪,破坏社会秩序,情节恶劣,构成寻衅滋事罪,依法判处拘役6个月。①

【案例10-8】被告人高某因酒后驾驶机动车,于2019年3月18日被通海县公安局交通警察大队处罚后,心怀不满,为泄私愤,于2019年3月18日18时49分许,在一个有193人的名为"通海装修交流群(193)"的微信群内发布"群里有没有交警队上班的,或者亲戚上班的,我要开始杀人了""你叫哪样叫,是不是想死""砍人去"等信息,将自己在该群内的群昵称改为"开始杀通海交警队",并在群内对劝阻的网友进行威胁。其行为给公安民警带来恐慌情绪,造成较大的思想压力和精神负担,严重影响公安民警的工作、生活,影响恶劣。法院经审理认为,本案中,被告人高某为了发泄不满情绪,在193人的微信交流群中发表"要杀交警"的言论,严重影响了公安机关的正常工作秩序,符合寻衅滋事罪的构成要件,判处有期徒刑7个月。②

上述两个案例就属于司法认定的侮辱、恐吓型的网络寻衅滋事罪,且侮辱、恐吓的对象均是公权力的代表——人民警察。关于网络言论自由的界限问题,我们认为,应当适用前文关于诽谤罪讨论的结论,即网络言论的刑事可罚性应当以"明显而即刻且严重的危险"为界限标准。当言论所涉及的是行使公权力的人员时,应当严格区分舆论监督与侮辱诽谤,慎重入罪。对此,在2009年4月3日公安部印发的《关于严格依法办理侮辱诽谤案件的通知》第1条中明确写道:"各级公安机关要清醒地认识到,随着国家民主法制建设的不断推进,人民群众的法制意识和政治参与意识不断增强,一些群众从不同角度提出批评、建议,是行使民主权利的表现。部分群众对一些社会消极现象发牢骚、吐怨气,

---

① 参见四川省仁寿县人民法院刑事判决书(2019)川1421刑初32号。
② 参见云南省通海县人民法院刑事判决书(2019)云0423刑初369号。

甚至发表一些偏激言论，在所难免。如果将群众的批评、牢骚以及一些偏激言论视作侮辱、诽谤，使用刑罚或治安处罚的方式解决，不仅于法无据，而且可能激化矛盾，甚至被别有用心的人利用，借机攻击我国的社会制度和司法制度，影响党和政府的形象。"

我们认为，针对公权力的言论，无论是现实中的言论还是网络中的言论，首先需要判断的为是否超越了刑法层面的言论自由边界，而非首先关注言论的传播情况。上述通知明确表达了对于公权力言论应采取从宽、包容的刑事政策导向，避免使寻衅滋事等罪名成为公权力打压言论自由空间，破坏公民行使民主权利的暴力工具。就此而言，案例10-5将被告人所谓的"侮辱"行为认定为寻衅滋事，似有不妥。一方面，被告人的言论是在未了解事情真相的情况下所发表的议论，存在信息不对称的情况。相关机关在此种情形下，宜进行充分的解释和说明，这既是化解误会，亦是尊重公民监督权的题中之义。另一方面，被告人的言论既非捏造事实，亦不是针对具体的个人，实质上表达的是对现实中公权力贪腐现象的痛恨。依据刑法的谦抑性原则，即使语言有所偏激，也不宜认为构成寻衅滋事罪。但这并不意味着对于公务人员就可以恣意地侮辱、恐吓，扰乱社会秩序，像案例10-6中的被告人，多次在微信群里扬言"要杀交警"，给公安民警的心理、工作和生活造成了恶劣影响，已经严重影响了公安机关的正常工作秩序，可以认定为构成寻衅滋事罪。

(二) 起哄闹事型的网络寻衅滋事罪

1. 网络空间的公共性

网络空间属于公共空间，网络秩序是公共秩序的一部分，这已然成为一种共识。根据《网络诽谤解释》第5条第2款之规定，行为人在信息网络上编造或散布虚假信息，起哄闹事，造成公共秩序严重混乱的，属于《刑法》第293条第1款第4项规定"在公共场所起哄闹事，造成公共场所秩序严重混乱"的情形，可以寻衅滋事罪定罪处罚。《网络诽谤解释》的该条规定，赋予了网络空间中的起哄闹事行为与现实空间中的起哄闹事行为刑法评价的等价性。不过，这里存在一个概念转换的问题，即网络空间的"公共秩序"等同于现实空间中的"公共场所秩序"。对此，有学者认为网络空间不属于公众身体可以自由出入的场所，因此，该解释属于违反罪刑法定的类推解释;① 但也有学者认为，司法解释中的"公共秩序"其实是对"公共场所秩序"的实质解释的结果，"是对形式解释的补充，这种解释立场不能立即批之为'违反罪刑法定原则'"。②

我们倾向于后者的观点。理由如下：其一，通常认为"场所"一词主要指涉的是三维的物理空间，但这种理解忽略了信息网络对日常用语语义的建构作用。关于"场"的语义就是其适例。最高人民法院、最高人民检察院《关于办理赌博刑事案件具体应用法律若干问题的解释》第2条规定："以营利为目的，在计算机网络上建立赌博网站，或者为赌博网站担任代理，接受投注的，属于刑法第三百零三条规定的'开设赌场'。"由此可知，网络空间亦可以理解为"场"。在网络型寻衅滋事罪中将公共的网络空间理解为"场所"，可以视为是一种实质解释。其二，无论是网络空间还是公共场所，其共同的规范性要素是"公共性"。这里的公共性不是指身体的自由进入——充其量只是一种形式的判断标准，而是沟通的公共性。这里的沟通并非限于语言的交流，而是一个社会学的概念。正如本书第一章已经论述的，作为社会基本组成元素的沟通包括沟通主体、信息、告知和理解四个要素。无论是公共性的网络空间还是公共场所，其公共性指的是沟通参与的公共性，具体而言是沟通主体，包括信息发出主体和理解主体具有开放性和不确定性。在物理性的公共场所，沟通主体虽然开放，但物理空间的有限性及信息告知方式的局限性，会对沟通的开放性和不确定性进行某种制约。而网络沟通则不同，其开放性几乎是无限的，信息借助网络这一告知手段其扩散效果是全域性的。从这个意义上，网络空间的公共性更为突出，网络空间的

---

① 参见张明楷：《刑法学》（第5版），法律出版社2016年版，第1066页。
② 参见卢勤忠、钟菁：《网络公共场所的教义学分析》，载《法学》2018年第12期。

沟通秩序更为重要。因此，将网络空间的公共秩序作为公共场所秩序的实质解释并无不妥。

2. 网络公共秩序破坏的认定

虽然上述分析在某种程度上为《网络诽谤解释》的合理性作了背书，但并不意味着在网络上起哄闹事型寻衅滋事的司法适用就不存在问题。易言之，网络型寻衅滋事罪乃至整个寻衅滋事罪的问题是司法适用的"口袋化"。这一"口袋化"并非将网络空间的公共秩序与现实中公共场所秩序等同的结果，而是源于对"公共秩序严重破坏"这一后果要素的泛化。我们可结合下述案例分析。

【案例10-9】2016年8月25日10时43分、44分，被告人蔡某分别在其微信朋友圈、新浪微博上发布内容为："紧急通知：9月1日起上海实行新的限购政策。认房认贷，凡在中国境内有贷款记录的首付一律提高至5成，二套房一律提高至7成，不分本地外地，不分商住住宅，不管贷款还清或未还清，只要中国境内有贷款记录就算，以网签时间为准，9月1日前买房不受该政策，速度！！！"的不实信息。经查，新浪微博上的内容系蔡某首先发布。同月27日，上海市住房和城乡建设管理委员会发布辟谣公告以消除该虚假信息造成的不良影响。同年8月28日14时许，被告人蔡某又在新浪微博上发布内容为："消息基本上确定属实，新政9月份出台，以网签日期为准，假离婚净身出户的路子也封死了，建议相关购房者抓紧上车，还有最后4天时间，且最好不要等到最后一天，别忘了3.25新政出台的时候网签系统瘫痪，大家通宵奋战也没帮很多人挽回损失，莫让悲剧重演。1. 名下无房无贷款记录的购房者，首付最低三成，基金利率无优惠。2. 名下无房但有过按揭贷款历史的，首付最低五成，利率最低1.1倍。3. 名下有一套房再次购房者（对户籍而言），首付7成，利率最多1.1倍（政策无变化）。4. 离婚不足一年的购房者，限购及贷款政策按照离婚前的家庭情况处理。"等不实信息，蔡某发布信息内容在网络上被广泛阅读，并被多家媒体引用报道。同年8月29日、9月6日，上海市住房和城乡建设管理委员会先后两次发布辟谣贴。上述虚假信息的传播导致本市房地产成交量及离婚数量均大幅上升，给本市各房地产交易中心的公共秩序及婚姻登记机构的工作秩序均造成了严重混乱。法院经审理认为，被告人蔡某明知是编造的虚假信息，在信息网络上散布，造成公共场所秩序严重混乱，其行为已构成寻衅滋事罪，依法判处被告人拘役 2 个月，缓刑 2 个月。①

【案例 10-10】被告人陈某为提高自己在网络上的知名度，提高点击量，利用官某、刘某某、何某某、赵某、蒋某某的智力障碍，组织官某等人拍摄不雅视频，并于 2019 年 8 月 13 日、14 日将不雅视频上传至快手网络平台，播放量 24,427 次，点赞 247 次。后该视频又被腾讯视频、优酷视频等各大网络平台转发，点击量达 4300 余万次，引发评论 1468 条、点赞 5000 余次，造成恶劣社会影响。法院经审理认为，被告人陈某犯寻衅滋事罪，判处有期徒刑 1 年，缓刑 1 年 6 个月。②

【案例 10-11】2016 年 4 月 5 日至 4 月 7 日，被告人杨某利用自己的三星 SM-A7000 型手机和小米 MI3 型手机，恶意将从网络上下载的 3 个城管打人视频进行编辑，标注为"殴打百姓，强征土地，河北省任丘市政府"，并将该 3 个视频夹杂在 2016 年 4 月 5 日任丘市西环路征地的 5 段视频当中，另附一组包括 2016 年 4 月 5 日西环路征地的照片和嫁接了城管打人的视频截图的照片组合，利用"快手"软件，通过自己的"快手"账号（账号："守望幸福Φ"，ID：42696206）将上述虚假视频大量传播。法院经审理认为，被告人杨某犯寻衅滋事罪，判处有期徒刑 9 个月。③

通过上述几个案例，我们可以大致梳理出司法实务关于"严重破坏公共秩序"的认定标准。其一，网络空间的编造、传播虚假信息的行为直接造成了现实中公共秩序的混乱，如案例 10-7 中导致了群体性事件，当然属于"公共秩序严重混乱"的情形，这

---

① 参见上海市静安区人民法院刑事判决书（2017）沪 0106 刑初 179 号。
② 参见河北省霸州市人民法院刑事判决书（2019）冀 1081 刑初 711 号。
③ 参见河北省任丘市人民法院刑事判决书（2016）冀 0982 刑初 549 号。

一点应无异议。其二,若网络空间的行为未在现实空间中产生直接的群体性后果,则主要根据该虚假信息的传播情况进行判断。案例10-8和10-9就是其适例。关于司法实务中的这一认定标准,似有不妥之处。

如前所述,网络空间具有沟通的开放性,任何一条公开的网络信息几乎都可以造成全域性的传播。这就意味着,只要是网络空间中的虚假信息,都可以从各种数据统计上认定为造成了广泛传播。这样的后果就是,将网络空间中编造、散布虚假信息的事实行为径直评价为"起哄闹事",进而等同于"造成公共秩序严重混乱"的结果。易言之,这种理解方式架空了结果要素的制约作用。正如陈兴良教授指出的:"网络传谣行为不能等同于起哄闹事,司法解释实际上是将网络传谣这种刑法没有规定的行为,利用起哄闹事这一中介加以转换,由此实现了司法解释的造法功能。"① 这种混同事实行为与法律评价,虚化结果要素的现象,才是造成网络寻衅滋事罪口袋化的根本原因。

我们认为,对于网络起哄闹事型寻衅滋事罪司法适用规范化的核心是激活"造成公共秩序严重混乱"这一后果要素。对此,可以从以下几个方面着手。其一,准确把握公共秩序的内涵。公共秩序指的是开放式或多数人参与的沟通有序性,包括管理秩序和自发秩序两个相互型构的维度。造成公共秩序严重混乱的主要表现就是大规模出现的违反管理秩序的现象。其二,虚假信息的认定应限于捏造事实,不能包括评价性言论,后者不排除可认定为构成辱骂。对于虚假信息的认定要以事实和科学为依据,必须慎之又慎;对于刑罚性措施的介入,更应以最后手段性为原则。其三,关于虚假信息,还要进一步区分公共性信息还是私人性信息。对于公共性信息,认定造成公共秩序严重混乱应以波及现实公共秩序为必要,在此之前,可以通过官方辟谣予以澄清,必要时也可给予相应的行政处罚。对于私人性信息,应以对私人造成

---

① 参见陈兴良:《寻衅滋事罪的法教义学形象:以起哄闹事为中心展开》,载《中国法学》2015年第3期。

的实际损害认定是否符合相应的侵犯人身权益的犯罪，比如侮辱罪、诽谤罪等。

3. 本罪与编造、故意传播虚假信息罪的关系

《刑法》第 291 条之一第 2 款规定了编造、故意传播虚假信息罪，与编造、传播虚假信息的寻衅滋事罪存在交叉竞合的关系。二者行为均是传谣行为，均以严重扰乱社会秩序为结果要素。区别在于，前者的虚假信息限于虚假的险情、疫情、灾情、警情，严重扰乱社会秩序的，其法定刑为 3 年以下有期徒刑；而后者对虚假信息的种类未作规定，且其法定刑为 5 年以下有期徒刑。在此情形下，关于本罪与编造、故意传播虚假信息罪的关系就产生了两种解释可能：其一，《刑法》第 291 条之一事实上废止了《网络诽谤解释》第 5 条第 2 款的规定。也就是说，编造、传播虚假信息，其刑事可罚性仅限于编造、传播虚假的险情、疫情、灾情、警情。至于其他方面的虚假信息，则不具有刑事可罚性。① 其二，《网络诽谤解释》第 5 条第 2 款中的虚假信息不再包括虚假的险情、疫情、灾情、警情。

我们认为，首先，上述案例足以说明，当下的司法实务并没有采取第一种解释，且一概否定编造、传播其他方面虚假信息的刑事可罚性并不妥当。比如，上述案例 10-7，对于行为人的刑事可罚性一般并无异议。其次，若依第二种解释，将编造、传播险情、疫情、灾情、警情等行为排除在寻衅滋事罪的适用范围之外，则会造成法定刑的不均衡。险情等四类信息较其他信息具有更强的公共性，但关于该类信息的法定刑则更轻，而关于其他方面的法定刑则更重，显然有失均衡。因此，我们在肯定该司法解释效力的前提下，试着提出第三种解释思路。即两罪的关系尽管在虚假信息方面存在交叉，但在后果因素方面则存在差异。联系上文提到的区分公共性信息与私人性信息对理解"造成公共秩序严重混乱"这一结果要素的影响，对于编造、传播虚假的公共性信息，其构成寻衅滋事罪的后果要素需要具有现实社会秩序的相关性；

---

① 参见张明楷：《刑法学》（第 5 版），法律出版社 2016 年版，第 1067 页。

而对于编造、传播四类虚假信息，则不要求具有该现实相关性要素。这样一来，既可以解释寻衅滋事罪法定刑较重的原因，又可以恰当处理两罪之间的关系，同时也制约了寻衅滋事罪司法适用口袋化的现象。

二、网络型赌博犯罪

（一）网络赌博犯罪概述

随着网络技术的发展，尤其是网络通讯、支付结算技术的成熟，网络空间为传统的赌博犯罪提供了一个新的平台，一种线上的网络赌博犯罪日益猖獗。与传统的赌博犯罪相比，网络赌博犯罪具有空间的虚拟性、较强的隐蔽性、较强的专业性、犯罪成本低、涉案金额大、从境外向境内渗透、与洗钱和诈骗等犯罪活动结合，形成了犯罪链条等特点。[①] 根据《刑法》第303条和《网络赌博案件意见》的规定，网络赌博犯罪主要包括如下几种类型：（1）组织他人聚众型赌博罪；（2）以赌博为业的参与型赌博罪；（3）建立赌博网站等开设赌场罪；（4）代理型开设赌场罪；（5）辅助型赌博罪，即明知是赌博网站而仍提供技术支持等服务的赌博罪的共同犯罪。

网络因素的介入对传统赌博犯罪的构成要件产生的最大影响是丰富了"开设赌场"的语义，即承认了虚拟网络空间的场所性。《网络赌博案件意见》第1条明确规定，利用互联网、移动通讯终端等传输赌博视频、数据、组织赌博活动，具有下列情形之一的，属于"开设赌场"行为：（1）建立赌博网站并接受投注的；（2）建立赌博网站并提供给他人组织赌博的；（3）为赌博网站担任代理并接受投注的；（4）参与赌博网站利润分成的。关于该规定，司法实务中的常见问题是通过微信群进行赌博的行为，是否构成开设赌场罪？

（二）微信赌博行为分析

微信作为一种兼具支付结算功能的全民性通讯软件，其收发

[①] 参见任彦君：《犯罪的网络异化与治理研究》，中国政法大学出版社2017年版，第175—177页。

红包功能本来是为了增添生活的娱乐性,但却被不法分子参照传统赌博行为,设置各种规则而演变成赌博的场所。微信赌博的形式不一而足,有学者统计,常见的主要有如下几种类型:(1)红包接龙型,由手气最好或最差者按照一定金额接力发红包;(2)斗牛型,按照红包金额最后两位数字之和比大小判输赢;(3)押尾数型,提前下注,以押中红包尾数为赢;(4)摇骰子型,利用微信自带的摇骰子功能,比大小或单双;(5)依托型,以现实中的体育比赛结果、彩票开奖结果为对象,进行押注。① 但是,关于微信赌博的行为,司法实务中的认定并不一致。

【案例10-12】2017年3、4月期间,被告人邬某明知贾某1(另案处理)在用微信建群通过抢红包的方式进行赌博,而将自己使用的微信名为"A[smile]美人"的微信借给贾某1建群进行赌博,且以群主的身份帮助贾某1管理赌博群。在此期间,邬某自己也用微信号为"×××"、微信名为"A[smile]美人"的微信建立30人左右的微信群并制定赌博规则以抢红包的方式进行赌博。邬某使用的微信号为"×××"、微信名为"A[smile]美人"的微信参与赌博获利共计1.75万余元。法院经审理认为,被告人邬某以营利为目的,利用微信红包群进行网络聚众赌博,非法获利1.75万元,其组织结构简单,封闭性较强,其行为触犯了《中华人民共和国刑法》第303条第1款,构成赌博罪,判处有期徒刑6个月,缓刑1年。②

【案例10-13】被告人张某利用自己的微信号建立微信群,微信群的名字为"吃喝玩乐",玩微信红包扫雷游戏,群内相对固定人数为70多人。张某在群内发布群规,群内人员发30元—200元不等的红包,分十个包,红包上标注金额和尾数,抢红包的人中了红包的尾数,即"中雷","中雷"的成员向发红包的成员支付红包的总额。如果有人摸到"豹子"号、"顺子"号,则群主

---

① 参见杜连硕:《微信赌博的现状与防治》,载《净月学刊》2016年第7期;吕靖轩:《微信赌博犯罪案件分析与防范对策》,载《中国公共安全·学术版》2018年第2期。

② 山西省河曲县人民法院刑事判决书(2018)晋0930刑初53号。

给该人发福利。张某作为群主"免死",利用"免死"号抢红包,"中雷"也不用返包。经调取张某的微信账户信息和该微信10月10日到16日的红包入账记录,显示其获利合计13,569.04元。案发后,被告人张某主动退还违法所得13569元。一审法院经审理认为,被告人张某犯开设赌场罪,判处有期徒刑2年,缓刑3年,并处罚金人民币5万元。被告人上诉,二审维持原判。①

上述两则案例均属于典型的微信赌博行为,但适用的罪名并不相同,分别是赌博罪和开设赌场罪。在传统的赌博犯罪中,聚众赌博与开设赌场的行为比较容易区分。但对于网络赌博犯罪,根据《网络赌博案件意见》的规定,开设赌场的认定与接受投注、组织他人赌博等密切相关。也就是说,在网络空间开设赌场的行为大多具有了聚众性的特征,两罪构成要件内容亟需理清。这是因为,这两个构成要件不同的罪名虽然都属于赌博犯罪,但法定刑存在巨大差异。前者只有一档法定刑,与后者第一档法定刑相同,均为3年以下有期徒刑、拘役或者管制,并处罚金;而后者包括情节严重这一升格的法定刑,即3年以上10年以下有期徒刑,并处罚金。根据《赌博犯罪案件意见》第1条的规定,开设赌场的行为,抽头渔利数额累计达到3万元以上、赌资数额累计达到30万元以上、参赌人数累计达到120人以上、招揽未成年人参与网络赌博等就属于"情节严重"。因此,微信赌博的性质究竟属于聚众赌博抑或开设赌场,直接关系到能否适用上述"情节严重"的规定。

我们认为,在微信群内或通过建立微信群进行赌博的行为,其行为性质不可一概而论,应当考虑下述几个维度进行判断:(1)营利性。微信群发抢红包行为究竟属于娱乐性的活动抑或赌博,营利性是重要的判断要素,无需赘言。(2)组织化程度。与现实的赌场类似,网络空间的赌场运作也必须依赖一定的组织管理和分工体系,比如存在管理员、代包人、代理员、参与人的等级区分并存在较为明确的分工。如果仅仅在微信群内,群主或群

---

① 河北省衡水市中级人民法院刑事判决书(2019)冀11刑终422号。

成员组织进行红包接龙等方式的赌博行为，群主或其他群成员仅仅是召集者，即使其从赌资里提取一定的管理费，亦不宜认定为开设赌场。(3) 开放性程度。开设赌场罪与聚众赌博相比，其刑事可罚性就在于行为人将赌场作为一种营业场所，具有向不特定多数人开放的特征，这一点对于认定网络空间中的开设赌场罪亦然。如果仅仅是在某一成员固定的亲朋好友微信群内进行赌博，而既不邀请其他人员参与，也不对外宣传，不宜认定为开设赌场罪。(4) 持续时间。开设赌场属于非法的经营行为，但具有持续性的特征。如果在一定阶段内持续性的组织赌博，则倾向于认定为开设赌场罪。最高人民法院指导性案例第 105 号和 106 号的裁判要旨明确：以营利为目的，通过邀请人员加入微信群的方式招揽赌客，设定赌博规则、利用微信群进行控制管理、在一段时间内持续组织网络赌博活动的，属于"开设赌场"。这些裁判要旨，所对应的正是上述四个维度。

三、网络型淫秽物品犯罪

(一) 网络型淫秽物品犯罪概述

淫秽物品作为"黄赌毒"三大害之一，在网络时代借助信息网络传播技术，能够以更隐蔽、快捷、交互的方式进行扩散、传播，乃至泛滥，严重污染了网络环境，是网络时代的"精神鸦片"。正如有学者指出的，网络淫秽信息，不仅会腐蚀青少年的身心健康，还会扭曲社会道德、败坏社会风气，并影响网络信息产业的健康发展。[①] 但在巨大经济利益的引诱下，网络淫秽物品犯罪却屡禁不止。为此，最高人民法院、最高人民检察院在 2004 年 9 月 3 日和 2010 年 2 月 2 日相继发布了《淫秽电子信息解释》和《淫秽电子信息解释（二）》，对网络淫秽物品犯罪进行规制。

概而言之，网络型淫秽物品犯罪主要涉及三个罪名，分别是《刑法》第 363 条第 1 款制作、复制、出版、贩卖、传播淫秽物品

[①] 参见任彦君：《犯罪的网络异化与治理研究》，中国政法大学出版社 2017 年版，第 149—150 页。

牟利罪、第 364 条第 1 款传播淫秽物品罪以及第 365 条组织淫秽表演罪。其中，司法实务中的核心问题就是如何认定网络空间中的淫秽物品。也就是说，网络因素的介入为"淫秽物品"这一犯罪构成要件的解释产生了何种影响。以下将结合具体案例进行分析。

（二）网络空间中淫秽物品的认定

关于刑法中淫秽物品的认定，主要有三个依据，分别是《刑法》第 367 条、国家新闻出版署《关于认定淫秽及色情出版物的暂行规定》第 2 条以及《淫秽电子信息解释》第 9 条。简而言之，淫秽物品的认定主要由"内容+形式"两个维度，即具有淫秽性内容的载体。具体的，在内容方面，指的是具体描绘性行为或者露骨宣扬色情的诲淫性内容；至于载体形式方面，则包括传统的书刊、影片、录像带、录音带、图片，以及网络空间中的视频文件、音频文件、电子刊物、图片、文章、短信息等互联网、移动通讯终端电子信息和声讯台语音信息。上述三个规定，为淫秽物品的认定提供了相对充足的标准。但是，网络通讯、传播技术的发展，使得刑法构成要件要素的内涵时刻处于重述的压力之下。伴随互联网直播技术的成熟产生了大量网络裸聊等色情直播现象。对于这类色情直播能否认定为网络淫秽物品犯罪，直接取决于对淫秽物品的理解。

【案例 10-14】2016 年 12 月至 2018 年 5 月间，被告人张某先后在"姑娘""陌颜"等手机平台担任"家族长"，联系被告人苏某等女主播在上述手机 APP 平台注册信息。被告人张某对被告人苏某等女主播的注册信息进行手机 APP 平台认证，而被告人苏某使用"QY 看透一切"的主播名称在涉黄手机 APP 平台进行淫秽色情直播表演，获取违法所得 5000 元。庐江县公安局通过远程取证方式，获取每场在线观看被告人苏某淫秽色情直播表演的人数为 4000 至 8000 人不等。经庐江县公安局鉴定，被告人苏某直播表演的视频资料为淫秽物品。关于苏某的行为，法院认为被告人苏某犯传播淫秽物品牟利罪，判处有期徒刑 10 个月，并处罚金人民币 5000 元。①

【案例 10-15】 2019 年 4 月至 10 月末，被告人张某为牟取利益，在吉林市昌邑区其租住的房屋内，利用互联网通过手机微信软件的视频通话功能，分别与 88 人进行有偿裸体聊天，同时提供淫秽表演供对方观看，牟利金额共计人民币 6701.52 元。法院经审理认为，被告人张某犯贩卖淫秽物品牟利罪，判处有期徒刑 1 年 6 个月，并处罚金人民币 1 万元。②

有学者指出，淫秽物品应具有载体性和能被多数人反复视听两个特征。因此，网络裸聊等色情直播不能被解释为淫秽物品。③邱兴隆教授认为："尽管在一些网络直播过程中，直播者所做的动作、语音聊天中的话语具有淫秽的内容，但是，人体动作与语音在不通过录像、截图或录音等固定的情况下，不可能物化为特定的有形的载体，因而不构成淫秽物品。一旦把行为人的身体或动作理解为淫秽物品，那么，行为人便既构成犯罪的主体又构成犯罪的对象，因而势必混淆犯罪主体与犯罪对象之间的界限。说得严重些，是把人当成了物。"④ 上述两则判例对色情直播是否属于淫秽物品也表达了不同观点。案例 10-12 的判决回避了这一问题，而是通过认定色情直播表演的视频资料属于淫秽物品，进而将色情直播行为认定为淫秽物品。与之相比，案例 10-13 则直接将裸聊和淫秽表演视为贩卖的淫秽物品。此外，同样都是进行色情直播牟利的行为，前者认定为传播，后者则认定为贩卖。

我们认为，网络裸聊等色情直播行为可以视为"淫秽物品"。理由如下：（1）淫秽物品的载体属性并非其本质属性，而是服务于物品的可传播性。也就是说，如果淫秽性的内容不具有某种载体，则也不具有传播可能性。但是，这种理解的语境是现实生活

---

① 参见安徽省庐江县人民法院刑事判决书（2019）皖 0124 刑初 111 号。
② 参见吉林省吉林市船营区人民法院刑事判决书（2020）吉 0204 刑初 172 号。
③ 参见吴镝飞、赵金伟：《网络裸聊行为的法益分析与定性研究》，载《河北法学》2016 年第 6 期。
④ 参见贾阳：《网络直播无下限，怎么治？》，载《检察日报》2016 年 9 月 14 日，第 5 版。

中的淫秽物品，并未考虑到网络传播的特点。以群聊、直播等为代表的信息网络传播技术，使得传播具备了一对多的特点。一场网络直播，在网络技术的加持下，其受众量往往可以数以万计。这样一种直播行为虽然没有载体，但相比依托载体的传播，其传播可能性更大、传播范围更广。因此，与传统的传播淫秽物品行为相比，该行为具有更为严重的社会危害性，并不能因无载体而从实质上排除该行为的刑事可罚性。（2）色情直播无疑是一种淫秽表演的行为而非具有物理属性的"物品"，就此而言，为了接受打赏进行公开表演的行为更倾向于"传播"而非"贩卖"。我国《刑法》规定了组织淫秽表演罪，但处罚对象只包括组织者，未将如色情主播等主动进行的以牟利为目的的淫秽表演行为纳入处罚范围。这样，难免会造成处罚真空。这方面，司法判例率先表明了态度，肯定了色情直播的淫秽物品属性。

当然，将具有表演性质的色情直播视为"淫秽物品"无疑具有类推的嫌疑，这说明了以现实社会为预设背景的传统刑法与网络时代之间的张力。同时，这也意味着，网络刑法仍存在值得进一步探索的广阔空间，网络刑法的发展也任重而道远，需要立法、司法和教义学研究齐头并进，相互支持。

参考文献

一、中文文献

(一) 著作类

1. 王云斌编著:《网络犯罪》,经济管理出版社 2002 年版。

2. 徐然、赵国玲等:《网络犯罪刑事政策的取舍与重构》,中国检察出版社 2017 年版。

3. [英] 安东尼·吉登斯:《现代性的后果》,田禾译,译林出版社 2011 年版。

4. [美] 西奥多·A. 斯皮内洛:《世纪道德——信息技术的伦理方面》,刘钢译,中央编译出版社 1999 年版。

5. 杨正鸣:《网络犯罪研究》,上海交通大学出版社 2004 年版。

6. [德] 鲁曼:《社会中的法》,李君韬译,五南图书出版公司 2015 年版。

7. 郑毅:《网络犯罪及相关问题研究》,武汉大学出版社 2014 年版。

8. 孙景仙、安永勇:《网络犯罪研究》,知识产权出版社 2006 年版。

9. 季境、张志超主编:《新型网络犯罪问题研究》,中国检察出版社 2012 年版。

10. 张明楷:《刑法学》(第 5 版),法律出版社 2016 年版。

11. 马克昌：《马克昌文集》，武汉大学出版社 2012 年版。

12. 马克昌主编、莫洪宪执行主编：《刑法》（第 4 版），高等教育出版社 2017 年版。

13. 庄劲著：《犯罪竞合：罪数分析的结构与体系》，法律出版社 2006 年版。

14. 陈兴良：《刑法适用总论（上卷）》，法律出版社 1999 年版。

15. 吴振兴：《罪数形态论》，中国检察出版社 1996 年版。

16. 马克昌：《比较刑法原理：外国刑法学总论》，武汉大学出版社 2002 年版。

17. 屈学武：《罪数、数罪及并罚根据研讨》，载《刑罚制度研究：下》，中国人民公安大学出版社 2005 年版。

18. 赵秉志著：《新刑法探索》，群众出版社 1993 年版。

19. 王觐：《中华刑法论》（中卷），中华书局 1930 年版。

20. 许玉秀：《当代刑法思潮》，中国民主法制出版社 2005 年版。

21. ［日］高桥则夫：《共犯体系和共犯理论》，冯军、毛乃纯译，中国人民大学出版社 2010 年版。

22. 喻海松：《网络犯罪二十讲》，法律出版社 2018 年版。

23. 雷建斌主编，全国人大常委会法制工作委员会刑法室编著：《〈中国人民共和国刑法修正案（九）〉释解与适用》，人民法院出版社 2015 年版。

24. 蔡墩铭：《现代刑法思潮与刑事立法》，汉林出版社 1977 年版。

25. 周光权：《刑法总论》（第 3 版），中国人民大学出版社 2016 年版。

26. ［德］汉斯·海因里希·耶赛克、托马斯·魏根特：《德国刑法教科书》，徐久生译，中国法制出版社 2001 年版。

27. ［德］约翰内斯·韦塞尔斯：《德国刑法总论》，李昌珂译，法律出版社 2009 年版。

28. ［德］克劳斯·罗克辛：《德国刑法学·总论》（第2卷），王世洲等译，法律出版社2013年版。

29. 王作富：《中国刑法研究》，中国人民大学出版社1988年版。

30. 陈子平：《刑法总论》（2008年增修版），中国人民大学出版社2009年版。

31. 何庆仁：《义务犯研究》，中国人民大学出版社2010年版。

32. 陈忠林：《刑法散得集》，法律出版社2003年版。

33. 高铭暄、马克昌主编：《刑法学》（第9版），北京大学出版社、高等教育出版社2019年版。

34. 何秉松主编：《刑法教科书》，中国法制出版社2000年版。

35. 彭文华：《犯罪既遂原理》，中国政法大学出版社2013年版。

36. 全国人大常委会法制工作委员会刑法室编著：《〈中华人民共和国刑法〉释义及实用指南》，中国民主法制出版社2011年版。

37. ［美］乔治·科斯、拖普洛斯：《网络空间和网络安全》，赵生伟译，西安交通大学出版社2017年版。

38. 曹峰旗主编：《经典导读与案例精选　大学生思想政治理论课辅学读本》，上海交通大学出版社2016年版。

39. 人民法院出版社编：《解读最高人民法院司法解释（含指导性案例）》（刑事卷上），人民法院出版社2019年版。

40. 皮勇：《防控网络恐怖活动立法研究》，法律出版社2017年版。

41. 余建华：《恐怖主义的历史演变》，上海人民出版社2015年版。

42. 赵秉志主编：《破坏金融管理秩序犯罪疑难问题司法对策》，吉林人民出版社2000年版。

43. ［美］阿兰·艾德斯、克里斯托弗·N.梅：《美国宪法个人权利案例与解析》，项焱译，商务印书馆 2014 年版。

44. ［美］安东尼·刘易斯：《言论的边界》，徐爽译，法律出版社 2010 年版。

45. 秦成德、危小波、葛伟：《网络个人信息保护研究》，西安交通大学出版社 2016 年版。

46. 董邦俊：《侵犯公民人身权利、民主权利罪立案追诉标准与司法认定实务》，中国人民公安大学出版社 2010 年版。

47. 喻海松：《侵犯公民个人信息罪司法解释理解与适用》，中国法制出版社 2018 年版。

48. 中国音数协游戏工委（GPC）、国际数公司（IDC）编写：《2019 年中国游戏产业报告：摘要版》，中国书籍出版社 2019 年版。

49. 江波：《虚拟财产司法保护研究》，北京大学出版社 2015 年版。

50. ［美］劳伦斯·莱斯格：《思想的未来——网络时代公共知识领域的警世喻言》，李旭译，中信出版社 2004 年版。

51. 高铭暄，赵秉志：《新中国刑法立法文献资料总览》，中国人民公安大学出版社 2015 版。

52. ［德］考夫曼：《类推与"事物本质"》，吴从周译，学林文化事业有限公司 1999 年版。

53. ［日］西田典之：《日本刑法各论》，刘明祥、王昭武译，武汉大学出版社 2005 年版。

54. 张军主编：《司法研究与指导》，人民法院出版社 2012 年版。

55. 雷建斌：《〈中华人民共和国刑法修正案（九）〉释解与适用》，人民法院出版社 2015 年版。

56. 任彦君：《犯罪的网络异化与治理研究》，中国政法大学出版社 2017 年版。

（二）论文类

1. 刘宪权：《网络犯罪的刑法应对新理念》，载《政治与法律》2016 年第 9 期。

2. 靳慧云：《试析当前计算机犯罪的特点及对策》，载《公安大学学报》1997 年第 3 期。

3. 张秀萍：《计算机犯罪及其刑法调控》，载《法律适用》1995 年第 10 期。

4. 陈结淼、王康辉：《论无人驾驶汽车交通肇事的刑法规制》，载《安徽大学学报（哲学社会科学版）》2019 年第 3 期。

5. 李亚龙：《无人驾驶汽车的刑事风险：构想与应对》，载《大连海事大学学报（社会科学版）》2020 年第 2 期。

6. 蔡婷婷：《人工智能环境下刑法的完善及适用——以智能机器人和无人驾驶汽车为切入点》，载《犯罪研究》2018 年第 2 期。

7. 黄亮：《网络时代我国著作权刑事立法缺陷及改良刍议》，载《净月学刊》2014 年第 3 期。

8. 张明楷：《网络时代的刑事立法》，载《法律科学（西北政法大学学报）》2017 年第 3 期。

9. 储槐植、薛美琴：《对网络时代刑事立法的思考》，载《人民检察》2018 年第 9 期。

10. 陈兴良：《网络犯罪的刑法应对》，载《中国法律评论》2020 年第 1 期。

11. 时延安：《网络规制与犯罪治理》，载《中国刑事法杂志》2017 年第 6 期。

12. 王强：《罪量因素：构成要素抑或处罚条件》，载《法学家》2012 年第 5 期。

13. 刘之雄：《数额犯若干问题新探》，载《法商研究》2005 年第 6 期。

14. 胡洋：《罪数论与竞合论的体系之争及我国刑法的路径选择》，载《河南大学学报（社会科学版）》2018 年第 1 期。

15. 王志远：《共犯从属观念的现实意义批判》，载陈兴良主编：《刑事法判解》（第 16 卷），人民法院出版社 2014 年版。

16. 张明楷：《罪数论与竞合论探究》，载《法商研究》2016 年第 1 期。

17. 陈洪兵：《实体与程序双层次罪数论体系的构建》，载《国家检察官学院学报》2016 年第 6 期。

18. 陈洪兵：《帮助信息网络犯罪活动罪的限缩解释适用》，载《辽宁大学学报（哲学社会科学版）》2018 年第 1 期。

19. 刘三洋、秦策：《网络犯罪共犯规制的独立化治理模式论》，载《重庆社会科学》2019 年第 7 期。

20. 冉巨火：《论法条竞合与想象竞合的区分及其适用原则——兼论军职罪中封闭的特权条款》，载《法学杂志》2016 年第 4 期。

21. 付恒、张光云：《论兼具"法条竞合与想象竞合色彩"的个案之处断原则》，载《西南民族大学学报（人文社会科学版）》2015 年第 8 期。

22. 古加锦：《法条竞合与想象竞合犯的界限新探》，载《中国刑事法杂志》2012 年第 10 期。

23. 陈小平：《想象竞合与法条竞合之厘清——形式标准与实质标准"双阶层"判断路径的提倡》，载《郑州大学学报（哲学社会科学版）》2018 年第 3 期。

24. 马乐：《如何理解刑法中的"本法另有规定"——兼论法条竞合与想象竞合的界限》，载《甘肃政法学院学报》2016 年第 4 期。

25. 陈洪兵：《不必严格区分法条竞合与想象竞合——大竞合论之提倡》，载《清华法学》2012 年第 1 期。

26. 赵俊新、黄洪波：《论牵连犯》，载《江汉论坛》2003 年第 1 期。

27. 李泽龙、朱丹：《牵连犯探微》，载《法律科学》1993 年第 4 期。

28. 冯野光、闫莉《论牵连犯的内涵、特征及处罚原则》，载《法学杂志》2012 年第 3 期。

29. 向朝阳、莫晓宇：《牵连犯定罪量刑之价值定位与模式选择》，载《中国刑事法杂志》2000 年第 3 期。

30. 谭钟毓：《论牵连犯的罪数形态与处断原则》，载《求索》

2012年第4期。

31. 高铭暄、叶良芳：《再论牵连犯》，载《现代法学》2015年第2期。

32. 侯宇清：《连续犯与想象竞合犯罪数形态新论》，载《求索》2011年第4期。

33. 叶肖华：《连续犯在我国的批判解读》，载《中国刑事法杂志》2009年第10期。

34. 肖本山：《连续犯若干争议问题新探》，载《甘肃政法学院学报》2008年第2期。

35. 梁敏捷、陈常：《网络诈骗犯罪中"明知"的认定》，载《人民检察》2018年第9期。

36. 黎宏：《论中立的诈骗帮助行为之定性》，载《法律科学》2012年第6期。

37. 王华伟：《网络服务提供者刑事责任的认定路径——兼评快播案的相关争议》，载《国家检察官学院学报》2017年第5期。

38. 陈洪兵：《中立帮助行为出罪根据只能是客观行为本身——有关共犯司法解释的再解释》，载《四川大学学报（哲学社会科学版）》2021年第4期。

39. 王华伟：《中立帮助行为的解构与重建》，载《法学家》2020年第3期。

40. 胡云腾：《谈〈刑法修正案（九）〉的理论与实践创新》，载《中国审判》2015年第20期。

41. 刘仁文、杨学文：《帮助行为正犯化的网络语境——兼及对犯罪参与理论的省思》，载《法律科学》2017年第3期。

42. 刘明祥：《再释"被教唆的人没有犯被教唆的罪"——与周光权教授商榷》，载《法学》2014年第12期。

43. 周光权：《"被教唆的人没有犯被教唆的罪"之理解——兼与刘明祥教授商榷》，载《法学研究》2013年第4期。

44. 梁根林：《传统犯罪网络化：归责障碍、刑法应对与教义限缩》，载《法学》2017年第2期。

45. 陈毅坚：《预备罪及其共犯比较研究》，载《中国刑事法杂志》2011 年第 9 期。

46. 张明楷：《共同犯罪是违法形态》，载《人民检察》2010 年第 13 期。

47. 李强：《片面共犯肯定论的语义解释根据》，载《法律科学》2016 年第 2 期。

48. 张明楷：《共犯的本质——"共同"的含义》，载《政治与法律》2017 年第 4 期。

49. 刘明祥：《不能用行为共同说解释我国刑法中的共同犯罪》，载《法律科学》2017 年第 1 期。

50. [日] 桥爪隆：《有关不作为与共犯的几个问题》，载《苏州大学学报（法学版）》2018 年第 1 期。

51. 陈洪兵：《共犯论的分则思考——以贪污贿赂罪及渎职罪为例》，载《法学家》2015 年第 2 期。

52. 何庆仁：《论必要共犯的可罚性》，载《法学家》2017 年第 4 期。

53. 王彦强：《对向参与行为的处罚范围》，载《中外法学》2017 年第 2 期。

54. 何庆仁：《论必要共犯的可罚性》，载《法学家》2017 年第 4 期。

55. 张明楷：《行贿罪的量刑》，载《现代法学》2018 年第 3 期。

56. 庄劲：《机能的思考方法下的罪数论》，载《法学研究》2017 年第 3 期。

57. 许泽天：《不纯正不作为犯的正犯判断标准》，载《东吴法律学报》（第 26 卷），第 4 期。

58. 陈兴良：《快播案一审判决的刑法教义学评判》，载《中外法学》2017 年第 1 期。

59. 陈兴良：《身份犯之共犯：以比较法为视角的考察》，载《法律科学》2013 年第 4 期。

60. 温登平：《以不作为参与他人的法益侵害行为的性质——兼及不作为的正犯与帮助犯的区分》，载《法学家》2016 年第

4 期。

61. 陈洪兵：《共犯论的分则思考——以贪污贿赂罪及渎职罪为例》，载《法学家》2015 年第 2 期。

62. 梁根林：《传统犯罪网络化：归责障碍、刑法应对与教义限缩》，载《法学》2017 年第 2 期。

63. 梅象华：《恐怖主义犯罪及其对策研究》，载《河南财经政法大学学报》2015 年第 4 期。

64. 张显龙、王丹娜：《程国平：各国携手打击网络恐怖主义》，载《中国信息安全》2017 年第 9 期。

65. 郑永红：《网络恐怖的防范》，载《湖北社会科学》2004 年第 4 期。

66. 王志祥，刘婷：《网络恐怖主义犯罪及其法律规制》，载《国家检察官学院学报》2016 年第 5 期。

67. 丛培影、黄日涵：《网络恐怖主义对国家安全的新挑战》，载《江南社会科学学报》2012 年第 2 期。

68. 高铭暄、李梅容：《论网络恐怖主义行为》，载《法学杂志》2015 年第 12 期。

69. 皮勇：《网络恐怖活动犯罪及其整体法律对策》，载《环球法律评论》2013 年第 1 期。

70. 欧阳本祺、张林：《刑法视野下的恐怖主义网络宣扬行为》，载《河南财经政法大学学报》，2018 年第 6 期。

71. 侯艳芳：《论我国网络恐怖活动犯罪的刑法规制》，载《山东社会科学》2016 年第 3 期。

72. 皮勇、杨森鑫：《论煽动恐怖活动的犯罪化——简评〈刑法修正案（九）（草案）〉相关条款》，载《法律科学（西北政法大学学报）》2015 年第 3 期。

73. 车浩：《刑事立法的法教义学反思——基于〈刑法修正案（九）〉的分析》，载《法学》2015 第 10 期。

74. 张明楷：《论〈刑法修正案（九）〉关于恐怖犯罪的规定》，载《现代法学》2016 第 1 期。

75. 黎宜春：《论帮助恐怖活动罪的法律适用——以反恐怖主

义融资为视角》，载《学术论坛》2016 年第 5 期。

76. 刘宪权：《网络犯罪的刑法应对新理念》，载《政治与法律》2016 年第 9 期。

77. 王新：《非法吸收公众存款罪的规范适用》，载《法学》2019 年第 5 期。

78. 刘宪权：《论互联网金融刑法规制的"两面性"》，《法学家》2014 年第 5 期。

79. 邹玉祥：《P2P 网络借贷的刑法管控——以非法吸收公众存款罪的限缩新论为视角》，载《北方法学》2018 年第 5 期。

80. 乔远：《刑法视域中的 P2P 融资担保行为》，《政法论丛》2017 年第 1 期。

81. 钱一一、谢军：《非法吸收公众存款罪适用扩大化及回归》，载《长白学刊》2017 年第 3 期。

82. 金霞：《安全法益维度下非法吸收公众存款罪分析》，载《犯罪研究》2012 年第 1 期。

83. 江海洋：《金融脱实向虚背景下非法吸收公众存款罪法益的重新定位》，载《政治与法律》2019 年第 2 期。

84. 张东平、赵宁：《民间融资的立法规制梯度及刑事法边界——以类型化的融资风险等级划分为依托》，载《政治与法律》2014 年第 4 期。

85. 李希慧：《论非法吸收公众存款罪的几个问题》，载《中国刑事法杂志》2001 年第 4 期。

86. 李勤：《非法吸收公众存款罪与集资诈骗罪区分之问》，载《东方法学》2017 年第 2 期。

87. 于志强：《我国网络知识产权犯罪制裁体系检视与未来建构》，载《中国法学》2014 年第 3 期。

88. 王爱鲜：《数字网络时代我国著作权刑法的适用困境与完善》，载《河南大学学报（社会科学版）》2013 年第 5 期。

89. 陈志鑫：《"双层社会"背景下侵犯著作权罪定罪量刑标准新构——基于 306 份刑事判决书的实证分析》，载《政治与法律》2015 年第 11 期。

90. 白净：《从香港〈版权条例〉修订看版权刑法保护》，载《国际新闻界》，2010 年第 10 期。

91. 陈晓东、蔡道通：《刑事违法相对独立说之提倡》，载《学海》2020 年第 5 期。

92. 张向东：《网络非法经营犯罪若干问题辨析》，载《法律适用》2014 年第 2 期。

93. 王华伟：《刷单炒信的刑法适用与解释理念》，载《中国刑事法杂志》2018 年第 6 期。

94. 陈兴良：《互联网帐号恶意注册黑色产业的刑法思考》，载《清华法学》2019 年第 6 期。

95. 姜涛：《经济刑法之"兜底条款"的解释规则》，载《学术界》2018 年第 6 期。

96. 蔡道通：《经济犯罪"兜底条款"的限制解释》，载《国家检察官学院学报》2016 年第 3 期。

97. 张明楷：《网络诽谤的争议问题探究》，载《中国法学》2015 年第 3 期。

98. 高铭暄、张海梅：《网络诽谤构成诽谤罪之要件——兼评"两高"关于利用信息网络诽谤的解释》，载《国家检察官学院学报》2015 年第 7 期。

99. 刘安娜：《死者荷花女命名誉权受到法律保护——陈秀琴诉小说〈荷花女〉作者魏锡林侵犯名誉权纠纷案审判纪实》，载《人民司法》1989 年第 7 期。

100. 孙万怀、张茜：《论诽谤死者诽谤罪的成立》，载《浙江万里学院学报》2010 年第 5 期。

101. 尹培培：《"诽谤信息转发 500 次入刑"的合宪性评析》，载《华东政法大学学报》2014 年第 4 期。

102. 杨柳：《"诽谤信息转发 500 次入刑"的法教义学分析——对"网络诽谤"司法解释质疑者的回应》，载《法学》2016 年第 7 期。

103. 李晓明：《诽谤行为是否构罪不应由他人的行为来决定》，载《政法论坛》2014 年第 1 期。

104. 段启俊、郑洋：《网络诽谤犯罪若干问题研究》，载赵秉志等主编：《现代刑法学的使命》（下卷），中国人民公安大学出版社 2014 年版。

105. 刘期湘：《人工智能时代网络诽谤"积量构罪"的教义学分析》，载《东方法学》2019 年第 5 期。

106. 邬春阳：《公安部指挥破获一特大侵犯公民个人信息案 查获被窃取公民信息 20 余亿条》，载《中国防伪报道》2017 年第 8 期。

107. 杨志琼：《数据时代网络爬虫的刑法规制》，载《比较法研究》2020 年第 4 期。

108. 王肃之：《被害人教义学核心原则的发展：基于侵犯公民个人信息罪法益的反思》，载《政治与法律》2017 年第 10 期。

109. 敬力嘉：《大数据环境下侵犯公民个人信息罪法益的应然转向》，载《法学评论》2018 年第 2 期。

110. 皮勇、王肃之：《大数据环境下侵犯个人信息犯罪的法益和危害行为问题》，载《海南大学学报（人文社会科学版）》2017 年第 5 期。

111. 曲新久：《论侵犯公民个人信息犯罪的超个人法益属性》，载《人民检察》2015 年第 11 期。

112. 刘艳红：《侵犯公民个人信息罪法益：个人法益及新型权利之确证——以〈个人信息保护法（草案）〉为视角之分析》，载《中国刑事法杂志》2019 年第 5 期。

113. 冀洋：《法益自决权与侵犯公民个人信息罪的司法边界》，载《中国法学》2019 年第 4 期。

114. 董悦：《公民个人信息分类保护的刑法模式构建》，载《大连理工大学学报（社会科学版）》2020 年第 2 期。

115. 胡云腾、周加海、周海洋：《〈关于办理盗窃刑事案件适用法律若干问题的解释〉的理解与适用》，载《人民司法》2014 年第 15 期。

116. 赵秉志、阴建锋：《侵犯虚拟财产的刑法规制研究》，载《法律科学（西北政法大学学报）》2008 年第 4 期。

117. 侯国云、么惠君：《虚拟财产的性质与法律规制》，载《中国刑事法杂志》2012 年第 4 期。

118. 欧阳本祺：《论虚拟财产的刑法保护》，载《政治与法律》2019 年第 9 期。

119. 侯国云：《论网络虚拟财产刑事保护的不当性——让虚拟财产永远待在虚拟世界》，载《中国人民公安大学学报（社会科学版）》2008 年第 3 期。

120. 陈兴良：《虚拟财产的刑法数属性及其保护路径》，载《中国法学》2017 年第 2 期。

121. 杨立新：《民法总则规定网络虚拟财产的含义及重要价值》，载《东方法学》2017 年第 3 期。

122. 杨立新、王中合：《论网络虚拟财产的物权属性及其基本规则》，载《国家检察官学院学报》2004 年第 6 期。

123. 刘明祥：《窃取网络虚拟财产行为定性探究》，载《法学》2016 年第 1 期。

124. 冯鹏志：《从混沌走向共生——关于虚拟世界的本质及其与现实世界之关系的思考》，载《自然辩证法研究》2002 年第 7 期。

125. 常绍舜：《论人在与世界关系中的使命》，载《理论探讨》2016 年第 4 期。

126. 徐久生，管亚盟：《网络空间中盗窃虚拟财产行为的刑法规制》，载《安徽师范大学学报（人文社会科学版）》2020 年第 2 期。

127. 任颖：《数据立法转向：从数据权利入法到数据法益保护》，载《政治与法律》2020 年第 6 期。

128. 林孟皇：《妨害电脑罪章的无故取得电磁记录》，载《月旦裁判时报》2011 年第 12 期。

129. 马荣春：《犯罪认定：法体系协调性、主要矛盾性、类型化》，载《法治社会》2019 年第 5 期。

130. 侯惠勤：《马克思的哲学变革与我们的哲学坚守》，载《思想理论教育导刊》2016 第 1 期。

131. 陈波：《语言和意义的社会建构论》，载《中国社会科学》2014 年第 10 期。

132. 范建军：《当前货币政策需要澄清的几个问题》，载《发展研究》2019 年第 1 期。

133. 于改之：《法域冲突的排除：立场、规则与适用》，载《中国法学》2018 第 4 期。

134. 杨代雄：《物权法定原则批判》，载《法治与社会发展》2007 年第 4 期。

135. 高郦梅：《网络虚拟财产保护的解释路径》，载《清华法学》2021 年第 3 期。

136. 付琳：《虚拟财产的内生逻辑及其权属矛盾》，载《社会科学家》2021 年第 2 期。

137. 徐彰：《盗窃网络虚拟财产不构成盗窃罪的刑民思考》，载《法学论坛》2016 年第 2 期。

138. 王云霞：《QQ 号码等虚拟财产归属及流转问题再思考——以电子格式条款的法律规制为视角》，载《云南大学学报（法学版）》2012 年第 1 期。

139. 史雯：《数字化时代刑法占有理论的应然转向：从封闭的一元论到开放的二元论》，载《西北民族大学学报（哲学社会科学版）》2021 年第 4 期。

140. 梁云宝：《财产罪占有之立场：缓和的事实性占有概念》，载《中国法学》2016 年第 3 期。

141. 马寅翔：《占有概念的规范本质及其展开》，载《中外法学》2015 年第 3 期。

142. 张忆然：《"虚拟财产"的概念限缩与刑法保护路径重构——以数据的三重权利体系为参照》，载《湖南科技大学学报（社会科学版）》2021 年第 2 期。

143. 郭旨龙：《非法获取计算机信息系统数据罪的规范结构与罪名功能——基于案例与比较法的反思》，载《政治与法律》2021 年第 1 期。

144. 杨志琼：《非法获取计算机信息系统数据罪"口袋化"

的实证分析及其处理路径》，载《法学评论》2018 年第 6 期。

145. 谢望原：《论拒不履行信息网络安全管理义务罪》，载《中国法学》2017 年第 2 期。

146. 陆旭：《网络服务提供者的刑事责任及展开——兼评《刑法修正案（九）》的相关规定》，载《法治研究》2015 年第 6 期。

147. 赵秉志、詹奇伟：《论拒不履行信息网络安全管理义务罪的罪过形式》，载《贵州社会科学》2019 年第 12 期。

148. 陈洪兵：《论拒不履行信息网络安全管理义务罪的适用空间》，载《政治与法律》2017 年第 12 期。

149. 卢勤忠、钟菁：《网络公共场所的教义学分析》，载《法学》2018 年第 12 期。

150. 陈兴良：《寻衅滋事罪的法教义学形象：以起哄闹事为中心展开》，载《中国法学》2015 年第 3 期。

151. 杜连硕：《微信赌博的现状与防治》，载《净月学刊》2016 年第 7 期。

152. 吕靖轩：《微信赌博犯罪案件分析与防范对策》，载《中国公共安全·学术版》2018 年第 2 期。

153. 吴镝飞、赵金伟：《网络裸聊行为的法益分析与定性研究》，载《河北法学》2016 年第 6 期。

154. 王迁：《论著作权保护刑民衔接的正当性》，载《法学》2021 年第 8 期。

（三）报刊类

1. 缐杰：《〈关于办理非法利用信息网络、帮助信息网络犯罪活动等刑事案件适用法律若干问题的解释〉重点难点问题解读》，载《检察日报》2019 年 10 月 27 日，第 3 版。

2. 《使用"伪基站"群发诈骗短信，两被告人犯诈骗罪被判刑》，载《人民法院报》2014 年 4 月 23 日，第 3 版。

3. 陈兴良：《在技术与法律之间：评快播案一审判决》，载《人民法院报》2016 年 9 月 14 日，第 3 版。

4. 张明楷：《快播案定罪量刑的简要分析》，载《人民法院报》2016年9月14日，第3版。

5.《陈平福发帖被控颠覆国家政权案撤诉》，载《新京报》2012年12月18日，A12版。

6.《必须厘清煽动罪行与言论自由的法治边界》，载《新华每日电讯》2020年7月5日，第2版。

7. 吴斌：《间谍不仅在影视剧中》，载《北京日报》2014年12月17日，第18版。

8. 姜涛：《疫情期间"暴力伤医"行为危害及其惩治》，载《检察日报》2020年2月6日，第3版。

9. 最高人民法院刑二庭：《宽严相济在经济犯罪和职务犯罪案件审判中的具体贯彻》，载《人民法院报》2010年4月7日，第6版。

10. 毛庆：《互联网成知识产权侵权重灾区》，载《南京日报》2013年4月24日，第A02版。

11. 佚名：《全国'刷单炒信入刑第一案'宣判被告人犯非法经营罪获刑：法官详解为何定性为非法经营罪》，载《法制日报》2017年6月21日，第8版。

12. 王志祥：《网络水军非法经营行为应予定罪》，载《法制日报》2013年9月11日，第7版。

13. 佚名：《内蒙古奈曼破获一起公民个人信息被侵犯案——各类信息中收集定位数据最为昂贵》，载《法制日报》2016年10月20日，第8版。

14. 贾阳：《网络直播无下限，怎么治?》，载《检察日报》2016年09月14日，第5版。

15.《7月份手游账号交易数据公布，腾讯（00700）的"王者荣耀"遥遥领先》，载公众号"游戏茶馆"，https：//finance.ifeng.com/c/7pByn37bSiG。

16. "彭水诗案简直是文字狱"，载南方都市网，http：//news.sina.com.cn/o/2007-03-05/091611340156s.shtml。

17.《陈平福涉嫌煽动颠覆国家政权案一审开庭》，载财新网，http：//china.caixin.com/2012-09-05/100433458.html。

(四) 报告类

1. 中国互联网络信息中心（CNNIC）：《第 45 次中国互联网络发展状况统计报告》（2020 年 4 月版）。

2. 第一财经商业数据中心：《2019 中国互联网消费生态大数据报告》。

(五) 裁判文书

1. 浙江省绍兴市越城区人民法院刑事判决书（2019）浙 0602 刑初 46 号。

2. 河南省南阳市淅川县人民法院刑事判决书（2020）豫 1326 刑初 223 号。

3. 广西壮族自治区平乐县人民法院刑事判决书（2019）桂 0330 刑初 187 号。

4. 河南省南阳市中级人民法院豫刑事判决书（2013）刑终 130 号。

5. 广东省深圳市宝安区人民法院刑事判决书（2016）粤 0306 刑初 350 号。

6. 江苏省常熟市人民法院刑事判决书（2018）苏 0581 刑初 321 号。

7. 辽宁省沈阳市中级人民法院刑事判决书（2015）沈中刑三初字第 12 号。

8. 广东省深圳市中级人民法院刑事判决书（2015）深中法刑二初字第 347 号。

9. 浙江省金华市婺城区人民法院刑事判决书（2016）浙 0702 刑初字第 654 号。

10. 四川省内江市中级人民法院刑事判决书（2018）川 10 刑终 28 号。

11. 浙江省高级人民法院刑事裁定书（2016）浙刑终字第 80 号。

12. 河南省南阳市中级人民法院刑事判决书（2014）南刑三初字第 00011 号。

13. 辽宁省大连市中级人民法院刑事判决书（2015）大刑二

初字第 38 号。

14. 山西省运城市中级人民法院刑事判决书（2018）晋 08 刑初 8 号。

15. 广东省汕头市中级人民法院刑事判决书（2013）汕中法刑一初字第 31 号。

16. 贵州省贵阳市中级人民法院刑事判决书（2016）黔 01 刑初 41 号。

17. 四川省广元市昭化区人民法院刑事判决书（2018）川 0811 刑初 18 号。

18. 云南省大理白族自治州中级人民法院刑事判决书（2020）云 29 刑初 34 号。

19. 山东省泰安市中级人民法院刑事判决书（2019）鲁 09 刑初 13 号。

20. 云南省昆明市中级人民法院刑事判决书（2017）云 01 刑初 122 号。

21. 北京市第二中级人民法院刑事判决书（2020）京 02 刑初 16 号。

22. 河南省南阳市中级人民法院刑事判决书（2014）南刑三初字第 00010 号。

23. 黑龙江省哈尔滨市中级人民法院刑事判决书（2019）黑 01 刑初 6 号。

24. 安徽省合肥市中级人民法院刑事判决书（2017）皖 01 刑初 54 号。

25. 汕头市潮南区人民法院刑事判决书（2019）粤 0514 刑初 384 号。

26. 河南省驻马店市中级人民法院刑事判决书（2016）豫 17 刑终 142 号。

27. 四川省阆中市中级人民法院刑事判决书（2017）川 1381 刑初 61 号。

28. 安徽省芜湖市繁昌县人民法院刑事判决书（2019）皖 0222 刑初 10 号。

29. 山东省济源市人民法院刑事判决书（2018）豫 9001 刑初 503 号。

30. 湖南省怀化市鹤城区人民法院刑事判决书（2019）湘 1202 刑初 530 号。

31. 浙江省杭州市余杭区人民法院刑事判决书（2014）杭余刑初字第 1231 号。

32. 广东省佛山市中级人民法院刑事判决书（2016）粤 06 刑终 1152 号。

33. 浙江省杭州市余杭区人民法院刑事判决书（2017）浙 0110 刑初 664 号。

34. 浙江省桐乡市人民法院刑事判决书（2016）浙 0483 刑初 959 号。

35. 江苏省宿迁市中级人民法院刑事判决书（2014）宿中刑终字第 55 号。

36. 福州市中级人民法院刑事判决书（2019）闽 01 刑终 1259 号。

37. 四川省成都市武侯区人民法院刑事判决书（2013）武侯刑初字第 691 号。

38. 湖北省荆州市荆州区人民法院刑事判决书（2018）鄂 1003 刑初 150 号。

39. 四川省仁寿县人民法院刑事判决书（2019）川 1421 刑初 32 号。

40. 云南省通海县人民法院刑事判决书（2019）云 0423 刑初 369 号。

41. 上海市静安区人民法院刑事判决书（2017）沪 0106 刑初 179 号。

42. 河北省霸州市人民法院刑事判决书（2019）冀 1081 刑初 711 号。

43. 河北省任丘市人民法院刑事判决书（2016）冀 0982 刑初 549 号。

44. 山西省河曲县人民法院刑事判决书（2018）晋 0930 刑初

53 号。

45. 河北省衡水市中级人民法院刑事判决书（2019）冀 11 刑终 422 号。

46. 安徽省庐江县人民法院刑事判决书（2019）皖 0124 刑初 111 号。

47. 吉林省吉林市船营区人民法院刑事判决书（2020）吉 0204 刑初 172 号。

二、外文文献

（一）著作类

1. Jakobs, *Der Strafrechtliche Handlungsbegriff*, Verlag C. H. Beck, 1992.

2. J. Searle, *The Construction of Social Reality*, MIT Press, 1995.

3. K. Himma ed., *Internet Security: hacking, counterhacking*, Jones and Bartlett Publishers, 2007.

（二）论文类

1. Mark M. Pollitt. *A Cyberterrorism: Fact or Fancy?*, Computer Fraud and Security, Vol. 3, No. 2: 8, pp. 8-10 (1998).

2. Philip Brey, *The social ontology of virtual environments*, American Journal of Economics and Sociology, Vol. 62: 269, pp. 269-282 (2003).

3. J. A. T. Fairfield, *The magic circle*, Vand. J. Ent. & Tech. L., Vol. 11: 823, pp. 823-840 (2003).

4. L. Strikwerda, *Theft of virtual items in online multiplayer computer games: an ontological and moral analysis*, Ethics and information technology, Vol. 14: 89, pp. 89-97 (2012).

5. Boudewijn Bouckaert, *What Is Property*, Harvard Journal of Law & Public Policy, Vol. 13: 775, pp. 775-816 (1990).

6. Meechan, M, *Virtual property: Protecting Bits in Context*, Richmond Journal of Law and Technology, Vol. 13: 01, pp. 1-48 (2006).

7. Orin S. Kerr, *Norms of Computer trespass*, Columbia Law Review, Vol. 116: 1143, pp. 1143-1184 (2016).

8. N. Veerasamy, M. Grobler, B. Von Solms, Building an Ontology for Cyberterrorism, Proceedings of the 11th European Conference on Information Warfare and Security, 2012, pp. 1-10.

(三) 报告类

1. Norton, 2017 *Norton Cyber Security Insights Report - Global Results*, 2017.

2. *United Nations Counter - Terrorism Implementation Task Force Working Group*, 2009.

3. U. Sieber and P. Brunst, eds., *Cyber Terrorism and Other Use of the Internet for Terrorist Purposes*, 2007.